航空运输营销

乐美龙　著

上海交通大学出版社
SHANGHAI JIAO TONG UNIVERSITY PRESS

内容提要

　　本书内容涵盖航空运输产业与环境、航空运输法律与航权、航空运输营销实务与营销战略、航空运输营销信息系统与航空运输 OTA、舱位控制与超售、企业收益管理与联盟收益管理、电子商务与新媒体营销、机场营销、大数据应用等方面。本书可作为航空运输专业及其他相关专业的研究生、本科生教材，也可供航空公司营销专业人士参考。

图书在版编目(CIP)数据

航空运输营销/ 乐美龙著.—上海：上海交通大学出版社,2018
ISBN 978 - 7 - 313 - 19658 - 3

Ⅰ.①航…　Ⅱ.①乐…　Ⅲ.①航空运输－市场营销学
Ⅳ.①F560.6

中国版本图书馆 CIP 数据核字(2018)第 145753 号

航空运输营销

著　　者：乐美龙
出版发行：上海交通大学出版社　　　　　　地　　址：上海市番禺路 951 号
邮政编码：200030　　　　　　　　　　　　电　　话：021 - 64071208
出 版 人：谈　毅
印　　制：上海春秋印刷厂　　　　　　　　经　　销：全国新华书店
开　　本：710 mm×1000 mm　1/16　　　　印　　张：18.5
字　　数：327 千字
版　　次：2018 年 7 月第 1 版　　　　　　　印　　次：2018 年 7 月第 1 次印刷
书　　号：ISBN 978 - 7 - 313 - 19658 - 3/ F
定　　价：58.00 元

前　言

　　很长一段时间以来，想写一本有关航空运输营销的书，以供学界和业界参考。但真写起来，却比原先想象的困难得多。因为随着互联网的普及应用，特别是移动互联网的普及应用，电子商务大行其道，包括航空运输营销在内的整个营销模式已经改变。无论从操作模式、顾客购买行为，还是从商业模式、营销策略，都与过去不同。例如，我们原来比较倚重的销售渠道、代理制度已不再如此重要，网络世界已是一个扁平的世界，客户触手可及。为此，GDS已不是必不可少；OTA零佣金已是普遍之势；外站更像一个"大使馆"。云计算、大数据、人工智能、物联网、区块链技术的发展，使得我们的感知能力和科学决策能力空前增强，由此，新一代信息技术的应用也成为航空公司间营销竞争的"秘密武器"。新媒体传播、关系营销等新营销形式不断涌现，创新已成为航空公司谋求竞争优势的重要手段。整个营销模式的改变使得原学科体系、内容已不能很好地反映现实与需求。那么新的学科体系、需求又是什么呢？或者说，什么内容是新时代航空运输营销的核心内容呢？虽说与营销委员会打交道已有十几年，自以为对业界也比较了解，但要做出回答还真不容易。经过反复斟酌、讨论、确认，最后整理出40个比较核心的问题。问题确定了，要给出合适的回答也不容易，因为缺乏现成的材料，很多内容不得不从收集素材开始。以第六航权为例，大家都知道这是"桥梁权"，对有志于国际枢纽机场建设和国际枢纽航线建设的航企来说十分重要。有很多途径可以收集到对第六航权的解释，比较一致的解释是横跨三国的接续运输，或者说"桥梁"运输。但事实上，很多公司在没有获得第六航权的情况下，也在开展"桥梁"运输。问题的关键不是是否开展"桥梁"运输,而是用不用一个航班号销售。那用不用一个航班号,又有什么影响呢？用不用一个航班号给旅客的暗示可能涉及旅客在行李处理、出境处理等方面的便捷程度不同,从而影响旅客选择。诸如此类,不一而足。整个编写过程查阅的文献可谓数以千计,参考文献所列仅是部分。与业界的交流也不下十次,前后历时三年,原本设想的"编"也不得不变成了"著"。

由于本书无论是编写体例还是内容,都是一次新的探索,尽管历时三年,但仍感觉匆忙,书中存在的缺点和错误肯定仍有不少,欢迎读者批判指正！

目　录

第 1 章

基本概念

为方便后面阐述,本章先介绍几个基本概念,并进行简要的解释。很多解释结合实际,均融入了作者的观点,赋予了其新的含义。

1.1 航空运输业

航空运输业是服务业,其产品不可储存,生产与消费同时发生。未销售的产品,残值为零(实际残值约 200 多元,因地区而不同。为叙述方便,暂且认为零)。这就要求相关人员有较高的营销能力和管理能力。航空运输业利润受外界影响大,这就要求相关人员有前瞻的观察力、良好的预测能力和关系协调能力。航空运输业投入大,航空器购买价格高,资产租赁经营在航空业普遍采用,这就要求航空公司有良好的财务能力和融资渠道。随着时刻资源的逐步市场化,"祖父权利"日渐式微,企业之间的竞争将更多转向营销能力和管理能力的竞争。

目前,从事商业性经营的航空公司可分为运输航空公司和通用航空公司。运输航空公司主要提供"四定[定地点、定航线、定时间、定(全票)价格]"运输服务,也可提供包机服务。视拥有航空器与否,航空公司可采用拥有经营、租赁经营或两者综合。租赁根据租用机组与否可分为湿租与干租。随着自贸区优惠政策的落地,融资租赁方式日益普遍。所谓融资租赁,即购买方不运营飞机,出租给运营方运营,运营方用运营利润来归还本息,待一定年限,归还完毕,飞机归运营方所有。这种方式大大降低了航空运输业入门的资金门槛,为航空运输的快速发展提供了良好支持。包机运输一般应用于需求不稳定的运输,比较多的应用是旅游包机。一般是旅游公司承包整个舱位。包机运输在货物运输中更为普遍。

通用航空公司可分为播种、杀虫、观光、婚礼等功能性航空公司和公务包机、空中 TAXI 等个性化运输性航空公司。随着经济的发展和人们对生活质量追求的提高,航空需求越来越多样,通用航空公司的经营业务也越来越多样。

　　航空公司除了提供航空主业服务外,还可提供休闲旅游、信息、物流、通信等附加服务。

1.2 "顾客"

　　对提供"四定"运输的航空公司来说,谁是公司的"顾客"似乎显而易见,其实不然。很多时候,乘机者并不是购买服务的决策者,或者说并不是"顾客",比如,大型企事业单位的商务客。他们乘坐的舱位,甚至航空公司,往往受到单位规定和协议的限制,此时真正的"顾客"是单位主管部门和上层领导。又比如,参加团组旅游的乘客,他们乘坐哪个航班一般由旅行社决定。又比如,西方不少发达国家,大型企事业单位商务旅行多委托专业的商旅公司安排,此时"中间人"商旅公司就是航空公司的"顾客"。

　　从购买特点看,顾客可分为商务客和休闲旅游客。商务客通常对时间要求高,对价格敏感度低,乘坐频率高,乘坐二舱(头等舱、商务舱,这是航空公司服务的重点)的可能性大。休闲客则正好相反。航空公司须针对不同类型的顾客,采用不同的营销策略。

1.3 营销

　　营销的概念最早源于首先进入生产能力过剩的西方发达国家,其英语为Marketing。很显然 Marketing 是围绕创建 Market(市场)的要素来考虑的,所以中文也往往将 Marketing 翻译成市场营销。

　　随着营销理念的广泛传播,营销的概念不断泛化,比如,营销自己。随后,市场营销与营销逐渐有了细微的区别。营销成为一个相对宽泛的概念,可以看作是一个通过交换而达到互相满足的过程。而市场营销特指我们生产中的一种经营活动,包括宣传、促销、推销、产品战略等。在不至于混淆的情况下,市场营销简称营销。

　　国内外学者就什么是营销说法不一。例如,1996 年,科特勒在《营销管理》(第九版)中认为"营销是一种有序地、深思熟虑地研究市场和策划的过程"。这个过程开始于对需求未被满足的个人和群体,或对某产品服务有潜在兴趣的个人和群体,最终目的是"让个人或群体的欲望和需求得到最大的满足"。尽管有关营销的定义不一,但营销的核心内涵是策划、主动、精准、满足,即通过缜密的产品和销售策划,积极、主动地向精准的客户销售,满足客户的需求,从而获取最大的回报。

反映营销主动性的要素之一是促销(promotion)。所谓促销是指销售者为了促使购买者购买其产品所进行的说服活动和利益折让,包括商业和销售团队销售促进、信息推广、消费者销售促进等。它们可以通过人员宣传、价格促销等直接进行,也可以通过广告和其他促销活动间接进行。促销在当今市场十分必要。现代市场学认为,企业的营销活动若只依赖适当的产品、适当的销售渠道以及适当的价格,那还不足以系统和有机地发挥其本身的作用,为此必须进行一定的促销活动。促销可以用于达到吸引不同类型客户的目标,其主要目的在于转变被沟通者的态度和行为,通过利用激励性销售方式来吸引试用者。以航空运输为例,许多潜在的消费者可能不知道某一种运输服务的存在,或者对航空运输的某些方面(例如价格、服务范围、运输安全等)缺乏了解甚至存有误解,也不知道各航空公司在服务方面的差别,为此,必须进行一定的促销活动。促销在品牌差异度极低的市场上常常能够在短期内创造很高的销售额,但是一般不能持久地提高品牌的市场份额。在品牌差异显著的市场,促销往往能够永久地改变品牌的市场份额。

反映营销计划性的要素之一是产品战略。所谓产品战略是企业为了在激烈的市场竞争中占据有利地位,在产品的设计、生产和销售中所采用的一系列措施和方法,包括产品定位、产品组合策略、产品差异化战略、新产品开发战略、品牌战略以及产品的生命周期运用策略等。譬如,深圳航空公司在春节期间推出的"深航请你来过年"的家庭优惠套票产品,既让顾客得到了实惠,又缓解了春节回深旅客少的问题。

如果说,销售或促销,只是营销过程中的一种手段和方式,则营销更注重长远的、全面的规划和过程管理。如果说,销售是根据产品价值来找客户,则营销是根据客户需求来做产品。产品是营销的起点,也是营销的逆向归宿点。

有关营销概念的发展过程参见附录 4。

1.4 票价

票价作为直接面向顾客的一个窗口,它决定了航空公司对顾客的直接吸引力,也是航空公司营运管理能力的重要反映和生存发展的保障。民航运输的票价包含两个概念。一是全价票价,多称为运价,这是公布的;二是执行票价,这是销售的价格,会视市场需求和竞争情况变动,一般是运价的折扣价。由于市场需求的不足,民航票价一般会采用等级定价或差别化定价,以刺激市场需求,扩大销售。

运价是由政府主导的航空运输产品的价格,一般以客公里或公斤(千克)公里为基本计算单位。由于政府采取管制政策,航空运输产品运价受到比较严格的约束。国内运价受国内相关法规约束,国际运价受到各有关当事国政府的双边协定、多边协定和国际公约的约束。

航空运输由于投入大,其运价计算一般采用成本加成定价法,即根据成本加上必要的利润来定。根据国际航空运输协会 IATA 的通行成本计算方法,成本主要包括航空设备与运营要素的投入与维护。前者指飞机与航材,后者包括航油、机场、航空管制及人力开支等。一架运输飞机大约需要 100 个左右的人力(因公司不同而不同),所以人力成本是航空公司的第一成本。其次是燃油成本,由于燃油价格变动性较大,为此,我国在机票之外,还采用征收燃油附加费来应对燃油价格的上升。执行价格一般采用市场导向定价法,即根据市场可接受的支付水平而定。它可以是需求导向的,当供过于求时,价格降低;供不应求时,价格上升。它也可以是竞争导向的,包括竞争低价,也包括根据协议约定的强制性价格。

由于运价受国内外相关法律与协议的约束,变动空间不大,此时特色就显得十分重要。如定位于 VIP,VVIP 的二舱,需求比较稳定,一般直接执行运价。此时,各航空公司的比拼主要体现在特色上。通常以"高大上"的空中奢华享受和特色服务来吸引顾客。

与头等舱、商务舱不同,经济舱一般不仅执行折扣价,而且采用差别定价,以最大限度吸引不同类型的旅客。所谓差别定价,又称为价格歧视,是指有形商品或无形商品(服务)的供应商在向不同的买家提供一样价位质量的商品或服务时,在买家之间提出不同的销售价格。即在销售同样的商品或服务时,对不同的顾客要求不同的价格。即根据不同市场、不同类型的消费者和市场上不同的供求状况来区别定价。也就是说,享受同样服务的旅客,其价格是不一样的。当然,差别定价是建立在对需求的预测与对竞争对手分析的基础上的。

经济舱主要面向一般商务客和休闲旅游客。这两类旅客消费特性也不相同。商务客一般行程灵活、易变、紧凑;休闲旅游客一般时间充裕、价格敏感,倾向于购买更加优惠的机票。为了防止商务客流向价格更加优惠的舱位,机票在标明价格的同时,一般标明"签、转、退"规定和服务限定。按照购买成本,票价一般越早越便宜,这也正好符合休闲旅游客时间充裕、价格敏感的特点。

1.5　舱位

为了满足不同的需求,飞机的大类舱位分为头等舱(first class)、商务舱(bussiness class)和经济舱(economy class or coach)。有些公司把经济舱细分为商务经济舱和一般经济舱。价格和服务以头等舱为最高,其次是商务舱,最低则是经济舱。如果仅仅是这样分类,那么飞机舱位的分法与其他运输工具差别不大。飞机的舱位的分类更重要的是从营销意义上的分类,即为了最大限度地销售座位,同一大类舱位的机票价格不尽相同,特别是经济舱,通常有不同的折扣。为了区分不同的折扣,一般用不同的舱位来表示。

实务上,航空公司一般用字母来表示不同的舱位。譬如,F 代表头等舱、C 代表公务舱、Y 代表经济舱。经济舱中,按折扣不同又分不同的舱位,分别用不同的字母来表示,如 B、K、H、L、M、Q、X、E。这种代码因公司而异,价格也不一样。表 1-1 是一些航空公司常用的舱位代码。

表 1-1　一些航空公司舱位代码

四川航空公司	0.92	0.9	0.85	0.8	0.75	0.7	0.65	0.6	0.55	0.5	0.45	0.4	0.35	0.3
中国国航		B	M	H	K	L		Q		G	V	U		
中国南航		T	K	H	M	G	S	L	Q	E	V			
上海航空公司	B	B		L	M	T	E	H	Q	V		W		
华夏航空公司	T	T	K	H	M	G	S	L	Q	E	V			
天津航空公司		B	H	K	L	M		Q		X	U	E		
吉祥航空		B		L	M	T	E	H	Q	V	X	W	R	

续　表

海南航空公司	B	H	K	L	M	N	Q	T	X	U	E		
中国联合航空公司	H	K	L	M	T	E	V	U	Q	G	B		
厦门航空公司	B	H	K	L	M	N	Q	T	V	X	R		
中国东航	B		H	L	M	N	R		V	T	W		
山东航空公司	B	M	H	K	L		Q		G	V	U	Z	R
深圳航空公司	G	K	H	T	Q	L	S	N	M	E	B		
祥鹏航空公司	B	H	K	L	M	N	Q	T	X	U	E		
中国西部航空	B	H	K	L	M		Q		X	U	E		
河北航空公司	T		H	M	G	S	L	Q	E	V	R	K	L
武汉东星航空公司	T	K	H	M	G	S	L	Q	E	W	Z	V	X
奥凯航空公司	B	H	K	M	L	N	Q	T	X	U			
成都鹰联航空公司	B	H	K	L	M	N	Q	T	W	U	E	J	

　　除了这些常规代码之外，还有一些特殊舱位的代码。特殊舱位就是除了明确折扣舱位以外，另有限定的舱位。附录2是国内主要航空公司特殊舱位代码。

　　显然，飞机舱位不同，服务、免费行李额、退改签限制条件等都不同。折扣越低，限制越多。具体见附录3。

1.6　航线网络结构

点对点式网络结构和中枢轮辐式网络结构是当今主要的两种航线网络结构。除此之外还有蛛网式网络结构等。点对点式航线网路结构是指从一个城市直接飞到另一个城市,途中不停留、不降落,如图 1-1 所示。枢纽轮辐式航线网路结构是指航空公司将一个或几个适当的机场作为中枢,中枢周边较小的城市间不直接通航,而是通过在中枢进行有效中转完成衔接的一种航线网络布局模式,如图 1-2 所示。

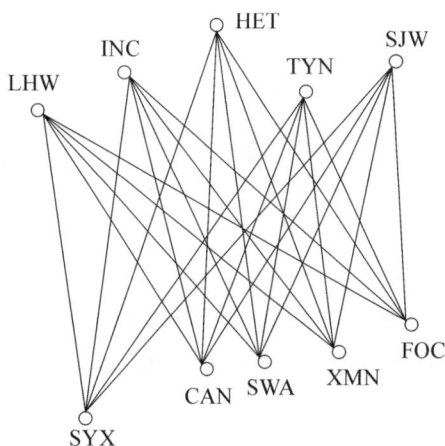

图 1-1　点对点式航线网络　　　　图 1-2　枢纽轮辐式航线网络

1.6.1　点对点式航线网络结构

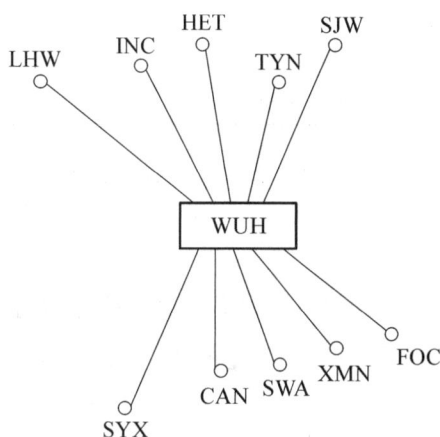

点对点式航线网络对集中运行控制要求不高,适用于航空公司在局部区域内组织运营。而所选择的局部区域一般是运输量比较大的区域,这样相比枢纽轮辐式结构,可使得飞行的成本更低。飞行的成本降低,能使票价更具有弹性,以吸引一批对票价十分敏感的消费群体。所以低成本航空公司都倾向于选择点对点式航线网络结构作为公司的航线网络结构。相较于枢纽轮辐式航线网络结构,点对点式航线网络结构具有以下优点:

(1) 建立航空基地的成本相对比较少,不必花大量资金建造枢纽中心,尤其是大型枢纽中心。

(2) 大部分航线会保持较高的航班频率,可以较好吸引商务旅客,实现飞机利用率的最大化,而且选择的机型可比较单一。选用单一机型,不仅机组人员可适当减少,地面服务人员、飞机维修人员也可减少,这对航空公司的运营成本降低起到了很大的作用。目前,B737 和 A320 这两种机型已成为运营点对点式航线网络的航空公司的首选。

表1-2 为一些低成本航空公司(LCC)的机队情况。

表1-2 一些低成本航空公司(LCC)的机队情况

航空公司	飞机机型	数量
美国西南航空	B737 系列	594
美国捷蓝航空	A320 系列	123
瑞安航空	B737 系列	294
易捷航空	A320 系列	209
亚洲航空	A320 系列	97

(3)不会出现大量延误传播现象。一个航班的延误对其他航班的波及程度较小。但若是在一个联系紧密的轮辐枢纽航线网络中,一个航班的延误很容易扩散开来。

(4)能给旅客提供更便捷的服务,从而更受旅客欢迎。旅客的偏好顺序依次是直飞航班、经停航班、同一承运人中转航班,最后是联运中转航班。所以在吸引客源方面,点对点式航线结构具有一定的优势。

1.6.2 枢纽轮辐式航线网络结构

枢纽轮辐式航线网络结构有其不可替代的优势。这种航线网络布局呈现以枢纽机场为中心向其他周边机场辐射的构型,这样能使航空公司能为旅客提供更多的起讫地(OD)服务。枢纽轮辐式航线网络所涉的任何两点之间,航空公司均能够提供相应服务产品。同时,由于枢纽地的集聚效应,使得航空公司在干线、支线上可采用大小不同的机型,从而使得成本更低、航班的客座率更高。

由于采用枢纽轮辐式航线网络的航空公司一般采用集中到达的航班波组织方式,使得旅客虽然需要中转,但中转的机会比较多。这样虽然需要中转,但旅客没有感到太大不便。而且,由于航班量增加,旅客可选择的时间也更灵活。

枢纽轮辐式航线网络的另一个好处是新市场开拓成本很低。采用点对点航线网络结构的航空公司,如果想在新进入城市开展航空运输服务,它能够获得的市场份额与其新开的直飞航线密切相关。而采用枢纽轮辐式航线网络的航空公司,只要在这个新进入城市与其最近的枢纽之间开设一条航线,就连通了其网络所及的所有地方,其能够获得的市场份额显然要多得多。

1.6.3　我国的航线网络情况

随着经济的高速发展,我国航线网络日益完善,覆盖范围日益扩大。至2016 年底,已有定期航班航线 3 794 条,其中国内航线 3 000 条以上,覆盖了所有大中城市和主要旅游城市。国际航线以周边国家为主,其次是美欧航线,形成了以北京、上海、广州为核心枢纽,成都、西安、昆明等为次枢纽的航线网络结构。以中国香港为中心的地区航线一头连着国际,一头连着内地主要城市。我国民航国内航线如图 1-3 所示。

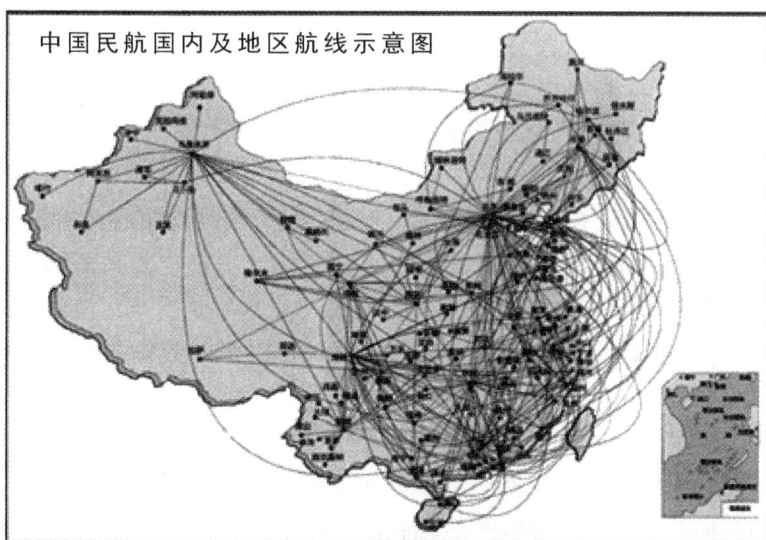

图 1-3　中国民航国内航线示意图

总体而言,我国国内航线呈现以下特点:

(1) 航线密度由东向西逐渐减小。我国人口分布极不平均,主要分布在爱辉—腾冲线以东。改革开放,使得东部沿海地区的经济更为发达,人口更加集聚。对应地,航线网络也形成了以北京、上海和广州为核心的运输网络。

(2) 航线多以大中城市为中心,向外辐射。我国航线由若干个放射状的系统相互联通,共同形成航空网络。航线航程以中远程为主。

(3) 航线网络以点对点结构为主,枢纽轮辐式结构为辅。我国 80% 以上的机场争先开通的航线都是通往北京、上海、广州等大型城市的航线,这些大城市客观上成了枢纽轮辐式结构中的枢纽。我国发展枢纽轮辐式比较成功的是云南、新疆地区。这些地区的周边区域以昆明、乌鲁木齐机场为依托,通过在区域枢纽的航班中转,实现区域网络的覆盖。西南、西北地区分别以成都和西安为核心形成了初具规模的轮辐式航线结构。这种结构正在西南、西北地区进一步发展。

(4) 支线的发展远远落后于干线的发展,其运输量在我国整个航空运输中只占很小的一部分。影响我国支线航空发展最主要原因是不同的地区适应的机型不一样,航空公司很难找到适合每个支线市场的机型。图 154 飞机很适合于乌鲁木齐—喀什航线,B737 比较适合云南的支线,但很多市场,如青海市场,很难找到合适的机型。实际上,发展支线航空,是我国航线结构由点对点为主转为轮辐式为主的重要一步。

1.7　业绩指标

航空公司的运营业绩通常指的是生产率。生产率概念包含两大范畴:生产率总量(非参数型)和技术进步带来的转变(参数型)。在这两大范畴中,有多种不同的方式可以衡量生产率,可根据衡量的目的来选择衡量方法,或局部或全面地对生产率进行衡量。由于航空公司是从管理角度来对业绩进行评估,因而比较适合采用局部衡量法。

广泛采用的"局部衡量法"是与劳动力使用有关的方法。这意味着,某些产出衡量方法是基于雇员人均来表达的。一家资本投入高于劳动力投入的混合型航空公司可能显示出高劳动生产率,而非一定有高全面生产率(或全要素生产率)。这种情况更适合用货币形式来计算劳动力成本,而不只是简单地采用以雇员总数作为分母的方法。这种方法也考虑到不同国家在薪酬和社会支付能力上的差异,这是资本对劳动力投资决策的关键因素。

在与劳动力相关的局部衡量法中,最简单的衡量方法就是雇员人均有效吨公里(千米)数(ATK)或座公里数(ASK),可对比的衡量工具是雇员人均的收入吨公里数(RTK)或座公里数(RSK)。两种方式仅限于计算价值,没有区分不同类型的载重。不同航空公司有不同的载重,因此,在航空公司之间进行各种比较甚至是时间上的比较,都很难。

另一种生产率衡量方法与飞机利用率有关。广泛应用的衡量因子是运载率,可用旅客客座率或是载重率。在采用运载率衡量时,同时考虑到收益也十分重要。通过低票价获得高的运载率不一定会使收入最大化。与 ATK/ASK 和 RTK/RSK 一样,这种方法不能在忽略航线长度因素的情况下采用。短途航线的飞机要获得高日飞行小时数是较为困难的。

在业绩评估中,从成本来说,明确成本范围对于航空公司的运营十分重要,还能挖掘降低成本的潜力,提高业绩。一般航空业成本可分为:劳动力、燃料、着陆、航路导航等费用、飞机(折旧)、其他原材料、地面设备和财产(折旧)、境外服务费(地面处理等)、财务费用和其他费用。

劳动力成本约为航空公司总成本的 1/3,是成本中比重最大的一部分。并且,劳动力成本是航空公司可以实际控制的少数几项成本之一。其次是燃油成本,非航空公司所能实质控制。因此为了降低成本,多从劳动力利用率、劳动力生产率及劳动报酬方面考虑,是比较现实的途径。

综合起来,目前航空公司采用的主要指标有:

> 座公里:座位数与航距乘积的总和;
> 客公里:承运人数与航距乘积的总和;
> 吨公里:承运吨数与航距乘积的总和;
> 客座率＝客公里/座公里;
> 客运运力份额＝本公司座公里/行业座公里;
> 客运份额＝本公司客公里/行业客公里;
> 货运份额＝本公司吨公里/行业吨公里;
> 客运产投比＝客运份额/客运运力份额;
> 平均票价＝航班总收入/总承运的人数;
> 平均运价＝航班总收入/总承运的吨数;
> 座公里收益＝客运总收入/总座公里;
> 吨公里收益＝货运总收入/总吨公里;
> 平均机票折扣＝总收入/承运的人数与公布票价乘积的总和;
> 客运有效收益率＝客座率×平均机票折扣;
> 客运费率＝航线公布运价/航距。

第 2 章

航空运输营销环境

航空运输业受环境的影响很大。可以说,是经济、社会的风向标,"一衰皆衰,一荣俱荣""油跌利升"。它同样受供求关系、技术水平和环保要求的影响,可从政治、经济、社会、技术和生态环境这五个方面,即 PESTE(political,economic,social,technological,environmental)进行系统的分析。

2.1 PESTE 分析

2.1.1 政治环境分析

由于航空运输投入大,与公共安全关系密切,运行技术要求高,其发展与法律、政治环境密切相关。很长一段时间,航空运输受到各国严格管制,市场呈现寡头垄断经营现象。随着各国对航空运输管制的放松,特别是 20 世纪 70 年代航空运输最发达的美国对航空运输管制的取消,带来了航空运输的大发展,彻底改变了航空运输市场形态,航空运输从寡头竞争市场变为充分竞争市场,航空运输开始进入微利时代。

我国对航空运输管制的放松始于 21 世纪初,开始从单一的国家垄断经营向多种经营方式转变。我国从 2004 年放松市场准入管制,批准筹建鹰联、春秋、奥凯三家民营航空公司,允许国内票价在基准价基础上上浮不超过 25%、下浮不超过 45%开始,逐步推进,由此,迎来了航空运输的大发展。航空公司如雨后春笋,层出不穷,截至 2016 年年底已有 59 家航空公司经营各种客货运输,市场竞争日益激烈。随着航线、时刻、飞机引进、机场收费等方面的进一步放开,航空运输将迈向充分竞争市场,进入微利时代。

2.1.2 经济环境分析

航空运输是经济的风向标。我国航空运输的快速发展正是得益于经济的快速发展,得益于国民收入的提高和消费能力的增强,得益于消费理念的转变,得益于贸易的自由化,得益于着力推进的城镇化。2015 年我国城乡居民人均出游已超过 2 次。其中,出境旅游近年增长速度达 20%。休闲旅游正在上升为航空运输的主要客源。在我国,对经济环境的影响分析,需特别考虑高铁运输的快速发展带来的影响。在中短途运输上,高铁运输已与航空运输构成了激烈的竞争。

经济环境对航空运输的精准影响须从寻找关联因子出发,运用科学的预测方法,进行定量研究。

2.1.3　社会环境分析

社会消费氛围对航空运输的发展影响很大。在人们普遍认为航空不安全的年代,航空运输的需求被抑制。在人们认为航空运输高端的时候,人们亦步亦趋。时间价值观念的建立与增强,使得人们更乐意乘坐飞机。对旅行质量的更高要求和教育水平的提高,也使得人们更偏向于航空运输。相反,人口的老龄化、航班的频繁延误,则是航空运输的"利空"消息。

另外,值得注意的是随着部分消费者率先进入高消费层次,公务机、私人飞机近年来发展迅速。根据美林报告,内地富人将会把三成半的资金投向汽车、游艇和飞机。在逐渐放开低空空域的时候,飞机已经成为富人们的新玩具。在"中国私人飞机产业发展峰会"上专家预测,我国私人飞机拥有量 10 年内将超美国,成为世界第一。飞机制造商庞巴迪公司预计到 2020 年,该公司交付至中国的私人飞机数量将达 960 架,中国有能力购买私人飞机的潜在客户将超过 30 万人。这些人原来都是航空公司头等舱的客源。

2.1.4　技术环境分析

技术的发展对航空运输的影响主要是两方面:一是运载工具;二是信息网络环境。

自民航客机上天飞行以来,民航客机的机型改进工作可以说一刻也没有停止过,更加高效、舒适的民航机型不断推向市场。中国商飞公司的加入,无疑将为航空公司采购及租用飞机多了一项选择。航空公司采用更加经济、更加符合市场需求的飞机从事商业飞行是航空公司提高效益的重要途径。

近十年来,信息网络环境的不断演变已经而且还将深刻影响航空公司的操作方式。大数据、云技术的应用使得信息的共享更加方便。移动互联网的发展,智能手机的普及,使得航空旅行"一切尽在掌握之中"。从买票,到值机,到航班信息即时查询均完成于简单的指尖点击。航空公司为此也大大降低了商务成本。同时,也大大拓展了销售的覆盖面。对航空公司来说,如何简化商务、优化流程,不断完善 APP 是其在新的技术环境下提高市场份额,提高运营效益的一个重要途径。

2.1.5　生态环境分析

随着经济、社会的发展,生态环境日益受到人们的重视。持续的全球气候变暖,正在警示人们生存环境的恶化,节能减排成为人们的共识。2009 年,在哥本哈根全球气候大会上,欧盟提出提案,要求在未来 10 年内,作为碳排放大户的航空业要实现减排 20%,到 2050 年,要实现减排 80%~95%。同时,根据欧洲议会、欧洲理事会第 2008/101/EC 号指令,自 2012 年 1 月 1 日起,进出欧盟境内的所有航班,其全部航程所排放的二氧化碳量将被纳入欧盟温室气体排放贸易体制,向航空公司征收碳税。国际航协的减排方案是到 2020 年,每年燃效提高 1.5%,从 2020 年起,通过碳中和增长,稳定碳排放量,到 2050 年,碳的净排放量比 2005 年减少 50%。欧盟碳税征收由于受到美国、中国等航空企业的抵制虽最后未能如愿,但这并未影响欧盟及其他地区在减排方面措施的推进。连同航空噪声,对生态环境的日益关注必将对航空运输业产生深远的影响。

2.2　法律环境

严格地说,法律环境是政治环境的一部分,是一种固定化了的政治。与政策的短期性、针对性相比,法律是长期性的、系统性的,很多往往是跨国界的、公约性的,对企业经营的影响更大。

与任何类型企业的经营活动一样,航空运输企业的经营活动也必须在法律制度框架下进行。它既受国内法律制度的约束,又受国际法的制约。随着市场的开放,航空运输的国内国际法律日益走向一致。

航空运输国际公约主要包括《华沙公约》《海牙议定书》《瓜达拉哈拉公约》《危地马拉议定书》《蒙特利尔附加议定书》《蒙特利尔公约》等。在这些公约文件中,《华沙公约》具有基础性地位,其他都是对《华沙公约》的补充和修订。这八份文件并称为华沙体系。它们彼此共通却又有着各自的特点。其中要数《华沙条约》《海牙议定书》的适用性和认可度最高。毫无疑问,任何公约的制定与当时的经济社会环境有关。理清公约随经济社会的发展历程,对于理解公约、把握公约的发展无疑是十分有帮助的。

2.2.1 《华沙公约》

《华沙公约》，全称为《统一国际航空运输某些规则的公约》，签订于 1929 年 9 月 12 日。因其签订于波兰华沙，所以简称为《华沙公约》。《华沙公约》于 1933 年 2 月正式生效，后历经数次改动。中国在 1957 年 7 月加入该公约，1958 年 10 月正式生效。

该公约涵盖了航空运输适合的范围、票据、承运人的相关责任、赔偿法则等一些规定，较为细致地规范了运送旅客、行李以及货物相关事宜。公约规定旅客机票、行李票和航空货运单是双方运输合同的凭证。即使凭证丢失，也不影响合同的有效性。

《华沙公约》对承运人责任的描述最为仔细。旅客在飞机上或上下飞机时所导致的伤亡都将由承运人负责。已登记过的行李物品，承运人保管时使其受损、丢失也将负责。最常见的飞机延误问题，若是给消费者带来利益受损，同样也需要承运人负责。

《华沙公约》里处处可见对旅客的维护。同样，为了维护承运人的合法权益，公约也限定了赔偿的最高额度。有关航空运输中当时可能出现的问题纠纷，《华沙公约》基本上都有覆盖。

2.2.2 《海牙议定书》

随着经济、社会的发展，《华沙公约》某些内容与现实脱节，相关签约国认为《华沙公约》必须修订。1955 年 9 月 28 日，《海牙议定书》诞生，《海牙议定书》全称为《修订 1929 年 9 月 12 日在华沙签订的关于统一国际航空运输某些规则公约的议定书》，因其签订于荷兰海牙，故简称为《海牙议定书》。《海牙议定书》于 1963 年 8 月 1 日开始实施。

《华沙公约》《海牙议定书》内容的用语大相径庭，可是它们的内涵是相同的，适用范围也并没有改动。然而《华沙公约》阐述的国际运输是指："出发地和目的地是在两个缔约国的领土内，或在一个缔约国的领土内，而在另一个缔约国或非缔约国的主权、宗主权、委任统治权或权力管辖下的领土内有一个约定的经停地点的任何运输。在同一缔约国的主权、宗主权、委任统治权或权力管辖下的领土间的运输，如果没有这种约定的经停地点，对本公约来说不作为国际运输。"《海牙议定书》改为："国际运输是以出发地和目的地须在本议定书的两个当事国领土内，或在本议定书的一个当事国领土内，而在另一国家领土内有一约定的经停地点者为限。"此改动将制约限定在了当事国境内，简明了连带责任的双方。《华沙公约》在涉及承运人责任方面规定,若承运人能够出示相关证据证明旅客的行李物品不是由于飞行员驾驶或是飞行操作失误造成的,并同样证实承运人确实实施了相应措施,尽最大的力量去减少损失,就可以免责。然而《海牙议定书》却去掉了有关承运人免责的规定。物品运送的最高赔偿限额并未发生改变,而运送旅客的赔偿额度被提高。《海牙议定书》将旅客发生伤亡事件的赔偿额度提高了一倍,为 250 000 金法郎,即 20 000 美元左右,提高了承运人对旅客安全的重视,对减少因意外造成旅客伤亡的概率起了重要作用。不过消费者在发现自己运输的行李物品发生损坏时,应该立刻联系航空公司反映情况,最迟在拿到物品的 14 天内提出诉讼和索赔。如果交货时间拖长,那么也该在收到物品的 21 天内反映。这样避免了因时隔过长,出现有理说不清或是恶意诽谤事件。同样的,部分签字国注意到,华沙公约并未包括非运输合同一方所办国际航空运输的专门规则,因此认为有必要制订适用于这种情况的规则。

2.2.3 《瓜达拉哈拉公约》与《危地马拉议定书》

为了使规则覆盖更为全面,1960 年 9 月 18 日,签署国在墨西哥签订了《瓜达拉哈拉公约》,并在 1964 年 5 月 1 日颁布。该法规全称:统一非缔约承运人所办国际航空运输某些规则以补充华沙公约的公约。相关签署国政府表示,经 1955 年 9 月 28 日在海牙签订的议定书和 1971 年 3 月 8 日在危地马拉城签订的议定书修正的 1929 年 9 月 12 日在华沙签订的统一国际航空运输某些规则的公约有修改的必要,于是在 1971 年签订了《危地马拉议定书》。1975 年,在蒙特利尔签订的第 1、2、3、4 号《关于修改"统一国际航空运输某些规则的公约"的附加议定书》,简称蒙特利尔议定书,同样是对《华沙公约》的修订。

以上所提及的公约都称为华沙公约文件。这八份文件构成了华沙体系,它们融会贯通,并各成一派。

2.2.4 《蒙特利尔公约》

《华沙公约》投入使用 40 多年,其校正修改的文件太多,为此,旨在使《华沙公约》与它的其他有关文件融合的蒙特利尔公约经国际民航组织(ICAO)拟定诞生。1999 年 5 月,ICAO 在蒙特利尔召开了航空法律大会,包括中国在内的参加国签署了这个公约。需要说明的是,各国政府签署该项公约并不代表该国同意加入,只有在本国立法机构批准该公约并提交批准书后,此公约才对该国生效。此公约正式生效后将代替华沙公约文件的地位。《蒙特利尔公约》的签订宗旨是借助国际力量,严惩在地面破坏航空运输安全的违法分子,这点与《海牙公约》不谋而合,成为《海牙公约》的姊妹篇。

《蒙特利尔公约》的主要改变体现在责任制度以及其限额方面,它由过错责任制走向严格责任制,增加了对消费者的赔偿限额,又加入第五管辖权,重新使用运输凭证的相关功能。2005 年 7 月 31 日,此公约对我国正式生效。它取代了已经被使用 70 多年的《华沙公约》等系列文件,使得整个国际航空运输领域形成了一个崭新的法制环境。这部公约的生效,在对航空公司产生影响的同时,也将直接影响到国际航空运输中旅客的切身利益。例如,在涉及延误对旅客造成损失的问题上,公约规定:有关延误的赔偿额度是 4 150 特别提款权(SDR)(约合 5 600 美元)。这里的 4 150 特别提款权是最高限额,即旅客的实际损失如果小于该限额,按实际损失赔偿;如果大于该限额,超出的部分不予赔偿。行李物品赔偿方面,公约规定如果是在运输过程中导致的损失、拖延,承运人将以每位旅客 1 000SDR 的标准赔偿(约合 1 350 美元)。货物赔偿方面,如若在运输过程中货物发生损失、拖交现象,承运人将以每公斤 17SDR(约合 23 美元)的标准赔偿。当然,公约也对承运人提供了免责保护。例如,承运人如果能够出示证据证明为了避免延误,承运人已经竭尽所能,或是因天气等不可抗力所造成的,就可以免责。

《蒙特利尔公约》中,针对有关行李物品损失及延误对旅客造成的损害的赔偿,全面实施了航空保险的强制化,增加了航空责任险保障范围,增加了高额保险赔付,并为这些措施实施的可能性做出了详细的解释说明。对消费者发生伤亡的赔偿,提出了无上限责任的概念。

值得一提的是:《蒙特利尔公约》并不适用于发生在具体某一个国家中的运输。当在国内运输中发生纠纷时,公约并不提供参考,只能依据该国的国内法解决。

这些法律环境无疑是开展国际运输必须遵守的。对于国内航空运输,我国也有一系列类似的法律。随着全球一体化和市场开放的深入,国内与国际航空运输法律逐渐趋向一致。

2.3　经营权(航权)

与一般企业经营权只要列明在经营执照中就自动授权不同,航空运输最为重要的经营权利——航线的开辟还必须逐项核定,特别是国际航线,还必须获得相关航权。

2.3.1 航权定义

在国际民用航空运输中,只要一方航线超出了自己的国界,就会涉及另一方国家的主权等一系列问题,故而国际航空运输业需要一个全球统一的标准和规定,而"航权"就是这些标准和规定的一部分。"航权"的概念起源于 1944 年的芝加哥国际民用航空会议,该会议上签订了《国际航空运输协定》(又称《五大自由协定》)和《国际航班过境协定》(又称《两大自由协定》),两者成为航权的法律根据。当时,航权亦称为"空中自由权"(Freedoms of the Air)或称"特权"(Privileges),后来在实践中逐渐发展成"Traffic Rights"的概念。总体来说,航**权就是世界航空运输业通过 ICAO 制定的一种国家性质层面的航空运输的权利,即指国际民用航空运输中涉及的某国家或地区的过境权利和业务运输的相关权利。简单来说,航权就是缔结协约的一方给予另一方的航空运输器飞行和运输相关的权利。**

2.3.2 九大航权

最初的航权仅包括"五大空中自由",后来发展出第六、第七、第八种"空中自由",现在还有"第九种空中自由"。传统上一般将第一种和第二种自由称为过境权,而将第三、第四和第五种这三种自由称为营运权,也即所谓的硬权利。这三种自由是狭义的营运权,广义的营运权包括第六、第七及第八种自由在内。一般来说,所谓的"航权",就是指过境权和广义营运权。在现代国际航空运输中,用到最多的是前六大航权。

1. 第一航权:领空飞越权

第一航权:领空飞越权,指某国或地区的飞机飞越协议国或地区领空而不降落的权利。若未获得第一航权,则该飞机只能绕道而行,徒增油耗和时耗。例如,东航来往于上海和法兰克福的航班,中途可飞越俄罗斯,因为有俄罗斯的第一航权。

而事实上,随着冷战的结束,第一航权几乎已经成为各国共用的航权。尽管如此,大多数国家仍被要求在穿越别国领空之前必须先行通知,有时甚至需要付费。有些国家亦会在特殊时期利用第一航权作为政治施压的手段。

2. 第二航权:技术降落权

第二航权:技术降落权,指某国或地区的飞机在飞至某一国或地区途中,因技术需要而降落到其他协议国家或地区的权利,如维修、加油或气象原因等,但不得上落客、货、邮。比如,过去中国台湾的航空公司航班,由于受到两岸政治议题衍生出的航权问题的限制,过去在执行欧洲航线时,无法直接飞越中国大陆领空到达欧洲机场,故多半于中国香港、阿布扎比、新加坡、曼谷、迪拜、德里等地进行中途加油,再原机原客飞往最终目的地。

如今,随着科技的不断进步,飞机的续航力不断提高,第二航权的使用已越来越少。

3. 第三航权:目的地下客权

第三航权:目的地下客权,指某国或地区的飞机载运客货至协议国或地区的权利。例如,维珍大西洋航空公司的飞机从格拉斯哥载运旅客及货物飞往普勒托利亚,在获得了普勒托利亚授予的第三航权后,就能在该地卸下旅客或货物,但不得再装载客货,只得空机返回。

4. 第四航权:目的地上客权

第四航权:目的地上客权,指某国或地区的飞机自协议国或地区载运客货返回本国或地区的权利。例如,上例中若同时获得了第四航权,维珍航空的飞机就能在卸下客货后再在普勒托利亚装载客货回到格拉斯哥,而不用空机返回,浪费资源。

一般来说,第三和第四航权是两国在航权谈判、交换时双边配套签署的,也是国际航空商业运输活动中涉及的最基本的权利。

5. 第五航权:中间点权或延远权

第五航权:中间点权或延远权,指某国或地区的航空公司在其登记国或地区以外的两国或地区间载运客货,但其班机的起点(出发航班)与终点(到达航班)必须为其登记国或地区。换言之,要获得第五航权,必须要和两个甚至两个以上的国家进行航权谈判。

从 2003 年 5 月 22 日起,我国政府首次向外国航空公司——新加坡货运航空公司开放了第五航权。每周有三个出发航班,航线为新加坡—厦门—南京—芝加哥;两个到达航班,航线为芝加哥—南京—新加坡。又如,美国航空获得了日本批准的第五航权,就可以让航班从美国出发,经停东京并进行上下旅客/货物及邮件,继而再飞往东南亚各目的地,最终返回美国。由于目前飞机性能的原因,很多 16 000 公里以上的超长航线都会选择行使第五航权。如中国国际航空公司飞北京—马德里—圣保罗的航线要求西班牙给国航提供第五航权。

不过若要行使第五航权,首先需要获得该航班目的地国家所授予的第三和第四航权。由于第五航权涉及多个双边协定,而且在不同的双边协定中也意味着不同类型的航权,故而是一个比较复杂的航权。

6. 第六航权：桥梁权

第六航权：桥梁权，指某国或地区的飞机分别以两条航线在境外两国或地区间载运客货且中途经过其登记国或地区的权利，也是第三航权和第四航权的结合。例如，韩国亚洲航空运营的上海浦东—美国旧金山航线，就是在获取第六航权的前提下，先将中国的旅客运至韩国，再运到旧金山。韩亚航空运用第六航权，抢占了大量的中国出境客运市场，既带动了韩国的旅游和消费，也让首尔成为国际上越来越重要的中转枢纽机场，从而提升了韩国的航路优势和经济地位。

由上例可以看出，从营运手段和市场价值的角度来看，第六航权和第五航权一样，对于国际上大多数航空公司，特别是对于营运远程干线的国际航空公司来说，是除了第三和第四航权之外最重要的一种航权。

需要指出的是：第六航权的核心是一个代码销售。如果仅仅是桥接两国而不用一个航班号销售，那就无须第六航权。当然，一个航班号还是联程，对旅客的暗示可能还涉及行李处理、出境处理等方便程度的不同。

7. 第七航权：完全第三国运输权

第七航权：完全第三国运输权，指本国航机在本国领域以外经营独立的航线，在境外接载乘客和货物，而不用飞返本国，即本国航机在甲、乙两国接载乘客和运载货物。例如，德国汉莎航空公司开设的伦敦—巴黎航线，就需要获得两国的第七航权。

第七航权其实并不多见，其原因在于签约第七航权的国家等同于开放了本国的国际航线给了协约国的航空公司营运，这会对本国航空公司经营的国际航线造成相当的竞争，对本国的航空业发展造成一定的影响。

8. 第八航权：（连续的）国内运输权

第八航权：（连续的）国内运输权，指某国或地区的航空公司在他国或地区领域内两地间载运客货的权利（境内经营权）。第八航权只能是从自己国家的一条航线在别国的延长。例如，对于北京—纽约的航线，美国联合航空公司若获得了中国所赋予的第八航权，就可以中途经停上海，将从北京装载的旅客和货物运到上海后下机，再继续飞往纽约。

9. 第九航权：（非连续的）国内运输权

第九航权：（非连续的）国内运输权，指本国航机可以到协议国做国内航线运营，可以是完全在另外一个国家开设的航线。

由于赋予别国第九航权等同于缔约国要开放本国国内航线市场，这将对十分依赖飞行境内航线来维持营运的本国中、小型航空公司形成激烈竞争和冲击，因此目前第九航权并不常见。

2.3.3　航权的获取

航权是一个国家的重要资源,是国家主权的象征,也是一家航空公司重要的市场资源。一个营运国际航空运输业务的航空公司,如果无法获得航权,就不能进入航空运输市场;而即使获得了有限的航权,但获得的航权不够充分,也依旧很难经营好相应的国际航空运输业务。因而,不论是政府管理部门,还是航空运输的相关企业,都应该深入了解航权的获取。

2.3.3.1　航权开放原则

1. 基本法律原则

1) 尊重国家领空主权原则

国家领空主权原则,是国际航空法的基石。有学者称"国际航空法是与国家主权最密切相关的国际法分支"并不为过。相应地,国家领空主权原则便成为航权开放和交换活动中各国所遵循的首要原则。商业性航空运输是国家领空主权权利的重要组成部分,因此在航权交换的有关法律文件和实践中处处都强调和体现了这一原则。

2) 条约信守原则

条约信守原则是国际条约法的基本原则,并且已经明确成为国际条约法的最重要的基本原则。条约必须遵守原则是一条重要的习惯国际法规则。根据国际法,一国违反其自愿缔结的国际条约,拒绝履行条约的义务,构成国际不法行为时,该国应承担由此产生的国家责任,其他缔约国和国际社会也应以适当方式追究其责任。条约必须遵守原则在航权交换活动中无疑应当得到贯彻,缔约国违反双边航空运输协定或其他航权交换的多边条约的行为,属于违背国际义务的行为,应承担相应责任。

2. 其他法律原则

1) 双边原则

自芝加哥会议之后,双边航空运输协定的签订数目达 4 000 多份,依据"双边原则"所签订的民用航空运输协定占了所有各式各类航空协定的 99% 以上。可以说,双边原则已成为国际航空法上牢不可破的基本原则。

2) 公平均等机会原则

对于公平均等机会原则的解释,各国有所不同。依美国的解释,其宗旨在于竞争的平等机会,而英国的解释将重点放在了获取同样利润的真实的可能性上。其他一些政府也持与英国相同的观点。原则可分为以下几种模式:

(1) 芝加哥标准模式下的公平、均等机会原则:芝加哥模式下的双边航空运输协定强调在狭义的意义上对公平、均等机会原则予以规定。

（2）百慕大模式下的公平、均等机会原则：号称灵活自由运力原则的"百慕大协定"中，第四条明确规定了航空公司在规定航线上的经营有"公平均等的机会"。百慕大协定下的公平、均等机会原则，亦包含狭义对等的意义在内，但并不意味双方的竞争可以不受任何限制。

（3）开放天空模式下的公平、均等机会原则：由于各国航空业实力客观上的悬殊，开放天空模式下的公平、均等竞争机会，在短时间内恐怕无法被大多数国家所接受，因此，现阶段，对于公平、均等机会仍应限于在狭义的意义上进行解释，而不应将其与无限制的竞争相挂钩。

3）安全性原则

美国"9·11"事件等一系列航空犯罪活动，不仅会直接损害旅客的人身安全和财产安全，而且会消减世界人民对民用航空安全的信任，并最终威胁国家和平和世界安全秩序。因而惩治航空犯罪成为国际社会同心协力的共识，由此推动了有关惩治国际航空犯罪的国际立法进程。而在以航权交换为目的的双边航空协定谈判和签署过程中，安全性原则总是受到当事国家的高度重视，几乎所有的双边航空协定都列有专条对航空安保问题做出约定。

4）实质所有权和有效控制原则

所谓实质所有权和有效控制条款，就是指在两国签订的双边航空协定中，缔约国承诺本国政府指定的在两国之间航线上经营旅客、货物或邮件运输的航空公司必须是指定国政府或该国国民拥有实质所有权和有效控制权的企业。这一条款是双边航空运输协定中普遍存在的条款。如果无法达到航空运输协定所规定的实质所有权和有效控制要求，双边协定一方有权保留、撤销、中止或限制另一方指定的航空公司所获得的航权授予和技术许可。实质所有权和有效控制条款，有时简称为"国籍条款"，该条款在实质上体现的是双边航空协定对一国的航空运输业从业者和其所属国家之间必须存在"真正和持续的联系"的要求。

2.3.3.2　航权的获取

领空主权原则是航权交换活动的国际法基石。航权是国家主权的重要内容，只有国家才能作为航权交换的法律主体。虽然在现实生活中，会有一国航空公司与另一国航空管理机关就开辟航线、地面服务等事项进行交涉的情形，但这并不代表该航空公司拥有任何航权，航权只能属于国家。虽然在每一项航权谈判都与航空运输企业的利益休戚相关，甚至某些情况下国家间的航权谈判会受到航空运输企业的推动或影响，但是，归根到底航权只能由国家拥有，且只能由国家行使，政府始终是航权谈判的主体，而航空运输企业只是具体的航空协定的执行者。

在国际航空运输中,各个国家在针对交换航权进行磋商时一般采取的是对等原则。在签订协议时,应由缔约双方通过外交途径相互通知业已完成关于缔结和执行国际协定的法律手续,并经各自政府正式授权,在协定上签字,以昭信守,方才正式生效。

由于各个国家经济发展状况、文化及政治差异、利益诉求不同等多种因素,目前,航权交换主要通过两国之间的双边航空协定来实现。双边协定相较于多边协定来说,有着许多重要的优势:

(1)多边条约难以协调诸国对航权相关问题的复杂诉求,双边条约仅在两国间进行谈判,故具有相当的灵活性,从而解决了这一难题。由于各国的地理环境、政治、经济制度和国内航空业发展水平的不同,航权交换的多边协定始终难以达成,航空实力不同的各国之间的利益也难以协调。而双边协定能够使得谈判的双方国家根据各国不同的具体情况,反复磋商,缔结符合两国各自利益的航空运输协定,最终每一份双边航空协定的内容都因当事国的不同而各有其特点。

(2)在现存国际航空法体制下,双边做法可以与多边协定共存,共同促进国际航空业的发展。《芝加哥公约》关于五种航空自由的规定、辅助性权利的规定等,都是双边协定不可或缺的内容。

(3)双边协定可为世界范围内的国际航空运输系统提供法律基础。通过比较这些双边航空运输协定,找出其共同性的原则或规则,分析其背后的指导思想或理念观点,可以作为国际航空法的基本内容。

(4)双边协定可为缔约国航空企业提供公平、合理的竞争机制,为弱小国家对抗强大国家航空企业提供更好的保护方式。双边协定下,两国航空企业能够开展公平、合理的竞争,从而避免多边协定中实力弱小国家利益被忽略的可能性。

虽然国际社会为建立一个航权交换的多边机制做了多次努力,无论是1992年的国际民航组织世界航空运输论坛,还是1994年、2003年的第四次、第五次世界航空运输大会,都对建立国际航权交换的多边机制进行了探讨和努力,但是由于各个国家经济发展水平差异而形成的利益冲突始终无法达成妥协,多边机制迟迟无法建立完善,至今仍以全球范围内形成的4 000余份双边航空协定主宰着各国之间的航权交换。

然而,随着2007年欧盟与美国之间第一阶段"天空开放协议"的签署及其在2008年生效,之前欧盟内27个成员国各自与美国签署的多份双边航空运输协定及补充协定被取而代之。对这一协议有学者评论道:"协议第一次由一个政治组织与一个主权国家之间签订,而根据《芝加哥公约》,航权必须是两个缔约国商定,这是航空协定的一大突破,表明航权也是一个发展的概念。"还有学者惊呼:"虽然在实现全面自由化的道路上还有障碍需要克服,但是可以无保留地说:航空政策中的双边主义时代已经走到了尽头,至少在美国和欧洲之间是如此情形。"这一协议的生效实施,意味着航权交换的多边机制也正在逐步建立,不再只局限于双边协定。

更宽松的政策与国家之间更大的客运流量有关,较高的运输水平是由更多可通航的城市对数量以及更多沿特定路线运输的乘客数量所驱使。航权开放既是经济全球化、国际或区域经济一体化的推动力,也是其结果。开放航权的结果是双面的。虽然能在一定程度上推动整个行业的发展,但也会对本地乃至本国的航空运输企业造成一定的竞争,特别是那些正处于发展初期阶段的航空运输企业。为了促进经济的发展,开放航权是大势所趋,众望所归,也是不可逆转的潮流。所以,如何开放航权以及如何把握航权开放后的机遇与挑战就变得格外重要。首先,应该认真研究并掌握航权开放的含义,充分利用航权开放所带来的诸多机会获得潜在的利益;其次,政府应结合国内航空运输业的实际应对能力,适当把握航权开放的节奏和深度;培育国内力量,提高其国际市场的竞争能力。

显然,国际航线的经营权与航权密切相关,只有获得相应的航权,才能开展相应的业务。国内运输,虽然没有航权一说,实际上也有很多规定,如在协调机场航班时刻上,通常遵循"祖父权利",航班也不是想开就能开的。

2.4 航空运输市场

2.4.1 市场准入

对我国而言,"市场准入"是一个外来词汇。我国在加入关税与贸易总协定(GATT)的过程中,需要翻译和介绍相关的法律文件及其他国家的相关制度,故引入了"Market Access"的概念,并翻译为"市场准入"。市场准入的实质是某些地区或国家范围内以制度的预设为手段对民事主体是否能够进入市场及进入市场后可以从事何种经营活动的一种限制。对航空运输而言,市场准入事关航权、机场准入、时刻、航线灵活性、运力及航班密度等。市场准入是国际航空运输协定双边谈判最主要方面,也是国际航空运输自由化的主要法律问题。

2.4.2 国际间市场准入交换与批准的规范

要了解国与国之间的市场准入是如何交换与批准的,首先要了解《服务贸易总协定》、芝加哥公约体系、国际民用航空组织及其各自在市场开放和市场准入的规则制定中扮演的角色。

1.《服务贸易总协定》

《服务贸易总协定》中第十六条"市场准入"规定如下：

（1）关于经由第一条所定义之供给方式的市场准入，各成员提供给所有其他成员之服务业及服务供给者之待遇，不得低于其已同意，并载明于其承诺表内之内容、限制及条件。

（2）成员对已提出市场开放承诺之行业，除非其承诺表内另有规定，否则不得与其部分地区或全国境内维持或采取下列措施：

（a）以配额数量、独占、排他性服务提供者或经济需求检测之要求等形式，限制服务提供者之数量；

（b）以配额数量或经济需求检测之要求等形式，限制服务交易或资产之总值；

（c）以配额数量或经济需求检测之需要等形式，藉指定之数量单位，限制服务营运之总数或服务之总生产数量；

（d）以配额数量或要求经济需求检测，限制特定服务行业的雇用自然人之总数，或限制某一服务提供者的启用与特定服务之供给直接有关且必要之自然人总数；

（e）限制或要求服务提供者，以特定之法人形态或合资方式提供服务；

（f）以设定外国人持股比例或个人总额或全体外资总额等上限方式，限制外资之参与。

2. 芝加哥公约体系

芝加哥公约体系是指以 1944 年芝加哥国际民用航空会议上签订的《芝加哥公约》为主体，以其他相关法律文件为辅，共同构成的国际航空公法的一个基本法律架构。该体系包含了国际航空运输的一系列重要规则，同时明确并建立了一大批具有国际法效力的法律原则和规则，是国际法在国际航空运输领域的具体适用。它具体包括：

1)《芝加哥公约》

该公约被视为国际航空公法的宪章性文件。公约规定了适用于国际航空运输所涉及的一系列基本规则。在此基础上，国际间的航空运输可以通过成员国之间签订的双边协定得以进一步发展。我国是该公约的成员国之一。

2)《国际航班过境协定》

该协定要求缔约国相互开放定期国际航班飞越他国领空不经停的权利和技

术性经停的权利,即第一和第二航权。

3)《国际航空运输协定》

该协定要求缔约国相互开放定期国际航班的所有的第一至第五种航权。

4)《芝加哥公约》的技术附件

国际民用航空组织(ICAO)根据《芝加哥公约》的规定,对附件拥有一定的立法权,且有权通过和修正与航行安全、效率和正常运行相关的国际标准、程序以及相应的建议及整改措施,并对各个缔约国均具约束力。

5）双边航空运输协定

由于国际航空运输具有特殊性,芝加哥公约体系一直未能形成一个与多边贸易体制相类似的多边航空运输体制,而是在明确了各国领空主权原则的基础上,明确规定国际航班定期进入他国领空必须经过该国的特别许可。由此,双边协定和谈判成了各个国家之间航空运输市场准入、交换航空运营权及确定运力、运价和其他诸多事项的首要且最重要的方式。

芝加哥公约体系在尊重各国主权的同时,力求一个全球范围内统一的国际航行标准,这些规则与标准对于国际航空运输相关活动和市场准入的安全有序有着相当重大的意义。

3. 国际民用航空组织

国际民用航空组织是以上述《芝加哥公约》为根据而建立的一个国际组织,依据《芝加哥公约》所赋予的角色以及应担当的任务行使权利。近年来,国际民用航空组织对全球航空运输活动进行的经济管制措施日益增强,协助各成员国在管制机制中适应不断变化的环境,对市场开放和自由化起到一定程度的协调作用,并在其制订的指导性政策文件中囊括了市场准入的若干条重要建议措施。

《国际航空业务过境协定》是全球目前以多边方式授予飞越权的协定之一。由于国际民用航空组织努力,促使了各国加入此协定,使得本协定成为航空过境权开放的重要法律渊源。

此外,在航空运输自由化和市场开放方面,国际民用航空组织也积极努力为各成员国制订若干指导方针。例如,国际民用航空组织下属的"航空运输管制专家组"就市场准入曾经提出若干建议措施。

在国际民用航空组织的 187 个缔约国中,至少有 157 个缔约国(约占缔约国的 85%)采取不同形式的航空自由化措施。其中又有 120 个国家(约占缔约国的 65%)是朝着签署完全市场准入协定努力的当事国。

国际民用航空组织重视全球航空运输服务市场的开放和发展,且在必要时参与重要的国际谈判或者国际组织的相关活动,尽量避免各种措施之间的冲突和工作上的重复,同时保证市场开放在安全和有序的状态下进行,这不仅有利于全球航空服务市场的开放和竞争,同时也有利于国际民用航空组织的成员国和整个国际社会的发展目标的实现。

综上,国际民用航空组织在追求国际民用航空运输自由化之际,也在推动航空服务市场开放方面扮演着重要的角色,同时也保证了航空服务市场的开放和自由化不会偏离安全的价值追求和保障。

2.4.3　国际间市场准入的交换与批准

在了解了《服务贸易总协定》、芝加哥公约体系和国际民用航空组织在国际市场准入中发挥的作用后,可以发现国与国之间的航空市场准入的交换并不是单单两国或多国之间任意协商好就能被许可和认同的,首先要符合上述《服务贸易总协定》和芝加哥公约体系的各项标准和规定,在双方协商完成的情况下,才会被国际所普遍承认,并运用到实际的国际航空运输中。若是《芝加哥公约》或国际民用航空组织的成员国,则可在国际间市场准入的交换与批准方面享有更多的便利与指导,在协议制定时也更加符合国际规范。在签订协议时,同样应由缔约双方通过外交途径相互通知业已完成关于缔结和执行国际协定的法律手续,并经各自政府正式授权,在协定上签字,以昭信守,方能正式生效。

在国际航空运输自由化和天空开放的大背景下,市场准入问题始终是各种谈判和会议的重头戏,也是各国各家航空公司激烈竞争的焦点。如今市场准入在各协定体系和国际组织的努力下已获得初步的规范,并随着各协定和组织的不断完善而完善,但仍存在很多问题。比如尽管芝加哥公约体系一直力求一个统一的国际标准,但碍于各国国情的差距,难以形成一个真正的统一规范用于公约内的每个成员国。此外,由综合国力差距带来的市场开放公平性问题、规章制度带来的对航空运输自由和贸易自由的限制等,都是仍待解决的缺漏。总而言之,虽然国际市场准入的交换与批准正在逐步完善与规范化,但现在仍处于初级阶段,前方还有很长的路要走,但开放的大趋势不会改变。

2.4.4　航空运输市场发展趋势

进入 20 世纪 90 年代以来,经济全球化的浪潮汹涌澎湃。而经济全球化的核心,便是全球市场一体化,要求资源在全球范围内进行优化配置。而国际运输,尤其是国际航空运输,是生产要素得以自由流动、促进全球市场一体化的重要方式和手段。因此,经济全球化需要国际航空运输不断发展。在这样新的世界发展形势下,建立统一自由的航空运输市场,成为经济、社会发展的必然趋势。

航权开放是经济全球化和建立自由航空运输市场的关键一步，也是推动全球化的一大力量。航权开放的宗旨是在于通过市场竞争使社会福利得以增加，同时为消费者提供更为优质、周到的服务，从而促进航空运输相关行业的发展，并为整个国民经济的发展提供支持和推动力。2003 年 3 月的世界航空运输大会，其会议的主旨就是推进全球航空运输自由化。如今，航权开放已成为经济全球化的一个重要趋势和必然要求。航权开放不仅仅对航空运输业有重大影响，对与航空运输业紧密关联的旅游和国际贸易等诸多行业都会产生一定程度的影响。

航权开放的最新发展是开放天空。开放天空指将不管制的政策应用到国际航空运输中，即指在尊重各个国家主权的前提下，各国之间相互授予自由进入对方航空运输市场进行营运活动的权利，也就是说相互向别国开放本国的航空运输市场。

2.5 机场

机场是开展航空运输服务的基础。没有机场，无从谈航空运输。基于机场的垄断性地位，机场的经营方式对航空公司经营影响很大。了解机场的构成与经营方式，对开展航空运输营销十分必要。

2.5.1 机场的构成

机场，又称空港，主要包括飞行区、地面运输区和候机楼三个主要部分，还包括货运站区和其他区域。

1. 飞行区

飞行区，顾名思义就是飞机运行的区域。飞行区由空中和地面两部分组成。空中部分是指空中的领域，包括进入和离开机场的航路；地面部分包括跑道区域、滑行道区域、停机坪和登机门、机场导航设施、机场灯光系统以及一些设施和场地，这些设施和场地主要是为维修和空中交通管制服务的，如机库、塔台、救援中心等。

2. 候机楼区

候机楼区也是航站楼区。它包括候机楼自身、旅客出入的车道和候机楼外面的登机机坪。候机楼区是地面和空中交通两个部分的综合体，它把重点放在提供对旅客服务的区域。包括登机机坪和候机楼。

3. 地面运输区

包括机场进入通道、机场停车场和内部道路及道路周边机场管辖的区域。

4. 货运站区和其他部门

包括货运站区和空中交通指挥中心、油料中心、航行维护区、医疗急救中心、消防队、维护社会治安部门(公安)、海关和其他服务机构。

2.5.2　机场的性质

机场作为所在地区的一个基础设施,其首要的作用应当是作为一个公共设施,为航空公司和旅客提供服务。我国的民用机场大都是由政府投资建设,存在基础公共设施所具有的公益性和服务性。机场首要的服务对象是各大航空公司。机场为航空公司提供飞机起降的跑道、灯光着陆系统等一系列保障其安全起降的设备及航油、航食等一系列后勤保障工作。而旅客也同样是机场的服务对象,机场为旅客提供各种服务,如通用服务(包括地面交通服务、候机楼问询服务、候机楼广播服务、民航公共信息标志、候机楼商业零售服务)、值机服务、安检服务、联检服务、引导服务、行李服务、特殊旅客服务和不正常运输服务等。一个机场作为公共设施,除了有进行航空服务所必须提供的值机区、旅客候机区外,还需要其他如银行、邮局等公共服务设施。如果该机场是作为一个开放的国际口岸则还必须提供移民局(边防)、卫生检验检疫、海关等公共服务。

机场对旅客而言,相当于一个中转站。在其中转的过程中,机场充分发挥了它作为一个基础设施的便民惠民作用。机场对航空公司而言,既是中转站,也是基地所在地。可以说机场最初的建立就是为了保障航班的安全起降和旅客的安全运输,因而具有一定的服务性和公益性。

2.5.3　我国机场的运营管理方式

机场既是公益性的基础设施,又是经营机构。在所有制上,大多数国家以公有为主,也有一些国家,如英国,实行私有化。我国的机场采用政府控制方式。

很长一段时间,我国机场实行“公有公营”。2003 年以后,机场的建设与经营结构开始呈现多样化。有中外合资,如南京禄口机场与新加坡机场、杭州萧山机场与中国香港机场集团、西安咸阳机场与法兰克福机场;有的上市成为公众公司,如北京、上海、广州、深圳、厦门、海口等机场。

从运营管理模式来讲,我国的机场主要有以下几种运营管理模式:

(1) 跨省性质的机场集团模式:例如首都机场集团收购了天津、重庆机场和湖北、江西、贵州、吉林等省份的机场,在沈阳和大连机场拥有股份,并且受托管理黑龙江和内蒙古机场集团。又如,陕西、青海和宁夏组建了西部机场集团。

（2）以省或者自治区为单位的机场集团模式:这种模式中,省、市或自治区内部的机场全部或部分由其统一管理。省会机场往往为其核心。例如,实行全部统一管理的湖南、云南、上海、河北和新疆的机场和实行部分统一管理的山东、安徽、辽宁、山西、广东、四川和广西的机场。

（3）省会机场公司模式:省会机场由省政府管理。省内其他机场由所在地市政府管理。江苏、山东和河南等地就是这种模式。

（4）市级机场公司模式:直接由所在地的市政府管理。例如,福建(全部)、江苏、浙江、辽宁、山东、河南、广东、安徽、四川,部分实行这种模式。

（5）航空公司管理模式:例如,海南航空公司管理海南、甘肃(不包括天水机场)、宜昌机场,厦门航空公司管理武夷山机场,山东航空公司管理山东、广西和贵州(部分)机场。

（6）委托其他集团或者公司管理模式:例如,首都机场集团托管黑龙江和内蒙古机场集团。中国香港机场管理珠海机场。

（7）民航局直接管理模式:譬如,民航局直接管理首都国际机场和西藏的三个机场。

2.5.4　我国机场经营情况

据有关调查,国外机场的盈利主要依靠机场的非航空性收入。例如,根据英国政府规定,通货膨胀率低于4%的时候机场不能提高起降费,因此机场必须大力发展非航空性业务。在英国机场集团公司(BAA)的总收入中,非航空业务收入可达到65%左右。中国机场还处于外延式的增长阶段,也就是主要还是依赖航空性业务收入。即便是在那些资产质量和经营管理状况比较好的上市公司机场,总收入中的非航业务比重相对于那些经营良好的国际机场来说也还有不少差距。

除了起降费、停场费、客桥费、旅客服务费、安检费外,机场航空业务相关收入主要来自两个方面:一是机场禁区辅助服务项目,如航空配餐、货物装卸、维修服务、加油服务、接驳服务、卫生服务及其他地勤服务;二是航空公司的租赁收入,如租赁地面设备、货运楼、办公地点、机票柜台、维护设施、机库等方面的收入。非航空性业务收入主要来自航站楼的商业收入,如免税店、食品饮食店、工艺品店、特色纪念品店、书店等的租赁收入和特许经营收入,包括机场范围内的广告收入、酒店收入、停车场收入和链接机场的地面运输收入等。机场非航业务可能采取的基本经营模式大体有自营、劳务外包、租赁、特许经营、全资公司经营、控股公司经营和参股公司经营等模式。

　　根据 2017 年机场分析报告的数据显示,作为重要的航空业务增长的推动力,起降架次和旅客吞吐量的快速增长仍是机场收入增长的主要因素。东部发达地区机场普遍好于西部机场正源于此。其中,厦门高崎机场、上海浦东机场在 2017 年分列一位、二位。2013—2017 年浦东机场非航收入变化如图 2-1 所示。

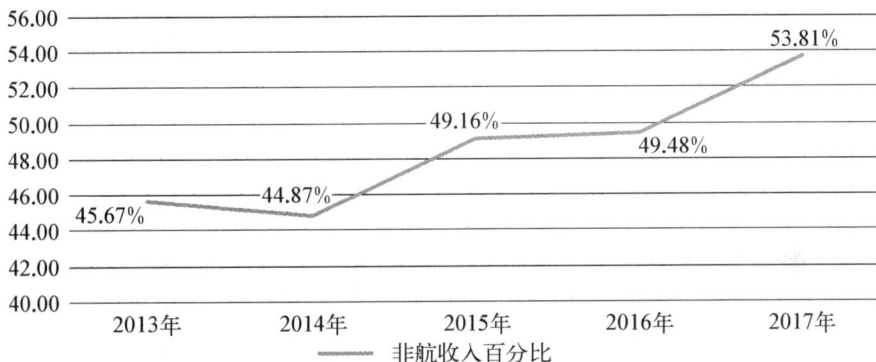

图 2-1　2013—2017 年浦东机场非航收入变化

　　值得一提的是机场建设费。机场建设费是为了筹集机场建设经费而设立的,由航空公司向乘客代为收取的特别费用,类同于高速公路的通行费。征收标准为:国内航线为每人次 50 元,国际航线为 90 元。机场建设费已收取了近 20 年。2012 年 4 月 17 日起,财政部正式用民航发展基金来代替机场建设费。机场建设费的征收也充分说明了机场的公益性。图 2-2 为 2017 年浦东机场营业收入分类及比重。

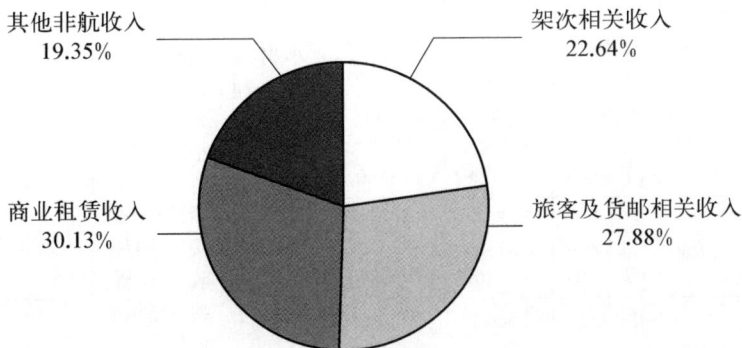

图 2-2　2017 年浦东机场营业收入分类及比重

2.5.5　航空公司与机场的关系

从航空公司与机场的经济关系来看,航空公司既是旅客、货物空运需求的供给者,又是机场服务的需求者;从空间关系看,航空运输生产基本围绕机场运行。航空公司的运营必须以机场为大本营,旅客及货物的中转也多在机场内进行。机场不仅决定了航路的设置,机场的建设规模和容量决定了航线上的飞机大小和航班密度。可以说,机场的建设时序与规模在很大程度上决定了其所在城市和地区在一定时期内航空运输的发展水平。两者唇齿相依,不可分割。

尽管不可分割,但两者毕竟是不同的利益实体,必然会因为各自的利益存在不同程度的矛盾。例如,机场的经营者寻求在设施允许的范围内尽可能经济有效地经营,希望将需求更平均地分配于每一工作日,以便减少因高峰引起的设施供应方面的问题。航空公司则希望营运黄金时段航班和以增加转机机会的航班波方式运营,这就使得航班相对比较集中。为此,希望在高峰时,机场能提供额外资源,满足其服务需求,提高其旅客的满意度。在费用上,两者更是零和博弈关系。对于经营定期航班的航空公司来说,一般会就费用与服务与机场签订中长期协议。就基地航空公司而言,一般会租赁或拥有部分机场资源,甚至相互持股、控股。

表2-1为民航局内地航空公司内地航班航空性业务收费项目的收费标准基准价。表2-2为民航局非航空性业务重要收费项目的收费标准基准价。

表2-1　民航局内地航空公司内地航班航空性业务收费项目的收费标准基准价

机场类别项目	起降费/(元/架次)					停场费/(元/架次)	客桥费/(元/人)	旅客服务费/(元/人)	安检费	
	T:飞机最大起飞全重								旅客行李/(元/人)	货物邮件/(元/吨)
	25吨以下	26~50吨	51~100吨	101~200吨	201吨以上					
一类1级	240	650	$1100+22\times(T-50)$	$2200+25\times(T-100)$	$5000+32\times(T-200)$	2小时以内免收;超过2小时,每停场24小时按照起降费的15%计收。不足24小时按24小时计收	单桥:1小时以内100元;超过1小时每半小时50元。不足半小时按半小时计收。多桥:按单桥标准的倍数计收	34	5	35
一类2级	250	700	$1100+23\times(T-50)$	$2250+25\times(T-100)$	$5050+32\times(T-200)$			40	6	40
二类	250	700	$1150+24\times(T-50)$	$2350+26\times(T-100)$	$5100+33\times(T-200)$			42	7	41
三类	270	800	$1300+24\times(T-50)$	$2500+26\times(T-100)$	$5150+33\times(T-200)$			42	7	42

表 2 - 2　民航局非航空性业务重要收费项目的收费标准基准价

项　　　目	航班性质机场类型	一类 1 级	一类 2 级	二类	三类
头等舱、公务舱休息室出租/[元/(米²·月)]	内地航班	700	600	500	400
	国际及港澳航班	800	700	600	500
办公室出租/[元/(米²·月)]	内地航班	600	300	200	100
	国际及港澳航班	市场调节价			
售补票柜台出租/[元/(米²·月)]	内地航班	10 000	9 000	7 800	7 000
	国际及港澳航班	10 900	9 900	8 600	8 000
值机柜台出租/[元/(米²·月)]	内地航班	11 000	10 400	9 000	7 000
	国际及港澳航班	12 000	11 440	9 900	8 000

实际上,机场与航空公司的最终目标是一致的,就是让旅客、货主满意。两者因客货盛而兴,因客货稀而衰。立志于做大、做强的机场和航空公司,都会非常重视两者之间的密切合作,共同为顾客提供优质的运输环境。航空公司与机场只有相互配合,充分发挥两者的优势,共同提高服务质量,才能达到双赢的共同经营目标。

2.6　我国航空公司发展现状

我国航空公司从六家合并到国航、东航、南航三家,发展到今天 59 家,大致经历了两个阶段。一是改革开放后,不少有实力的地方政府组建了地方航空公司;二是 2007 年国家放松对航空运输的管制,大量民营航空公司得以创立。因此,我国的航空公司也可以分为三大类。一是作为央企的国家级航空公司,包括国航、东航、南航三大航;二是由地方国资委管辖的地方航空公司;三是民营航空公司。鉴于航空公司的技术门槛较高,很多地方政府倾向于与成熟的大型航空公司合建地方航空公司,这也正好符合这些大型航空公司的全国扩张策略,这就产生了第四种类型的航空公司,合资经营的航空公司。当然,严格讲来,我国的航空公司大多都是上市公司。有些公司还与国外合资经营,属于中外合资公司。目前,我国航空公司主要以三大航加海航为主,通过四大航的控股参股,围绕他们形成了四大系,即国航系、南航系、东航系和海航系(见图 2-3～图 2-6)。

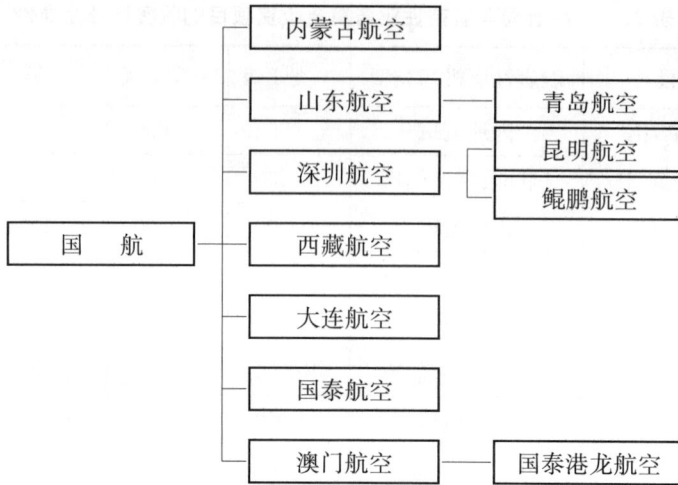

图 2-3　国航系

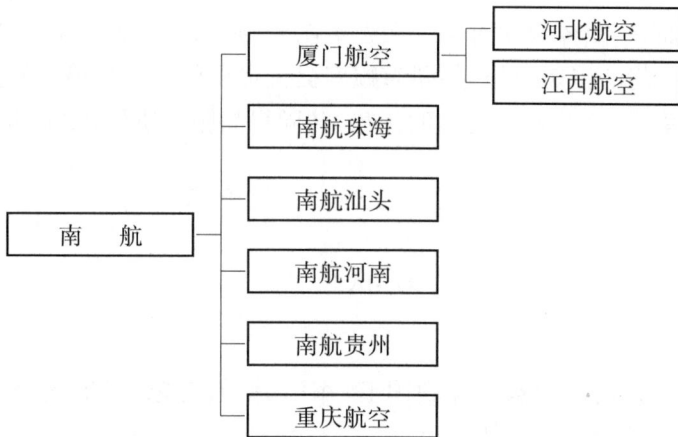

图 2-4　南航系

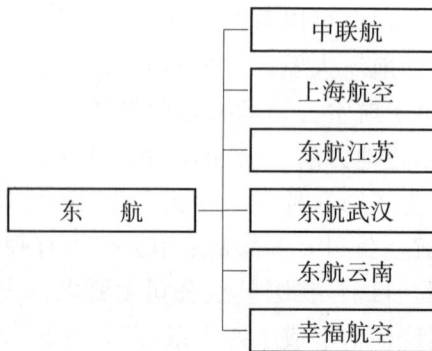

图 2-5　东航系

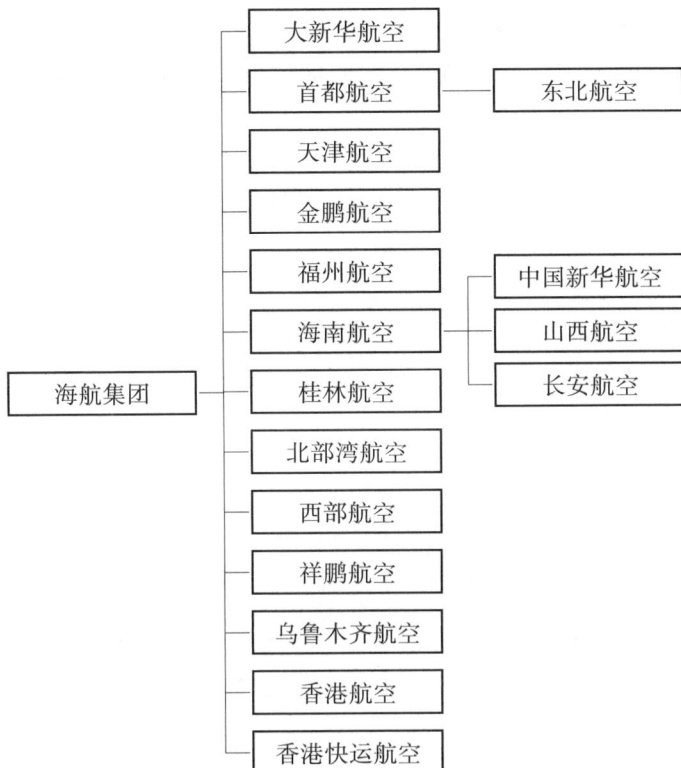

```
                    ┌─ 大新华航空
                    │
                    ├─ 首都航空 ──── 东北航空
                    │
                    ├─ 天津航空
                    │
                    ├─ 金鹏航空
                    │
                    ├─ 福州航空        ┌─ 中国新华航空
                    │                  │
          海航集团 ──├─ 海南航空 ──────├─ 山西航空
                    │                  │
                    ├─ 桂林航空        └─ 长安航空
                    │
                    ├─ 北部湾航空
                    │
                    ├─ 西部航空
                    │
                    ├─ 祥鹏航空
                    │
                    ├─ 乌鲁木齐航空
                    │
                    ├─ 香港航空
                    │
                    └─ 香港快运航空
```

图 2-6　海航系

　　这些不同类型的航空公司各具特色。国有航空公司一般机队规模较大,拥有的飞机型号范围广,市场定位范围也比较广,一般都是客货兼营。同时,国有航空公司实施的是品牌战略,是大多数旅客放心的选择。地方航空公司大多创立于改革开放的中心城市,是最有活力的公司,通常在区域市场有一定优势,也有较为稳定的客源。民营航空公司则与之不同,面对国资航空公司这样强劲的竞争对手,要想脱颖而出,必须有准确可行的市场定位。如春秋航空公司,实行低成本战略,不加入中航信系统,只在网上售票,不提供免费餐饮,特价票不支持改签、退票业务等。这些措施有效地降低了公司的成本,提供的低票价又吸引了众多的旅客,使得飞机客座率大大提升,同时提高了飞机利用率。这种特色鲜明的经营风格使得春秋航空发展良好。又比如奥凯航空公司,也是中国民航颇具活力的成长性航空企业之一,一直保持着飞行安全记录,还入驻通航市场,提供在中国海域及中国陆地范围内的科学考察服务。除了低成本战略,货运也是民营航空公司的选择,顺丰、圆通等就是典型的例子。在以上航空公司中,合资企业也不在少数。国外资本的引入无疑给航空公司注入了新的活力。海南航空公司就是一个中外合资的航空公司,它是我国发展最快的航空公司之一。

表2-3~表2-5分别是根据航空公司的投资运营主体、商业模式、机队规模来进行的分类。

表2-3　按投资运营主体分类的航空公司

类　型	航　空　公　司
国　有	国航系、东航系、南航系、海航系、中国国际货运、中国货运、中国邮政、龙浩、川航、成都、中华、台湾虎航、华信、香港华民
地　方	中联航、首航、内蒙古、天津、山西、上航、山航、厦航、长龙、圆通、江西、福州、深航、九元、川航、成都、多彩贵州、西部、昆明、西藏、长安、幸福、乌鲁木齐、大连
民　营	奥凯、春秋、吉祥、长龙、圆通、青岛、东海、九元、顺丰、友和道通、华夏、云南红土、瑞丽、龙江、远东、德安、长荣、立荣
中外合资	长龙(中外)、海航(中外)、东海(中港)、鲲鹏(中外)、华夏(中外)、香港华民(中外)、澳门(中外)

表2-4　按商业模式分类的航空公司

类　型	航　空　公　司
全服务	国航、中国新华、大新华、奥凯、首航、内蒙古、河北、东航、上航、山航、厦航、长龙、青岛、江西、金鹏、福州、东航江苏、南航、海航、东海、珠海、汕头、桂林、北部湾、南航河南、南航武汉、川航、成都、贵州、多彩贵州、重庆、云南红土、瑞丽、东航云南、西藏、东北、大连、龙江、中华、远东、华信、德安、长荣、立荣、国泰港龙、香港、澳门
低成本	中联航、春秋、九元、西部、祥鹏、乌鲁木齐、台湾虎航、香港快运
高　端	吉祥、国泰
支　线	天津、山西、鲲鹏、华夏、昆明、长安、幸福
全货运	中国国际货运、中国货运、圆通、邮政、龙浩、顺丰、中航货运、友和道通、香港华民

表2-5　按机队规模分类的航空公司

大型航空公司(≥300架)	国航、东航、南航
大中型航空公司(≥100架)	山航、厦航、海航、深航、川航、国泰
中小型航空公司(≥50架)	首航、天津、上航、春秋、吉祥、东航江苏、东航云南、"中华"、长荣

小型航空公司（＜50 架）	中联航、中国新华、大新华、奥凯、中国国际货运、内蒙古、山西、河北、中国货运、长龙、圆通、青岛、江西、金鹏、福州、邮政、东海、九元、龙浩、顺丰、中航货运、南航珠海、南航汕头、桂林、北部湾、鲲鹏、南航河南、东航武汉、友和道通、成都、贵州、多彩贵州、华夏、西部、重庆、祥鹏、昆明、云南红土、瑞丽、西藏、长安、幸福、乌鲁木齐、东北、大连、龙江、台湾虎航、远东、华信、德安、立荣、国泰港龙、香港、香港快运、香港华民、澳门

附录 1 有我国航空公司的详细介绍。

第 3 章

航空联盟

日益拓展的运输业务需要与自身能力的不足催生了航空联盟的诞生。对国际运输而言,航权的限制,更凸显了跨越国界的航空联盟的重要性。可以说,航空联盟既是一种发展的必然,也是企业在越来越激烈的市场竞争中的一种应对之策。

3.1 国际主要航空联盟

航空联盟始于 20 世纪 60 年代。当时日本航空公司和苏联的 Aeroflot 航空公司共用代号销售东京和莫斯科之间往来航班。Aeroflot 用它的飞机,日本航空公司用日航名义销售舱位,这就是最早的代码共享。航空联盟经过几十年的发展,形式已十分多样。基本说来,可分成广义联盟和狭义联盟。广义联盟是指航空公司之间各种形式的合作;狭义联盟一般是指战略联盟。所谓战略联盟,是指两个或两个以上的航空公司,以代码共享等作为合作方式,以建立起全球航线网络,形成一体化市场所签订的合作协议。我们现在所说的联盟,多指后一种联盟。航空联盟,根据合作的深度,又可分为三个层次。第一层次——简单的航线联盟,指单一条航线或者多条航线上的代码共享,还涵盖共用机场地面设施等;第二层次——大范围的商业联盟。合作的内容除代码共享、共享地面设施外,还涵盖航班时刻和地面服务的协调、联合常旅客计划、包销和联合促销等;第三层次——产权联盟。除上述外,还涉及飞机机组互换、联合开发系统软件、联合采购飞机和航油等。一般来说,平常所说的航空联盟,多指第二层次和第三层次的联盟。

航空联盟真正成规模而具有影响力,始于 1978 年美国政府放松对航空运输的管制。经历 20 世纪 80 年代普及的代码共享之后,迎来了 80 年代后期开始至今的三次战略联盟浪潮,可分为航空联盟的探索(1985—1988 年)、深入发展

(1989—1995 年)以及全面形成三个时期(1996 年至今)。

目前,世界上主要的航空联盟有三个,分别是星空联盟(Star Alliance)、天合联盟(Sky Team)和寰宇一家(One World),已经形成了三大航空联盟称霸世界航空运输市场的格局。

3.1.1　星空联盟

建立一个跨国的、全球性航空联盟的想法,诞生在马背上,那是在美国西部的一片荒野地里。时任汉莎航空公司执行官的约根·韦伯最初提出了这个构想。

1997 年 5 月 14 日,五家世界级的航空公司:美国联合航空、泰国国际航空、加拿大航空、德国汉莎航空以及北欧航空,创立了世界上第一家全球性航空公司联盟,致力于建设全球化的航线网络,以及 VIP 候机室、值机服务、票务等各种服务的融合。这就是最早成立的星空联盟,无论客户位于世界何处,都可以提高其旅游体验。

在星空联盟正式成立以前,星空联盟最早期的几个航空公司之间就已经建立了代码共享制度。最初他们虽然一起执行营销活动,但是秩序比较散乱,合作方式繁多。建立星空联盟的主要宗旨是希望借助各成员所串联而成的环球航线网络,为乘客提供一致的高品质服务,创建全球认可的识别标志,并提高每个联盟成员在本地及全球所提供的服务质量以及发展统一的产品服务。他们的标语是“地球联结的方式”,其首要目标始终是为旅客提供更顺畅的旅行体验。

星空联盟不仅是所有航空联盟中历史最悠久的,也是如今全球规模最大的航空联盟。自建立以来,星空联盟的发展十分迅速,截至 2017 年底,已经有 28 家航空公司成为其正式成员,成员的航线网络涵盖了 191 个国家(或地区)的 1 300 个机场,航线网络每日航班超过 18 400 个架次。星空联盟的建立引领了 20 世纪末期民用航空业航空联盟热潮,其他航空公司也相继组建航空联盟。

3.1.2　天合联盟

2000 年 6 月 22 日,美国达美航空公司、大韩航空公司、法国航空公司和墨西哥国际航空公司一起建立了天合联盟。随后,捷克航空公司、意大利航空公司、美国西北航空公司、美国大陆航空公司、俄罗斯航空公司以及荷兰皇家航空公司也陆续加入天合联盟。天合联盟成为全球第二大航空公司联盟。截至 2017 年底,天合联盟的航线网络航班覆盖了 177 个国家(或地区)的 1 074 个机场,航线网络每日航班超过 16 609 个架次。天合联盟的口号是“我们更关注您”。

3.1.3 寰宇一家

1999 年 2 月 1 日,寰宇一家正式成立。它是有"小而美"之称的国际性航空公司联盟。美洲航空公司、英国航空公司、加拿大航空公司、澳大利亚航空公司以及中国香港国泰航空公司这来自不同国家和地区的五家大型国际航空公司组成了寰宇一家航空联盟。其实在寰宇一家建立之前,这五家航空公司之间就已经存在着相当程度的合作关系。结盟后他们采取了新的措施,包括成员航空公司间的常旅客计划合作,为其乘客提供票位安排服务以及各成员之间航班代码共享等。

寰宇一家是全球首个在成员航空公司之间实现电子机票互通安排的航空联盟。他们在 2005 年 4 月完成了各成员航空公司之间电子机票互通安排的工作。截至 2017 年底,寰宇一家已经有 13 家航空公司成员,航线网络航班覆盖了 158 个国家(或地区)的 1 012 个机场,航线网络每日航班超过 12 738 个架次。

表 3 - 1 是截至 2017 年的航空联盟会员及有关数据资料。

表 3 - 1　截至 2017 年底航空联盟情况

联　盟	星空联盟	天合联盟	寰宇一家
成　员	28 家	20 家	13 家
成员公司	亚德里亚航空、爱琴航空、加拿大航空、中国国际航空、印度航空、新西兰航空、全日本航空、韩亚航空、奥地利航空、哥伦比亚航空、布鲁塞尔航空、巴拿马航空、克罗地亚航空、埃塞俄比亚航空、中国台湾长荣航空、埃及航空、波兰航空、德国汉莎航空、北欧航空、深圳航空、新加坡航空、南非航空、瑞士航空、葡萄牙航空、泰国航空、土耳其航空、美国联合航空、巴西阿维安卡航空	俄罗斯国际航空、阿根廷航空、墨西哥航空、西班牙欧洲航空、法国航空、意大利航空、中国台湾"中华"航空、中国东方航空、中国南方航空、捷克航空、达美航空、印度尼西亚鹰航空、肯尼亚航空、荷兰皇家航空、大韩航空、中东航空、沙特阿拉伯航空、罗马尼亚航空、越南国家航空、厦门航空	美国航空、英国航空、国泰航空、芬兰航空、西班牙国家航空、日本航空、智利国家航空、马来西亚航空、澳洲航空、卡塔尔航空、皇家约旦航空、S7 航空、斯里兰卡航空
通航国家	191	177	158
通航点	1 300	1 074	1 012
飞机架次	4 700	4 137	3 447
每天航班	18 400	16 609	12 738

3.2　三大联盟的比较与分析

世界三大航空联盟,就航线而言,在市场上各有各的优势。星空联盟主要占据着亚洲、欧洲和南美市场,天合联盟的航线主要集中在北美地区,而寰宇一家则在大西洋地区拥有相当优势。加入联盟的航空公司不仅享受着联盟带来的益处,如更多的发展机会,但同时也承担了一定的风险。

就联盟合作紧密度而言,星空联盟合作最紧密,寰宇一家最松散。星空联盟有较强大的联盟内部机制,其中大部分成员之间签订了协议。这些协议具有一定的排他性约束,不仅仅着重于加强联盟对内合作,也拒绝星空联盟成员与该联盟以外的成员展开合作。目前,专家学者将星空联盟视为目前最货真价实的多边联盟集团,其中每个成员都与其他所有成员通力合作,尽管其程度有所不同。

寰宇一家是一个航空公司彼此互助优惠的联盟。与星空联盟不同,其成员航空公司与其他航空联盟成员可以自由地展开合作,不受排他性规定的约束。寰宇一家属于商业性联盟,只有部分成员航空公司签订了代码共享协议,统一了订票系统,协调了时刻安排,成员间合作比较松散。

天合联盟成员之间签订了具有一定排他性约束的协议,对内鼓励联盟成员之间加强合作,比如在联盟成员占优势的市场或地区展开合作,而在联盟成员航空网络未覆盖的地区,联盟成员也可以与联盟外的航空公司合作。这当然需要备案并且征得当地的联盟成员航空公司的同意。天合联盟对外合作程度,介于星空联盟的紧密与寰宇一家的松散之间。

3.3　航空联盟成员的利益分成

航空联盟是时代的产物,经济、政治、科技等环境都对其形成与发展有着巨大的影响。

对于绝大多数加入联盟的航空公司来说,最终目标都是提高财务业绩。当然中间目的或过渡目标会有很多,其中包括使航空公司能够获得生存、增加市场份额、增加收益或者降低运营成本。而航空公司加入联盟的根本原因可概括为"利益"两字,因为有利可图,它们才会选择加入联盟,比如芬航日本航线 10% 的收益来自芬兰和日航及英航的联营。

航空联盟不断发展,显然,联盟结构已经对成员航空公司获得的利润产生了影响。当两个航空公司之间采用简单的合作形式,比如代码共享进行合作时,其利润可能很容易确定。但是当多个航空公司以多种合作方式进行合作时,比如代码共享、地面设施共享、联合采购等,要确定成员们各自的利益就要相对困难得多。

联盟不仅会给航空公司带来利益,带来发展,也会带来一定的风险,然而对其风险的研究和考虑并不多。"利益"是联盟永恒的主题。考虑到利益的重要性,所以利益的分成也显得尤为重要,它影响着联盟内部的稳定性。

对于利益分配,学界和业界开展了一些卓有成效的研究。比较有影响的是Shapley所提出的按各成员对联盟收益的贡献大小分配原则。这种方法容易理解,具有一定的科学性。但如何评定各成员的贡献大小又成为一大难题。这种方法应用于实际存在一定的问题,各种关系系数很难令所有成员信服。有专家提出了四大分配因素,资源占有率、能力大小、承担风险损失大小、信息量,设立专门的评定组,由评定组来确定四大分配因素的比例关系,这是一个很好的想法,但四大分配因素的重要性未必是平等的,还需要斟酌。而分配监督机制的建立,也是必要的。

纳什讨价还价更多的是成员之间的讨价还价,也就是说除了一个既定的分配原则与标准,成员之间的协商也很重要。为了更加公平、科学地进行利益分成,必须要听成员的意见,或者让成员间自主协商,当然作者认为这得建立在有评定组在场的情况下。因为成员间的讨价还价存在很多不确定因素,为了公平,还是得有第三方在场。

现在的航空联盟已经不仅是一个代码共享或者几个合作伙伴之间进行某些项目合作的综合实体,它们的实力日益凸显,联盟集团也开始呈现出组织特征,建立了管理机构,如星空联盟的"AMT"——联盟管理团队。联盟利益分配方案是否公平公正与科学合理,与联盟集团的管理机构有很大的关系。管理机构起一定的决策、协调的作用,它们负责召开成员航空公司管理人员的协商会议,充当会议的协调人,并成为多数航空公司和联盟委员会的督导机构,同时,管理机构具有权威性,能够较快速地进行日常事务的决策,对利益的分配十分有帮助。所以,积极有效地管理好联盟的管理机构,保证其内部机制合理并高效地运转,有利于合理科学地分配联盟利益。

有关利益分配的具体科学研究,见第8章。

3.4 入盟对航空公司的影响

航空公司加入航空联盟的好处很多,包括共同承担风险、扩大运营规模、开发市场或引进新技术、学习研究或联手攻击竞争者等,其中最主要的原因就是寻求更大的市场份额,提高公司业绩。入盟对航空公司业绩的改善,主要包括以下几个方面。

1. 运输与收入增加

根据相关部门提高的数据,航空联盟通过代码共享能增加客座率,增加运输量和收入。美联航与德国汉莎航达成联盟之后,美联航在芝加哥—法兰克福航班上的乘客平均人数从 110 名增加到 212 名。对于德国汉莎航空公司来说,每架航班的平均登机人数从 134 名增加到 186 名。随着联盟的增加与竞争的加剧,运输与收入增加作用逐步减少。

2. 成本降低

联盟的首要目标之一就是降低成本,这主要是通过从联营中获得规模经济或范围经济来实现。除此之外,联盟可以为个体成员提供使其成本结构国际化的机会,也就是在成本较低的国家中重新配置某些功能。通过联盟,使成本降低的主要领域表现在:劳动力、飞机、材料、地面设备和资产及第三方服务费用上。在航空公司业务体系中,维修、促销、采购、地面服务、销售、雇员培训这些方面,通过结盟可较大地降低成本。20 世纪 90 年代,英国航空公司和美国航空公司的销售业务在纽约合并,仅此一项一年节约成本达 100 万美元。在采购方面,降低的成本更大。1995 年由达美航空公司、新加坡航空公司和瑞士航空公司组建的 DSS 全球采购代理是早期的联盟之一,它从针对客舱服务的小采购项目开始,逐步拓展到燃料、备件、信息技术的联合采购,直至未来最终的飞机采购,都使成本有所降低。光联合购买飞机就可以使参与联盟的航空公司节约约 10% 的费用。

对于航空公司来说,计算机订票系统(CRS)的使用是一笔相当大的费用支出。联盟集团的出面使航空公司提高了与 CRS 提供商议价的实力,因此可以获得更低的价格。与之类似,公司内部通信和数据通信、移动电话、卫星通信、免费客服电话等通信服务,也可能成为降低成本的一个方面。在与通信服务商进行交易时,一个联盟集团比单独的一个航空公司拥有更强的议价实力。联盟集团甚至可能会设立一个联合通信子公司,以通信营运商的身份与大型通信服务提供商商定一个非公开的通信费率。

多半结成联盟的航空公司都在经营一些完全一样的航线,在此之前,因为他们处于同一个市场,互相都是最直接的竞争敌手,为达到争夺更多的市场份额的目的,航空公司通常采取增大航班密度的方式。结成联盟之后,联盟的每一方在相同航线上的航班数目便是双方所经营航班之和,这样在保证市场需求的情况下,双方可以减少一些多余的运力,可大幅度地降低成本。澳航和英航经协调后的运力配置相当于使各自节省一架 B747-100 和一架 B767-300。运力减少后,航空公司实际服务于市场的航班与联盟前相比并未减少,甚至不减反增。

3. 有助于生产率的提高

Oum 等(2000)根据 1985 年到 1996 年间 22 家航空公司和 108 个联盟的数据,研究了联盟生产率的内涵。研究结果表明,联盟成员航空公司的生产率平均提高了 1.7%。同时还发现,从小型联盟中获得的生产率提高甚微。当合作的范围扩大时,影响增大。这是一次较为全面的研究,尽管如此,依然不能揭示出哪一种因素对全面提高生产率的影响最大。

1998 年,由于加入了星空联盟,德国汉莎航空公司和北欧航空公司预计生产率提高了 4%~5%。这仅是加入联盟后,对生产率提高的一般性估计。到目前为止,关于联盟对生产率的全面影响几乎找不到具有说服力的实例证据。即使在未来也很难确定哪一部分的生产率提高是由联盟所带来的,哪一部分是由其他因素造成的。

航空联盟有助于在更大范围内优化劳动力使用,实现机队结构的合理化,从而达到更高的飞行生产率。当然,机队的合理化需要通过改变航线结构来实现,在改变航线这一关键产品上,航空公司通常都比较谨慎。

4. 有助于利润率的提高

航空公司的最终目的是通过联盟提高它的财务业绩。收入提高,生产率提高,便意味着更高的利润率。Oum 等(2000)在同一研究中提出,一个联盟的建立可以使合作航空公司的利润率平均提高 0.3%。研究发现,获得的利润率很可能是生产率提高所致。

除此之外,联盟有助于突破政府协议的限制,通过代码共享,以自己航班号销售联盟其他成员的航线,扩大航线网络以及共同行动为新进入的航空公司设置"隐形"障碍。

诚然,任何事情总有正反两方面,加入航空联盟也不例外。首先,航空公司将失去部分自主权。譬如,在寻找合作伙伴时,必须考虑联盟的约束。若参加了某种采购联盟,就失去了该采购的自主权等。其次,失去了部分发展权。在有条件进入新市场时,由于合作公司已被市场定位与广泛接受,航空公司想开出自己的航线,将十分困难。最后,合作航空公司之间很难在利益分配上达到公平,往往实力较强的一方占优。

从对航空业发展的影响来说，参加联盟容易形成市场垄断竞争格局，不利于新、小航空公司的生存，不利于未加入航空联盟的航空公司的竞争，不利于航空市场的多样化发展。

对消费者而言，由于航空公司一般对协议解释不足，旅客了解不足，常常造成困扰。在购买机票时，很多航空公司并没有履行告知承运方的义务。旅客在办理乘机手续的出发大厅里，在值机柜台常常遇到以下问题：明明是拿的某个航空公司的机票，在专属值机柜台却办不了乘机手续；明明是选择自己喜欢的航空公司，登机时才发现自己要坐的飞机是自己刻意规避的航空公司执飞的；一旦承运出现问题，不知该向哪家公司申诉。

3.5 代码共享

在众多的联盟合作业务中，代码共享无疑是最普遍、最受关注的部分。

所谓代码共享是指由一家航空公司营销而由另一家航空公司运营的航班。参与双边协议的航空公司有两个可能的角色，一个是承运方，另一个是营销方。承运方即用实体飞机执行航班的航空公司，营销方即用自己的航班号销售航班，但不是由自己执行实际航班的航空公司。客票签转、变更、退票及值机手续等服务的提供则由承运方和营销方协商决定。实行代码共享的航空公司通过在与签署代码共享协议的航空公司的航班上使用同一代码，在没有增加航班和相应开支的情况下，扩展了航线网络。代码共享也是进入他国航空市场的捷径。一般情况下，任何航空公司要想获得在其他国家的国内运营权，都要由双方国家政府通过漫长的谈判按国际对等的原则协商批准，障碍很多。在参与航线运营后，还不能随意退出。代码共享的最大优势就是可以"绕过"国际双边航空协定的约束，使航空公司在其有权经营的航线以外的航线上实际使用本公司的航班号，"经营"它本来无权经营的国际航线。

一般来说，代码共享有两种形式：一种是互补代码共享；另一种是平行代码共享。互补代码共享指两家相互合作的航空公司，通过代码共享把他们相互独立的航线相连接，形成一个新的互补型航线网络，但每家公司仍经营它原有的航线。平行代码共享指代码共享的公司在同一条航线上经营，相互竞争的承运人在资源和运营方面进行合作，提供更高频率的航班运输。代码共享既是国际合作的主要方式，也是国内市场不同承运人之间合作的主要方式。

代码共享可分为三种协议形式：硬合作或硬分块(hard block)、软合作或软分块(soft block)和自由销售(free sale)。在硬合作协议中，负责销售的航空公司向承运航空公司以一定的价格购买一定的座位，销售方则可以按任意价格将其出售。在软合作协议中，合作的规模并不是事先决定的，而是以承运航空公司的预期需求水平为基准，不断变化的。自由销售(也称为自由流动)则是承运方航空公司许可销售方航空公司获得自己的座位库存清单，由此销售方可以通过自己的系统进行推广销售。

合作代码共享还可分为同属一个航空联盟内公司的代码共享和跨航空联盟的代码共享。其中，以航空联盟内的代码共享为主流。表3-2就是几种典型的国际代码共享合作方式。

表3-2 几种典型的国际代码共享合作方式

类　型	合　作　内　容	举　例	地　位
联　营	收入共享，成本共担	天合联盟的法航—荷航集团、达美航空和意大利航空	世界上最大的跨大西洋航空网络
国际航线代码共享		寰宇一家的美国航空、英国航空和伊比利亚航空	航线网络覆盖了105个国家超过400个目的地城市，每天的离港航班达到了5 200架次
利润让出	将各自单独利润作为协议的底线，规定在门户机场以远过境的代码共享航线上要让出一定百分比的利润	美国航空、英国航空和伊比利亚航空	

跨航空联盟的代码共享的一个例子是澳航于2013年3月31日，结束了与同为寰宇一家成员的英国航空长达17年的"袋鼠航线"合作，与海湾地区非联盟成员阿联酋航空签署了战略联盟合作协议，以延伸自己在海湾地区、欧洲和非洲的销售网络，并增强市场竞争力。在双方联盟的基础上，澳航与阿联酋航空在大洋洲至中东、欧洲和北非等航线上实现了代码共享。

代码共享下的航空公司合作程度也有深浅之分。浅合作主要就是互相销售对方航空公司的机票，以增加机票销售渠道，应对其他对手的竞争。而深层次合作还包括了常旅客计划的共享、贵宾休息室的共享等。

我国航空公司与国外航空公司代码共享发展迅速。我国的三大骨干航空公司分别与三家主要的美国航空公司签署了代码共享协议——中国国际航空公司

与美国西北航空公司、中国东方航空公司与美利坚航空公司、中国南方航空公司
与达美航空公司。其中,国航与美西北航的代码共享开始得最早,始于 1998 年
5 月,合作的层次最深,领域最广。双方不仅联结了订座和离港系统,互通了常
旅客项目,联合销售和促销,而且真正实现了"通程登机"和"无缝隙"服务,旅客
在始发机场办理登机手续时即可一次拿到途中所有航班的登机牌,行李也可被
直接运至目的地。以后,双方的合作领域进一步扩大到培训、财务和人事管理等
方面。目前,我国的南航、东航、厦航、深航等航空公司也都加入了航空联盟,签
订有不同的代码共享协议。

3.6　天空开放与航空联盟的关系

"天空开放"(Open Skies)是美国在 1978 年放松国内管制基础上所制定的
国际航空运输政策,是其在国内航空业竞争十分激烈,竞争能力得到显著提高,
急于开拓国际市场的背景下提出的,核心内容是在双边航空运输协定中取消航
班频率、运力和运价限制,取消两国之间通航点以及中间点和延远点的限制,帮
助航空公司构筑全球网络,拓展国际航空运输市场,进而获取经济全球化过程中
航空运输上下游产业利益,推动经济增长,增加就业。尽管如此,天空开放的积
极意义也是十分明显的。它能够增加消费者对服务和价格的选择;减少市场扭
曲(政府补贴、自办地面服务、公平获取资源等),增加竞争;鼓励发展具有成本效
益和生产效率的、装备良好的航空运输系统。

"天空开放"的主要原则是减少对国际航空运输服务贸易市场准入、数量和
价格的限制。针对国际旅客运输和国际货物运输不同,"天空开放"给予国际航
空货物运输更高程度的自由度,如见表 3-3 所示。

表 3-3　主要的"天空开放"原则

客货混装业务	全货机业务
5 项基本航权的完全交换 (包括第 5 航权在内)	在业务权和费率上的同等自由化规定 (与客货混装航空公司相同)
指定空运企业的自由市场准入 (自由确定航线、运力和营运频率)	"促进竞争的"地面服务支持 (自办地面服务、多式联运权、使用人收费规定等)
运价和费率的自由权 (如果威胁到竞争时需要双边否决)	对非定期货运业务的自由化待遇 (对两国间包机业务采用最低程度的管制)

　　"天空开放"尽管是美国最早提出的,但是除了美国的"天空开放"以外,还有与美国有差异的另一类"天空开放"。这类"天空开放"最初是以新西兰为代表,后来还有新加坡、澳大利亚和欧盟加入,它们的"天空开放"已经不仅仅限于第5航权,有的已经扩展到国内航权,同时在航空公司指定标准上也有了比美国"天空开放"更大的自由。因而,"天空开放"并不存在单一的、统一的定义,现在更多的用来指比传统双边国际航空运输服务贸易政策更为自由化的一类政策。从发展趋势来看,天空的日益开放是必然的。

　　从理论上讲,"天空开放"使得航空公司对联盟的依赖减少,航空公司不需要通过参加联盟来达到进入对方市场的目的。但由于天空毕竟有领土属性,有防卫需求,各个国家从保护自己的民族工业出发,也不会完全开放本国的市场,所以,天空开放是有限度的,航权的开放也是有限度的,航空公司还得更多地依赖航空联盟来实现其目标。同时,航空联盟不单单是航线开设的"绕道"方法,同时是实实在在减少成本、提高效率和效益的方法,所以天空开放对航空联盟的发展影响有限。

第 4 章

营销理论

在当今国际市场里,所有企业想要站稳脚跟并得到进一步的发展,仅仅靠自身的硬实力是不够的。如果没有良好的营销手段,硬实力再强的企业都有可能被打败,甚至有可能还没有为大众所知就消失在时代的潮流中。企业该怎么去发现、去挖掘消费者的需求,并通过例如营造整体氛围,或者建立自身产品形态去推广和销售产品,又该如何深度挖掘产品的内涵,进一步切合消费者的需求,进而达到消费者了解该产品之后又购买该产品的目的,成为一个企业成功道路上不得不考虑的问题。

为了从整体上了解营销,我们需要去了解有关营销的理论,这些理论构成了营销的基础。

4.1 产品分析理论

4.1.1 产品的内涵

产品是用来满足需求和欲望的对象或无形的载体。科学技术的飞速发展,社会的不断完善,消费需求的不断扩大和市场竞争的不断深化,使得产品的内涵和外延不断扩大。产品可分为五个层次,包括核心产品、形式产品、期望产品、附加产品和潜在产品。

产品最基本的层次就是核心利益。消费者在购买产品时,并不是为了得到产品实体,而是更加看重核心利益,即这个产品能给他们带来的真正的价值和效益。旅客的需求包括基本需求、延伸需求和价值需求等。在满足旅客基本需求的情况下,延伸需求和价值需求就是各个航空公司竞争和改进的焦点。航空运输产品的核心是快速、准确、安全、准点到达目的地。这些都是航空公司应该重点考虑的因素。安全这一要素是消费者十分注重的。2001 年,由于"9·11"事件,一度导致航空业受到重创,因为部分消费者感到航空的危险性,选择其替代品出行。而形式产品、期望产品、附加产品和潜在产品则是产品的外延。形式产品是指产品的包装、外在造型等,往往是最直观的能吸引消费者眼球的。期望产品是指产品的一系列属性、性能,也是各个企业竞争能力的关键所在,产品的性能往往更新换代快,是需要企业不断研发并加以升级的部分。附加产品是指产品包含附加服务和效益,包括运输、安装、调试、维修、产品保证等,这是产品的附加值部分,有相当一部分消费者相当重视企业在这方面的做法。但是同时这部分可能会引起产品价格的提高,企业需要全面的衡量考虑消费者对这部分增加的价格的接受度。

航空运输的形式产品可以分为航线产品、服务产品和价格产品。其中航线产品又可以分为客舱布局、航线网络、航班密度、航班时刻和航班的准点率。以客舱布局为例,截至 2017 年底,国内航空公司的波音 737 和空客 A320 系列的窄体客机数量已经达到 2 598 架,占全民航运输飞机数量客运 3 118 架的83.32%(货机 143 架共 3 261 架,占 79.67%)。客舱布局在某种程度上决定了乘客的舒适度和一部分的安全性能,也部分反映了客户定位。一般航空公司为了降低成本往往会缩小客座之间的距离,使座位尽可能增加。同时,改善公务舱和头等舱布局,给远程的商务人士提供更加舒适的客舱空间。相对于舒适度,一般乘飞机的人大多数非常注重时间观念,尤其是商务人士,所以航班的准点率是他们会不会选择这个航班出行的很大因素。

4.1.2　产品生命周期

在任何一个营销领域,产品的发展、创新和管理都是一个不间断的过程。

当市场引进一种新的产品时,不可避免的是这种产品将会经历产品生命周期。新的产品可能没有那么多时间和精力去包装推广,所以不可能一时之间就成为为公司带来大量盈利的产品,因为这时知道产品的消费者比较少,对产品信任度也比较低。但这个阶段是至关重要的一个阶段,度过了这个时期,很多产品就有可能走向成功。不幸失败的就可能要退出市场。据统计,有 60%～80% 的产品很不幸会刚出生就夭折。

当产品进入成长期,产品会逐渐被消费者认可和接受,大量的现金流会流入公司,前期成本逐渐回收,生产量会逐渐扩大。随着规模的扩大,此时销售量增加,企业需要投入更多的人力物力来增加供给以满足消费者需求。这时,会出现另一个挑战,竞争者会看到这一新的市场,然后进入,研发他们相对应的竞争产品。而这时企业将会面临来自竞争公司的巨大压力,必须及时作出相应的调整。

紧接着,在一段时间的快速发展后,此时市场趋于饱和,"成熟期"来临,对企业来说是另一个非常棘手的事情。竞争者公司会利用这一时期来推出他们的新产品来代替目前市场上趋于饱和的产品。这时企业需要采取有效的管理措施,略微降低价格来维持市场份额。

在此之后就是产品的衰退期,企业又需要不断研发新的产品来弥补产品衰退期带来的低迷情况。每种产品在盛极一时之后不可避免地会走向衰退。

航空运输产品也不例外。许多航空公司会根据最新形势来开辟新的航线,往往刚开始抱有很大的希望,但结果不尽如人意,此时,决定坚持还是放弃就显得十分重要,进行适当的培育往往是必要的。在市场趋于饱和时,要考虑产品创新和开拓新的市场,刺激市场需求或转移部分运力。

研究表明,新产品想要成功一般具有以下特征:

1. 比较优势

新产品必须具备比其替代品更好的价值和属性,才能够让顾客放弃其替代品而冒风险来买这种产品。对于航空公司的新产品,就应该提供更有特色的服务。服务对航空公司至关重要,往往决定了旅客们是否愿意发展成为其常旅客或者推荐给亲朋好友的重要考虑因素。

2. 兼容性

如果产品的创新远远偏离市场需求,与流行的标准不相容的话是不可能成功的。那些不适应市场环境的产品会被市场淘汰。对航空公司来说,一些大家公认的服务,是不能省的。

3. 复杂性

一些创新产品失败的原因在于使用起来实在是过于烦琐不便,消费者要用过多的时间来熟悉。譬如,邀请旅客加入常旅客计划时,对旅客信息的收集不能讲究"大而全"。

4. 多样性

比起一个十分庞大而烦琐的过程,消费者宁愿选择多步简便的程序步骤。每一步都是一个小的尝试,每一步的完成都能够让消费者逐步树立信心。对航空公司来说,与其一下子投入大资金打造一支庞大的运营机队,不如尝试性试运营,在经营状况良好的情况下再逐步扩大规模。

4.1.3 产品种类

产品由引进、成长到衰退的过程决定了一个企业不可能只有一种类型的产品,通常有很多种产品。波士顿矩阵是用于种类分析的常用工具。

根据波士顿矩阵,产品可以划分成四种类型:

（1）问题产品。它具有较高的市场增长率，但相对较低的市场份额。这类产品一般是航空公司刚刚投入某条航线生产的产品。如果想要这条航线提高其市场占有率就必须暂时放下某些航线，重点投资，使之有可能成为明星产品。所以必须采用撤退型战略，使产品的相对市场占有率提高，让产品在市场上稳定下来，才能占有一席之地。

（2）明星产品。这类产品的特点是高增长、高市场占有率。这个领域的产品对应航空公司中正在快速成长的航线。如果想要让航线保持强有力的竞争力，就需继续投入资金，在与其他航空公司类同航线竞争中胜出。但是这个领域的产品也往往能够使公司决策走上错误的道路，需要谨慎对待。

（3）现金牛产品。这个领域中的产品有相对较低的市场增长率，但是相对较高的市场占有率，是航空公司成熟的航线，享有规模经济和高边际利润的优势，给企业带来大量的现金流，是航空公司盈利的主力军。这说明产品已经走向了稳定发展期，航空公司需要继续保持市场份额，不被竞争公司给挤走。

（4）瘦狗产品。瘦狗产品的市场增长率低，占有的市场份额也少。但是却往往占据着大量的资源，所以航空公司需要果断放弃这类航线，将资源分配给更有潜力的航线。

4.2　产品分析理论在航空运输中的应用

由于市场竞争的激烈，产品的更新换代和优胜劣汰势在必然。为了在市场上立于不败之地，企业需要对每一个产品进行数据分析，对产品的销售增长率、利润率和市场份额进行定期分析，精准地预估各产品未来的发展走向和上升空间，及时调整企业资金的投入方向和投入金额，做出正确的产品决策。

航空公司提供的产品最终的目标是符合各个不同层次的消费者的需求，实现产品价值的最大化，从而使企业获得最大的利润。为此，产品组合是一个很好的方法。产品组合指一个企业所生产经营的所有产品的组合方式。包括四个方面：① 产品组合的长度；② 产品组合的宽度；③ 产品组合的深度；④ 产品组合的一致性。

产品组合策略要求航空运输企业，能够不断完善服务，提供适销对路的"套餐"服务产品。譬如，不少航空公司推出的"机＋X"产品，广受有关乘客的欢迎。在实践上，我国不少航空公司对此都做了有益的探索。譬如，深航的"接家人，来深圳，过暖冬"易来易往产品，较好地解决了深航春节期间回深航班客座率低的问题，通过优惠套餐设计，使得部分原本回家过年的客源变成了回深客源。

航空公司向市场推出自己的产品,有三点需要特别注意:

(1) 要以消费者的需求为出发点。航空公司销售产品的最终目标就是能够将产品销售出去,并能够持续地为企业带来盈利。而这些都是以消费者的需求为出发点,为此需要定时进行市场调查,了解消费者的动态和需求。

(2) 把信誉视作生命。信誉是一家公司持续发展的依托。在事关利害得失时,一定要从长计议,以战略眼光来审视问题。譬如,根据客座率频繁地调整或取消航班会导致大量客源流失。

(3) 不断提高产品的创新能力。企业的产品创新研发能力,对企业的未来发展起着关键的作用。唯有另辟蹊径才能在激烈竞争的市场中走出自己的路,取得领先。产品创新需要创新人才和技术,为此,不拘一格引进人才十分重要。

4.3　机队和航班表相关的产品特性

机队是指航空公司拥有的不同型号和数量的飞机。它是形成航空公司运输能力的关键。航班表是航空公司能够提供给顾客运输服务的航线和时间,是构成产品竞争力的关键。可以说,机队和航班表基本决定一个航空公司的竞争能力和其能够提供的运输产品。我国航空公司经过几十年的发展,机队规模有了明显的提升,三大航均已跻身前十名。表 4 - 1 为全球机队规模排名表。

表 4 - 1　全球机队规模排名(截至 2018 年 4 月)

	全球航企机队规模		低成本航空机队规模	
1	美国航空公司	952	美国西南航空公司	717
2	达美航空公司	872	瑞安航空公司	432
3	美联航	750	捷蓝航空公司	245
4	美国西南航空公司	717	易捷航空公司	186
5	中国南航	552	印度靛蓝航空公司	159
6	中国东航	494	巴西蔚蓝航空公司	130
7	美国天西航空公司	441	巴西戈尔航空公司	118
8	联邦快递	430	加拿大西捷航空公司	125
9	中国国航	400	印尼狮航	112
10			挪威航空公司	51

航空公司需要什么样的机队取决于航空公司的战略定位。譬如,定位于支线服务的航空公司,显然以小型飞机来执飞其航班更为有利;定位于长途国际运输的航空公司,显然需要宽体、远程飞机来执飞。航班表包括航线、航班时刻与航班频率,这与需求市场密切相关。需求越大,频率越高。同时,航班表受到机场、空域资源约束。实际上,机队与航班表规划是一个从需求开始的系统规划的组成部分。从市场需求→航线布局→机队规划→航班表计划→运营管控。在机队与航班表给定的情况下,航空公司能够提供什么样的产品基本定型,譬如,没有远程宽体客机,想要提供跨洋运输服务已不可能。

机队规划,即机型和各机型数量规划,是网络运力配置的基本规划,需要根据需求通过数学规划来确定,使所选择飞机的型号和数量适合市场和航线的需求,性能得到最佳的发挥,从而使得航空公司获得最优化的市场供给与需求的适应性,这比较复杂。定性分析上,机型选择也有一些基本原则可以遵循。

4.3.1 飞机选型的基本原则

飞机选型的基本原则有三条:

1. 与市场和航线网络的匹配

(1)飞机的大小和航线的适应性。航空公司所使用的飞机的大小是影响航空公司市场供给的主要因素,也是影响航空公司运行成本的主要因素。

(2)飞机性能与航线网络的适应性。飞机性能是飞机生产能力的直接反应,也是影响航空公司运行成本的直接因素。影响航空公司运行成本的性能指标是:飞机的效率(重量参数和装载能力以及发动机功率)、所需机组数量、发动机数量、飞机的速度和飞机的年龄。最大起飞全重、最大零燃油重量和最大燃油载量是确立飞机载重与航程关系的限制条件,飞机的最大起飞全重和飞机制造空重之间的差值直接反映出飞机的结构曲线,其决定着在装载多少的情况下能飞多远。

2. 管理的灵活性

(1)飞机机体的灵活性。对于中远程飞机的腹舱来说,航空公司在选型时会考虑在前后货舱都安装有全尺寸的货盘,使飞机具有更好的运载灵活性,以便获得更多的市场机会。同时还应该具有客改货的灵活性,在飞机达到一定的使用年限后飞机应该能够改装成货机使用,或者在航空公司战略发生变化或为了应对市场变化时同样能够使飞机容易改装成全货机使用。

(2)飞机运行的灵活性。采用同一系列概念的飞机、同一机组飞不同机型、不同的飞机使用相同的零部件是目前最流行的一种机队规划方式。

3. 机队的连续性

航空公司在选择机型或发动机时,必须要考虑到飞机供货商的可持续服务性和可持续经济性。同时,必须认识到与飞机相关的一些因素,如技术标准、航材备件、工具设备、培训等方面的影响。

直接营运成本的降低是航空公司机队选型始终追求的目标。

4.3.2　航班表的选择

航班表即各航班的集合,它决定了航空公司能够提供运输服务的 OD 对和服务时段。航班表对产品特性影响很大。譬如,没有黄金时段的航班,就很难吸引商务旅客。相反,开设大量"红眼"航班,就有可能以低廉的成本吸引钟爱低折扣票的旅客。航班表的选择,或者说航班表的制定,也有一些基本原则可以遵循:

(1) 有利于满足市场需求,提高载运率和客(吨)公里收益水平。

(2) 有利于提高飞机利用率。

(3) 有利于航线与现有机型的配对。

(4) 有利于提高机组利用率。

(5) 有利于航班调整。

当然,航班表的制定不是纯粹的优化问题,更多地受到空域、机场资源的约束,更多地受到历史时刻表,即"祖父权利"的约束。但一旦航班表决定,航空公司能够提供的产品特性基本决定。

4.4　与旅客运输服务相关的产品特性

航空运输业是一种客货运输服务业。作为一种高级运输方式,航空运输主要服务于旅客运输。旅客的要求多种多样,要服务好不同需求的旅客,不断提升和巩固旅客对航空公司的好感,对航空公司无疑是一个很大的挑战。为此,首先必须了解旅客运输服务产品的特性。

4.4.1　无形性

旅客运输服务产品作为服务产品的一种,它具有服务产品无形性的特点,它在销售前无法以实物的形式向旅客展示产品,并且让旅客进行实物接触、检查和使用,它只能让旅客在整个服务过程中来感受服务产品。随着服务提供的结束,服务产品本身也就不复存在了。

4.4.2　同步性

旅客运输服务产品的生产过程、消费过程、服务营销过程、服务质量等多种因素在时间和空间上并存,同步推进。这种同步性具体体现在四个过程中。

1. 生产过程中的同步性

旅客作为生产要素参与生产过程,在时间和空间上是不可分离的。实际生产过程中,旅客与航空公司或机场的服务人员之间的交流是直接的,无论是面对面的交流还是通过电话进行的交流,旅客作为生产过程中的一个要素,参与产品形成的整个过程。不可否认,旅客作为生产过程中的一个要素给产品的形成增加了难度,从生产过程的角度看,它要求服务人员在为旅客服务的同时,要意识到生产同步性的特点,必须明确旅客不仅是服务的对象,而且也是生产产品的一个要素。从管理角度看,旅客作为生产过程中的要素,个体差异性较大,导致生产过程中存在许多不确定的因素,这对于监控服务产品质量确实是一个既困难又复杂的问题。

2. 消费过程中的同步性

一般来说,有形的工业品从生产、流通到最终消费,三者是相分离的。生产是在一定的时空中进行,销售又在另一时空进行,中间往往要经过一系列的环节。消费更是完全与生产过程脱离,因为人们只有在使用时才会感受其使用价值,才能真正享受消费,并感受到产品质量的好坏。不同于有形产品,航空公司或机场为旅客的服务是生产过程与旅客的消费过程相统一的过程。从消费角度看,只有服务人员在其工作岗位时,才能为旅客提供各种服务,旅客才能享受消费。比如,乘务员必须在客舱内才可以为乘客提供飞行期间的服务,售票处服务人员只有在现场工作时,才能为旅客提供购票等各种服务,这时旅客才有真正意义上的消费。可见,旅客运输服务产品的特点是生产过程与消费过程的统一,旅客在整个行程中一直处于消费状态。而这种消费始终是建立在生产基础上,形成生产和消费在时间与空间上的并存。

正是由于旅客运输服务产品具有生产过程与消费过程中同步性的特点,要求服务人员必须明确,在服务过程中向旅客提供服务之际,也恰恰是旅客消费产品之时,必须在整个过程中做好服务。

3. 生产过程与服务质量的同步性

作为服务产品的供应者,必须明确生产过程与服务质量是同步的。旅客运输服务产品的服务质量的"同步性"要求我们改变以往从生产到销售再到消费这一逻辑认识,需要我们对传统的营销观念和产品质量观念进行重新认识。切不可把生产过程与产品质量相分离,必须明确生产的过程也是决定产品质量的过程,生产过程中出现的任何问题马上就会在质量上反映出来。服务质量的好坏并不是完全对照航空运输服务产品标准来反映,而是有消费者来评定。

4. 生产过程与服务营销的同步性

生产过程与消费过程、服务质量的同步性决定了生产过程与服务营销的同步性。这一同步性要求我们站在服务营销的角度来看待生产过程,即生产过程不再是简单的或者单一的生产过程,而是服务营销的过程。生产过程与服务销售不再是某一部门行为或某个服务环节的问题,而是企业的整体行为。服务营销的目的是要与旅客建立良好的关系,而这一关系的建立需要靠各个生产部门齐心协力才能完成。售票、值机、客舱服务、机场服务等,在为旅客提供服务或提供咨询的同时,也是在进行服务营销活动。服务好今天的旅客,就是创造明天的市场。

4.4.3　异质性

服务产品的异质性是指服务产品无法像有形产品那样实现精确的标准化。实事求是地说,民航企业每次所提供的服务产品,旅客感受到的服务质量都有可能存在差异。同样的公司、同样的航班,旅客会有不同的感受,造成服务产品异质性的原因主要由以下几个方面:

(1) 服务人员的原因。在生产过程中,服务人员不同的心理状态、服务技能、努力程度等使得同样的航班形成不同的服务质量。

(2) 旅客个人的原因。在服务过程中,由于旅客自身的原因,比如心情、知识水平、爱好、要求等差异会直接导致他们对同一服务产品质量有不同的感受。在实践中常常可以看到,同样一个航班上,不同的旅客对服务有不同的感受和评价。

(3) 服务人员与旅客沟通时相互作用的原因。在服务过程中服务人员与旅客沟通时双方是否融洽、相互是否配合等问题,也会使旅客感到服务质量存在一定差异。

另外,随着航空运输的日益普及,旅客对航空运输服务的认识也在发生变化。一些原来属于附加服务的内容逐渐被旅客认为是旅客运输服务的必然内容。当市场或旅客对某些附加服务习惯后,这些附加服务不仅成为产品的一部分,而且成为旅客衡量与比较产品的尺度。因此,对航空运输企业来说,不是要不要附加服务的问题,而是附加服务多不多,有没有更新更好的附加服务的问题。例如国航推出的"购买国航从上海出发的国际航班的旅客,即可享受杭州到上海浦东机场免费地面运输服务",已被很多旅客认为是产品的当然组成部分。它也成为国航市场竞争的手段之一。

4.5 AIDA 模型和 SPIN 周期

AIDA 模型和 SPIN 周期在销售中,尤为西方所推崇。它强调销售的主动性、系统性和有序性。

4.5.1 AIDA 模型

AIDA 模型,又称"爱达公式",在市场推销学中,是一个极其重要的公式。它的本质内涵是:一位销售者想要获得成功,他在营销过程中首先必须把客户的关注点吸引到他所推销的产品上,要让客户对所他推销的这个特定产品产生兴趣,这样才能勾起客户的购买欲望,而后其购买行为就可以水到渠成地达成了。它由国际推销专家 Heinz. M. Goldmann 在 The Classic Manual of Successful Selling —— How to Win Customers 中首次总结出的一种推销模式。

美国广告业和销售业的先驱者,E. St. Elmo Lewis 曾在其著作中说过:"广告的任务即是吸引读者的注意,然后他才会去看去读那则广告。之后他如果对广告所言产生兴趣,他才会进行深入阅读。当他读到最后,他也就对那则广告深信不疑了。这样的广告,才是成功的广告。"而 AIDA 模型,则是这一理论的发展。

AIDA 是四个英文单词的首字母。A 为 Attention,即引起注意;I 为 Interest,即诱发兴趣;D 为 Desire,即刺激欲望;最后一个字母 A 为 Action,即促成购买。

4.5.2 AIDA 模型的深度解析

一般而言,AIDA 模型的四个方面代表着传统销售过程中的四个发展阶段。首先,于销售者而言,他要设法引起客户的关注。其次,需要想办法激发客户对他所推销的这个特定产品的兴趣。再次,要刺激客户的购买欲望,让客户自主地去相信,他想购买这种商品纯粹是因为他有这个需要。最后就是当客户做出需要购买的决定后,由销售者顺势助力一下,让客户坚信他的购买动机是没错的,决定是正确的。交易到此也就成功了。根据 AIDA 模型来推销产品,其精髓就在于前三步的"吸引注意""诱发兴趣"及"刺激购买欲望"。这三个步骤是销售者与客户之间的博弈，而能否完美地做好这三个阶段，也反映了销售者的智慧与才华。

做好这几个步骤看似简单，实则需要多年的历练、推销天赋及懂得说话的艺术。

1. 吸引客户注意

一般而言，销售者与客户互相陌生，能否引起消费者的注意，决定了推销能否成功。如果消费者注意到销售者提供的商品和所传递的信息，其推销活动就可以进行下去，否则此次推销活动已经宣告失败。根据心理学研究的结果，人们在接触中最早 30 秒内获得的信息，比在此之后十分钟里获得的要深刻得多。因此，销售者必须在极短的时间内用最有效的方法吸引消费者注意。

（1）销售者要挑客户最感兴趣的问题去发问、去入题。销售者与客户的兴趣往往不能从一开始就达成一致。如果客户对于首次信息并无太大反响，那销售者就必须立刻找到客户的兴趣所在，引导客户的注意力成功地转移到自己这边来。没有兴奋点的注意力转移，是不牢靠和低效率的。

（2）把要推销的产品中与客户有着利益相关的方面第一时间告知客户。从心理学角度看，人的有意注意仅以那些与自己利益相关的事物为对象，这种相关性越强，注意力越容易集中。销售者，应让客户考虑如何得到自身的利益，同时让其注意到取得这种利益的手段和条件掌握在销售者手里，最终形成围绕销售者来追求客户利益的实现。

（3）注意好对客户刺激的频度与强度。销售者要巧妙、科学地对客户进行刺激，注意刺激的强度与频度。这是为了增强客户注意力集中度并延长其注意力集中的时间。

（4）牢记先入为主的规律，尽量利用"首因效应"。在推销的过程中，客户对销售者的第一个评价一般仅来自客户对销售者的第一印象。一旦这种评价形成了，就很难改变，改变需要大量的时间精力，甚至一些运气。因此，销售者的仪表、穿着，说的第一句话，做的第一个动作和对客户的态度等就变得异常重要。

有目的地转移客户的注意力，是推销中引起客户注意的目的所在，这可以说是推销的真正起始点。销售者必须知道，引起消费者注意需要细腻的技术和多种不同的方式方法，评书艺人那种"惊堂木拍案"的单调方法绝不可能有效地引起客户注意。

2. 培养消费者的兴趣

在这个步骤里，销售者要具体做好两项工作：

（1）向客户示范所推销的产品。销售者必须清楚地向客户表明该产品如何发挥其作用,如何能使客户获益。为了使客户消除对该产品的疑虑并产生购买欲望,销售人员甚至可以实际演示使用产品。

(2)了解客户的基本情况。为了使产品能满足客户的需求,销售者应当理性分析需要了解客户哪些方面的情况,如何去问问题,如何合理地运用自己手上掌握的资料。对这些问题,销售者处理得越好,就越有可能与客户进行面对面的交流,那么交易成功的可能性也越大。

需要注意的是,在此阶段,销售者不要强迫客户下决心,特别是在他们进行抉择的时候。介绍产品情况应突出重点,内容不要太多,以免客户在第二阶段就有厌烦的感觉。

3. 激发客户的购买欲望

这是 AIDA 模型中的关键性阶段,当客户觉得购买产品所获得的利益大于所付出的费用时,客户就会产生"购买的欲望"。

如果前两个阶段进行得顺利,这时通过使客户相信购买产品后可以获得特定的利益,就会激发客户的购买欲望,形成购买动机。利益无非包括两个方面:让客户得到好处;让客户减少损失或摆脱困境。研究表明,承诺让客户减少损失比承诺让客户获得利益更具有说服力和吸引力。当客户觉得购买产品所获得比所付出的要大时,购买欲望便会油然而生。销售者有很多方法可以用来打消客户的种种疑虑,激发客户的购买欲望,使客户对购买持肯定态度。比如,利用情感因素,让客户被销售者的自信和热情所感染,建立相互之间的信任;通过针对性的介绍,来突出商品的特性;运用生动的语言,加上产品演示和客户的适当参与,提高客户对产品发展前景和潜力的想象;运用先前成功客户的案例,稳固和进一步刺激客户的购买欲望。

最后一步便是诱使客户做出购买的决定。这是全部推销过程和推销努力的目的所在。它要求的是销售者运用一定的销售技巧来促使客户做出购买行动。在大部分情况下,客户即使对推销产品发生了兴趣并产生了购买意向,也会在相当一段时间处于一种犹豫不决的状态。这时候就需要销售者去助力推上一把。在这样的时候,销售者应该留意,去解析客户不能做下购买决定的原因,并做好针对这些原因的说服工作;将样品留给客户使用;给客户写一些确认交易的邮件,概括好在商谈过程中所达成一致的协议;重申客户购买产品之后所能得到的利益;坚持多次地向客户提出成交要求。

4.5.3 AIDA 模型应用案例

22 岁的美国青年 Seth 从一所常春藤盟校拿到了 MBA 之后,来到了宝洁公司(P&G)旗下的肥皂包装和洗涤剂包装的 Cheer 品牌组上班。通过部门厚厚的册子,他了解到 Cheer 洗涤剂是一种白色并有蓝色和绿色微粒的洗涤产品,他是专门为开顶式洗衣机设计的。

在促销部门里,Seth 在令人眼花缭乱的小礼物中选择了一种橡胶制的玩具。这是一种有红斑纹长腿的蓝绿色交织的小玩意儿,是专门设计给很小的小孩童的。这种小玩具无毒,而且足够大,无法被小孩子吃下去,安全耐用。经过一系列的测试,这个玩具很受欢迎,并且成为整个公司历史上最受欢迎的三个小礼品之一。Seth 简直乐得找不着边了,他把它命名为 Monster Cheery。根据采购部门的估计,单个玩具的成本大约在 6 美分,包括了制造费用和从亚洲产地运到辛辛那提的费用。Seth 的促销设想是每个大包装的 Cheer 放三个 Monster Cheery。这样下来一盒的成本就要增加 18 美分。如果增加的销售效果不错,抵消这 18 美分的额外成本绰绰有余。

Seth 分析了所有能想到的促销方式。

(1) 通过邮寄间接促销:客户需要把洗涤剂包装盒上的条形码寄到公司,才可以换取礼品。这样的方式对生产过程毫无影响,但这无疑会减少礼品的吸引力。亲自邮寄和等上两三个礼拜来收取这么一个小玩意儿实在是一件吃力不讨好的事情。

(2) 在包装内直接促销:把礼品直接装在包装内,包装外印有醒目的提示。这样一来包装盒需要重新设计,并且如何印上提示能吸引到顾客也是个问题。还有一个消极的因素是,客户并不能直接看到可爱的附赠小怪物。

(3) 在包装上直接促销:这个方法是用真空包装膜将小怪物和 Cheer 洗涤剂捆在一起。这种促销方式的优点是非常直观,但工厂需要有专门的设备。同时爱占便宜的客户可能不买产品而直接将礼品扯下。

(4) 随产品派送直接促销:这个方法是在购买点即时奉送。但这不仅要求代理商安排额外的工作人员,而且,也许在某些小的零售店,店主干脆截下了这些小怪物另外拿出来卖。

Seth 需要做出选择和决定,而后才能向上司 Tom 做出详细的汇报。他必须先对案例中四种策略进行大致的量化分析,再利用 AIDA 模型针对案例设计具体的促销组合策略。

在实际操作过程中,销售者会发现,随产品派送直接促销和通过邮寄间接促销虽然简化后的成本效应比占据优势,但事实上,依照 AIDA 范式的作用原理来评估,客户对此并不青睐。这两种促销并非是产品和赠品的捆绑式销售。由于赠品和产品的销售隔离,前期显然要持续铺垫,其费用远比捆绑销售高昂的广告成本及相关宣传推介费用还要高,且唤起注意的效果还不一定有捆绑销售强烈。何况在后续欲求和促成购买阶段,两种促销方式也无谓地增加了客户购买的货币、时间、体力和精力成本。客户要提着大包小包的东西排队等候,要细心地裁下包装上的商品条码,邮寄过去再等候寄来。这期间任何一个因素变故都会影响到客户得到赠品的承诺兑现。控制得不好,不仅难以起到促销的效果,还有可能因客户抱怨而影响产品品牌的声誉。实际上,由于不可测的因素太多,这两种促销工具通常只限定在特定的区域、特定的时间、特定的产品和赠品上,并不适合大范围的推广。

在吸引注意阶段,可考虑将包装进行部分透明化设计,使客户可以直观地看到内置的 Cheery 小怪物。同时尽量争取零售商的支持和配合,将产品聚类单独陈列或置于陈列架的黄金档位。售点现场设置放大的 Cheery 小怪物气模型、尽量安排现场促销人员推荐、招贴海报以呼应产品事前所做的媒体广告。凡此种种,均是为了吸引客户的主动注意。在被动注意的引导上,促销经理应尽可能地采取多种活动形式让 Cheery 小怪物在儿童群体中深入人心。如在儿童娱乐中心举办 Cheery 小怪物竞赛、抽奖活动等,若能以更高端的活动让 Cheery 小怪物成为儿童群体中的时尚或者某种形象标志,效果当然会更加显著。

在诱导兴趣阶段,为尽可能地放大 Cheery 小怪物给儿童的利益附加值,以激发目标客户的持续购买和单次多量购买,可以设计不同风格限量供应的 Cheery 小怪物,以赋予其收藏价值;将玩具设计为儿童书包或卧室里的装饰品,以迎合儿童炫耀心理;营造一个 Cheery 小怪物全家福组合。若客户能集齐一套完整的全家福,即可回赠丰厚的礼品。

在激发欲求阶段,为了让客户的事前评估认为是有价值的,Cheery 小怪物的选择程序本身应慎重:① Cheery 小怪物事前经过严格的测试,并被认为是公司最畅销的三个促销礼品之一;② Cheery 小怪物足够安全,是一种橡胶玩具,无毒,足够大以致儿童无法吃下去;③ 由于在包装内,即购即取,方便易行。节省了客户大量的时间、体力和精力成本,即是产品在价格上较竞争品相对较高,目标客户在考虑到产品附加赠品的整体利益上时,仍然会优先考虑到 Cheery 促销产品。

在促成购买阶段,促销精力应重点关注与零售商的利益协调以及后续承诺兑现环节的逐一实现,如竞赛、抽奖活动、后续的 Cheery 小怪物的主题促销活动、奖品的承兑、文化营造的连贯性和一致性等,在方案设计中要注意整体规划,分清职责,专人督办,以保持整个促销活动有条不紊地进行。值得注意的是,促销活动的进行和市场一线促销活动的反馈是双向同时进行的。这种反馈信息包括地域性促销前后效果的对比,以明确地域间促销支持的布点和力度,包括对目标客户的抱怨和建议的关注,以明确各项促销支持落实的具体情况以及修正和完善各项促销支持等。

4.5.4 SPIN 销售法

SPIN 销售法是 Neil Rackham 创立的。众所周知,营销活动一般需要经过四个阶段:① 开场启动阶段;② 调研交流阶段;③ 能力展示阶段;④ 买卖承诺阶段。只有上一个阶段完成了,下一个阶段才能开启,而四个阶段中,第二阶段的调研交流阶段是最为关键的,在这一阶段,销售者的表现在很大程度上决定了营销的成功与否。很多营销失败案例表明:就是营销者在第二阶段仅仅浅尝辄止,将重点放在了其他阶段。SPIN 销售法提供了一种巧妙、高效且系统方法。要了解这种方法,首先我们要知道 SPIN 销售法的内涵。S 是 Situation——情景性,P 就是 Problem——探究性,I 代表 Implication——暗示性,N 意味着 Need - Payoff——解决性。因此 SPIN 销售法就是指在营销过程中专业地挖掘实情、诊断问题、引导启发和解决问题四大类提问方式来发掘、明确和引导客户需求与期望,从而不断地推进营销进程,为营销成功创造基础的方法。

运用 SPIN 销售法,销售者需要主动挖掘出客户现有的背景,诱导客户说出隐性的需要,放大客户需求的迫切程度,同时表现自身产品的价值与意义。使用 SPIN 策略,销售者还能够全程掌控在长时间的销售过程中客户心理所产生的哪怕是最细微的变化。

SPIN 推销模型主要是根据客户的需求所建立的,因此 SPIN 推销模型能否有效而且成功主要依赖的就是销售者能否问出客户所关注的那些问题。整个推销模型的提问过程完全是配合着客户在购买过程中的心理变动而设计的。因此销售者可以把 SPIN 模型作为指南,通过提问来了解客户心理的发展过程,使客户了解做出购买决定的重要性和紧迫性。

成功的销售者所采用的 SPIN 推销模型程序大致如下:

(1) 提出 Situation Questions——情景性问题(如跟客户聊一下日常生活,或聊一下无伤大雅的烦心事……),借此来了解客户的现实背景以建立资料库(收入、职业、年龄、家庭状况……)。销售者只有通过资料的搜集,才能进一步对客户的需求进行正确的分析。尤为注意的是,情景性问题必须适可而止,以免一些讨厌"自来熟"的客户产生厌烦与反感。

(2) 销售者会以 Problems Questions——探究性问题(如你对当下产品内容满意吗? 你觉得售后保障是否足够……)来探索客户隐性的需求。这些问题的提出可以让销售者了解客户当前所面临的不满足、问题与困难。通过一些技巧性的接触来引起客户的兴趣，进而控制着主导权使客户主动发现自身明确的需求。

（3）销售者要转而问一些 Implication Questions——暗示性问题。这些问题的目的是为了使客户感受到他方才发现的那些自身隐性需求的紧迫性与重要性。由销售者抛出各种线索以维持客户的兴趣，并进一步刺激客户的购买欲望。

（4）一旦客户认同了这些需求的紧迫性与重要性，并且决定立即寻求解决方案，对这些需求采取行动时，销售者便会提出 Need - Payoff Questions——解决性问题。这些问题的提出，是为了让客户对其需求进一步明确之后，使客户可以将商讨的重点放在需求的解决方案上，并搞清楚采用该解决方案的好处与购买利益。

总的来说，SPIN 推销模型最主要的精神在于满足客户的需求。就是建立客户背景资料，发掘客户当前问题，探索客户隐性需求，刺激客户购买欲望，帮助做出购买决定。

4.5.5 SPIN 销售法应用案例

小品《卖拐》是赵氏幽默的登峰造极之作。东北话的俏皮、语言欺骗的妙术，活生生地呈现在观众面前。时隔多年之后，再回头欣赏，依然觉得是那么的鲜活。生活中上当受骗的人们，如果能够解开其中的骗术，也就有可能远离由此带来的烦恼了。

拐，是一个虚拟的道具，无用之物变成了别人的心肝宝贝，这中间的一波三折正是语言催眠立下的功劳。在商品销售中，FAB、FABE、FABEEC、SPIN、4P，是常用的销售技巧。技巧如刀，亦正亦邪，关键是看用它之人如何对待。《卖拐》中的销售技巧，可以用 SPIN 模型法来解读。

SPIN 分别代表：情景性问题、难题性问题、暗示性问题和解决方案，是高价值产品销售的四个常规步骤。情景问题，是销售人员切入话题的由头。如英国人上来就问天气，销售人员也应该从客户的工作场景出发，一开始就融入客户运作的情境中，"我要销售"不如"你该购买"来得温柔。难点问题，则是切入话题之后的层层逼近。一旦话题落在客户企业运营的难处上，推销就成了帮客户解决问题了，双方的亲近感大增。

·难点问题要抓得准，而且还要借题发挥，放大客户的痛楚，让心中的冲动变成组织的购买行动。引申问题，通常是帮客户算账，看看现有方案的损失，再憧憬优化方案的种种利益，账算清了，下一步的解决方案也就相对明确了。

首先看《卖拐》中的 Situation Questions——(情景问题)：下好钩,等鱼儿游过来。

"拐了,拐了"——富含歧义的吆喝声,吸引范伟的注意,并顺势导入越陷越深的谈话。真正让范伟服气的,还是赵本山猜出了他的职业,"脑袋大,脖子粗,不是大款就是伙夫",更进一步,还猜出他是掂勺的。

Problems Questions(难点问题)——钩上食,免费咨询找问题。

就像是算命先生,猜中陌生人的职业,是证明自己懂他的最好范例。明明是没有实质性的问题,那就从细枝末节出发吧。脸大了,是范伟自己能感觉的变化,可这又有什么问题呢？神经末梢坏死。这是赵本山忽悠范伟的最核心之处。进而引出了一条腿长、一条腿短的大问题了。事情到了这一步,范伟就只能"挨宰"。

Implication Questions(暗示性问题)——放大问题,打击心底最柔软之处。

项庄舞剑,意在沛公,S 和 P 只是 SPIN 的序曲罢了。I,才是 SPIN 技巧的高潮。若是你想识破别人的花言巧语,也只有等到他的 I 出现时,方可观赏"图穷匕见"的凶狠。赵本山祭出了"股骨头坏死、晚期就是植物人"这两大杀手锏,把个范伟搞得头晕脑涨。其实,每个得过病的人,都或轻或重地被医生"恐吓"过。

Need - Payoff Questions(需求—代价问题)——病急乱投医,人慌易上当。

解决神经末梢坏死,就要双脚不沾地,最好的解决方案就在眼前：挂拐。乱了方寸的范伟,满心欢喜地找到了自己人生的希望。滑稽,是吧？只不过我们不是当事人而已。看看那么多基金经理,客户们赔的昏天黑地,他们还能大把地赚银子,这个世界就是这么疯狂。其实客户们都是被销售人员给 SPIN,整晕儿了。

SPIN 销售技巧,其实是一种倒着来的分析方式。它的核心思想是抓住客户能够感知的利益,然后向前倒推客户组织运作的掣肘,进行剥洋葱式提问,创造运作场景。之所以搞得这么复杂,就是因为要消除陌生客户的距离感,防止客户对"自来熟"之人的防范和厌恶。

4.6　AIDA 和 SPIN 在航空运输营销中的应用

在进行一次销售之初,至关重要的一点就是获得客户的注意(attention)。可以通过诸如广告、邮件或者微信等方式来做到。一旦获得了客户的注意,接下来就要看销售人员能否成功地引起客户的兴趣(interest)。

也许有人会觉得引起客户的兴趣最好的方法是借由一段冗长的叙述来把产品所有引人注目的特点介绍给客户。这将大错特错。成功的销售,倚仗的是运用各种方法来发现客户现有的问题并向其展示自家的产品是如何能解决这些问题的。而对于这些问题的分析,则需要一个系统的过程,基于一系列的逻辑推论来解决这些问题。

首先需要考虑的就是情景性问题(situation questions)。这些问题是为了了解客户当前的购买习惯。一些客户可能会被问到一些有关他们对于航程的选择、飞行线路的选择及舱位选择和飞行频率的问题。这些都是情景性问题的例子。

其次是探究性问题(problem question)。这类问题是为了了解客户在当前状况下对于哪些领域心存不满。销售人员可能会询问客户他们所乘坐过的某一特定航线的准时情况,该航线各方面表现是否良好。希望客户会承认并倾诉他们因航班延误吃过的苦。

一旦客户明确表明他们吃过这样的苦,那么就是时候提出一些暗示性问题(implication questions)了。这些问题可以在客户的潜意识中建立起“这些不满的因素至关重要”的概念。就好比说航班延误问题。在这一问题上销售人员可以做出几乎无限种的暗示。问问客户是否曾因航班延误而错过重要的会议。又或者他们是否曾经不得不多订一晚的酒店并且早一天离开工作和家庭来提前一天到达目的地,只是为了能保证自己能准时出席一个早晨的会议。

当暗示性问题被适时抛出后,销售人员就要提出一些解决性问题(need-payoff questions)。这些问题会继续给客户一种微妙的暗示,即之前他们所觉得不满的因素,是完全有办法解决的。我们再次以航班延误为例,如果销售进行到这一阶段,那么销售人员应当不遗余力地向客户说明他们的航班在准时性方面做得有多好。

当这些有关需求的问题被解决之后,销售人员就可以将谈话目的从“发掘客户的兴趣”推进到“将客户的兴趣转变到购买欲望(desire)”上去了。销售人员需要向客户呈现问题的解决方案。然后再以“这就意味着”的句式开头,向客户介绍其所推销的这种解决方案的好处。

提升客户的购买欲望,必然包括处理客户的反对意见。客户也许会说他们不相信现实中问题会像销售人员所说的那样得到完美解决。又或者客户会觉得销售人员提出的价格太过昂贵。

无论反对的原因是什么,销售人员都必须专业地去应对。销售人员必须向客户提出足够多的问题以挖掘出客户的这些反对意见的本质是什么,进而对这些问题进行专业地细分。否则,这些反对意见永远不可能被妥善处理。就好比客户说"某航线很差劲,没有人能解决这个问题"。销售人员必须通过进一步的询问来搞明白是怎样的飞行经历让客户觉得该航线很差劲。延误?机餐?空姐服务?还是旁边乘客的举动?一旦了解到了本质,销售人员就可一一对症下药地解决客户的不满。他们就能够向客户展示自从客户担心的这一问题发生以来,他们是如何采取行动改善这一状况的。

AIDA 模型的最后一步是行动(action)。尽管前面的三个步骤十分重要,但只到客户被说服做出购买或者签单的行为,之前的一切才不是白忙一场。

销售人员必须有勇气去面对可能的拒绝,去提出购买的要求。一旦购买好了,那么前面的步骤也可以说是圆满完成了。客户决定购买与否,有一些特殊的信号。我们可以通过他们的肢体语言窥知。而有一些信号是纯粹的言语,他们会开始讨论具体的细节。

AIDA 模型和 SPIN 模型应用到航空运输领域,有两点需要特别注意:

(1) 航空运输销售的并不是可触摸到的实物产品,如什么二手轿车。所以在销售套路上不能生搬硬套,并且大部分时候,销售人员是在向类似于旅行中介或者企业代理人等的客户销售一种长期的合作关系。因此,切记首份合同的签订是在为这种关系的建立打下基础。这份合同的签订并不是某次销售活动的结束,而是一段关系的开始,切勿鼠目寸光。

(2) 航空运输销售往往是一个漫长的销售过程,销售人员不能奢望仅仅一两次的会面就能与客户签下大单。因此他们需要有评估销售进程的能力。他们必须要能准确地评估该次销售行动所处的阶段,该做什么,问什么,怎么推进销售进程。做一个能做正确抉择的销售者。

总之,要做一个好的销售者,必须在"准备""介绍""说服"和"成交"整个推销过程中,做好自己的角色。

一次成功的销售,首先要从准备开始。在拜访客户前做好充分的准备。"准备"的本质有三个要点:① 对自己产品的相关信息了如指掌;② 让自身适合所有客户的需要;③ 能够灵活运用所学的知识。销售者必须全面而系统地储备产品知识。不仅要对自己所销售产品有全面而准确的了解,而且要将这些知识和信息归纳整理,使之在头脑中分门别类,条理清晰。一方面可以确保自己没有遗漏,一方面可以在客户询问时不至手忙脚乱。同时销售者还应该为应对各种各样的目标客户而充分准备。如果只能同某类型的客户打交道,这名销售者也许可以有出色的业绩,但永远成不了伟大的销售者。对于产品和目标客户的充分调研,可以保证推销过程的事半功倍。

在通过自己的充分准备与调研同客户打开"话匣子"之后,我们需要获得客户的关注并激起他们的兴趣。"获得关注"和"激起兴趣"是有着本质上的不同的。吸引客户注意的过程完全是发生在客户心灵之外的,激发客户兴趣的过程则完全是发生在客户内心深处的。"挥锤敲击"式的方法,是吸引客户注意的一种典型方法。它必须依次向"激起兴趣"推进。① 吸引客户注意销售者自身,包括他们的穿着打扮以及随身携带的东西;② 将客户的注意力转移到所推销的商品上;③ 将客户的注意力转移到商品的某一个价值上面去。而这个价值,必然是要能够激起客户购买兴趣的。要想使销售工作继续进行,销售人员必须使客户走得更远,必须激发他们的兴趣。

而之后,就需要引起客户的购买欲望。没有哪个客户会因为辩论不过销售人员而去购买产品。一个人有购买欲望是因为他有某种需要,他认识到了自己缺乏这种东西,他内心渴求着这个东西。这种需求,是内心的需求,一种情感上的需求。所以以理动人不如以情动人。永远永远不要试图在这个阶段去说服客户。要想着去激发客户内心"需要"的这种情感。

即使销售人员成功地与客户渡过了前三个阶段,客户在最终拍板做出购买决定前还是会习惯性犹豫不决。客户在这种时刻会去权衡投入与收益的比重。而在此时,销售人员的主要工作就是了解客户犹豫的原因,去说服客户,使其确信他的疑虑是没有必要的。

AIDA 模型和 SPIN 销售法,都是销售法中的经典。此两者是发明者通过其多年的实践与经验,结合大量心理学的研究所得出的"如何说服客户去签下订单"的经典之法。随着社会的发展,信息化所带来信息获取的便利,客户受教育程度的提高,推销的难度会越来越高,但是,"走心"的销售原则是永远不会变的。

第 5 章

航空运输营销

营销可分为营和销。营讲究筹划,讲究目的。营销的目的就是使收益达到最大化。在航班、容量已定的情况下,主要就是定价、舱位控制和超售问题。销就是销售,就是怎样把产品销售出去。销售是科学,也是艺术。与客户的良好沟通、建立稳定的联系、树立良好的品牌形象、开辟良好的销售渠道及出现危机时的管理能力都十分重要。在实践中,航空公司也提出了不少有效的做法,如常旅客计划,就是致力于与客户建立稳定的联系。当然,所有这些,都有赖于一个高效的组织架构。本章将一一叙述。

5.1 机票等级定价

定价是通过制定相应的价格来达到想要达到的目的。目的不同,定价显然不同。实务中常有的定价目的有:应对竞争,满足销售额、利润、市场占有率等目标,以及稳定价格等。其中,利润目标是最常见的定价目标。获取利润是企业生存发展的必要条件,是企业经营的直接动力和最终目的。销售额目标是企业在产品成熟阶段经常采用的目标。在保证获取一定利润的前提下,追求销售额的最大。市场占有率,是指企业的销售额在整个行业销售额中的比例或份额。市场占有率目标是企业在新品入市阶段经常采用的目标。稳定价格通常是大多数企业获得稳定收益的重要手段。市场价格越稳定,企业经营发展的风险也就越小。它通常是市场上竞争力较强的企业所采用的定价策略。

定价实际上是一个十分复杂的事情。它要识别目标消费者、调查其潜在客户及其需要、细分市场、确定各类直接和间接成本、了解竞争对手的价格、确定能被接受的价格水平、预测销售额、预估对其他产品的刺激效应、掌握产品升降级时成本变化规律、知晓政策法规限定等。现实中的定价一般采用简化方法。最常用的定价方法是成本加成定价法。前已提及,航空运输产品的运价(全价)就是根据这个方法来定的,而是销售的机票采用市场导向定价的,也可以是竞争导向定价的。原则上,价格应该是连续可变的数值,但连续可变的价格在实务中操作不便,难以管理,所以一般采用有限的价格值,即采用等级价格。

1. 机票等级定价的形成

机票由于其本身具备不可储存性,飞机若是起飞,没有卖出去的机票不会给航空公司带来任何收益,而想要使航班上的客座率达到 100% 是非常难的,而飞机上只要还存在空座,航空公司就存在盈利的空间。因此,航空公司最初的想法就是与其让座位空着,不如在飞机起飞前降低机票价格,从而吸引那些经济能力低,原本不打算乘坐飞机的旅客选择乘机出行。1975 年美利坚航空公司利用"剩余座位"理论,率先向市场推出"超级节省"两级票价结构,即向商务旅客销售正常票价的同时,向休闲旅客提供价格较低的折扣票,获得了极大的成功。

1992 年美国"航空血战"之后,各航空公司充分认识到了差别定价的重要性,为了满足各种类型旅客的需求,他们把具有不同需求弹性的旅客区分为不同的次级市场,实行不同的票价,并且设置了各种"栅栏(fences)"来防止有经济实力、需求弹性较小的旅客购买低价舱座位,而经济实力不足的旅客仍旧可以买到低价舱的座位。随着价格政策的不断调整,出现了多等级定价。同样一张经济舱机票,会出现十几种甚至数十种不同的票价,以针对不同细分市场的顾客,以实现收益的最大化。

2. 等级定价原理

等级定价,也称为价格歧视。在介绍等级定价原理之前,首先需要稍微详细一些了解一下经济学中价格歧视的概念。价格歧视是指一家厂商在同一时间对同一产品索取两种或两种以上的价格。而这种价格歧视又可以分为三类:一级价格歧视通俗来讲就是销售者会按照所有消费者愿意为商品付出的最高价定价。由于现在的市场相对而言已可以称得上是一个完全竞争市场,所以这种价格歧视在生产生活中的很多方面是不存在的。二级价格歧视是销售者对一特定的消费者,按其购买商品数量制定不同的价格。如图 5 - 1 所示,为了促进消费者大量购买,企业就会做出像图中这样的价格选择。当消费者购买量小于 Q_1 时,每单位价格就是 P_1;当购买量增加到 Q_2 时,价格就会降到 P_2;购买量达到 Q_3,价格就会降到 P_3。这就是所谓"量大便宜"。这种价格歧视大多发生在销售者与中间商、代理商之间。三级价格歧视在生活中比较常见。它是销售者将顾客分成不同的类型,根据不同类型顾客的消费能力来制定不同的价格。对 Q_1

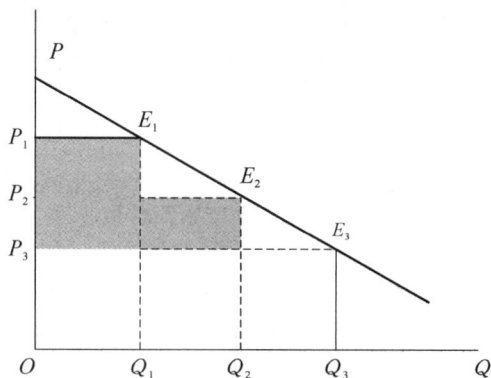

图 5 - 1　机票等级定价原理

个人实行 P_1 价,对 Q_2-Q_1 个人实行 P_2 价,对 Q_3-Q_2 个人实行 P_3 价,即实行所谓差别定价。这样,当总销售量同样为 Q_3 时,由于实行差别定价,收益便是 $P_1Q_1+P_2(Q_2-Q_1)+P_3(Q_3-Q_2)$,就会多出来如图 5-1 所示的阴影部分面积之和的收益。

3. 机票等级定价

航空市场是充分竞争的市场。同时,根据消费特性又可以将该市场进行进一步细分。最简单的,我们可以将乘客分为公商务客和休闲旅游客。公商务客的需求弹性不足,票价的降低对其影响不大,所以对公商务客,会索要高一点票价;休闲旅游客的需求弹性相对充足,对机票价格比较敏感,提高机票价格会使这部分旅客转而选择相对比较便宜的航空公司或其他运输方式。为了留住这部分旅客,航空公司索要的价格会低一些。进一步将市场细分,可以提供更多等级的机票,用来吸引不同类型的顾客。因此,航空公司采用的原则上是三级价格歧视。

三级价格歧视客观上要求旅客可被明显分割的,但航空运输旅客又不具备这样严格的特性,很多高价值旅客也乐于买便宜的机票。为了防止高票价旅客向下移动购买低票价,航空公司在实行等级票价的同时,提出不同的服务内容和退签转规定。可以说,航空公司实行的又不是严格意义上的三级价格歧视。

航空机票作为一种特殊商品,时效性强,而且需求具有高度的不确定性,受季节、人群、经济、社会、竞争公司等的影响大,所以实际的机票定价必须综合考虑各种因素。表 5-1 是某航空公司推出的一些机票等级及其限定条件。从科学上,机票价格也可以根据需求进行连续计算,而不是单纯的几个离散价格。有关机票定价具体计算见第 8 章。

表 5-1 某航空公司舱位的具体价格规定

运价基础	退 票 费	备 注
Y150%	不论是在规定离站时间前或后提出,9折(含)以上子舱位客票、儿童按票面价收取5%的退票费(婴儿不收取退票手续费)	可以签转、变更
Y130%		
Y100%		
Y90%	不论在规定离站时间前或后提出按票面价收取10%的退票费	不得签转,起飞前可免费变更不限次数,起飞后更改规定附后
Y85%		
Y80%		
Y75%	不论在规定离站时间前或后提出按票面价收取20%的退票费	不得签转,可免费变更一次。再次更改规定附后
Y70%		
Y65%		
Y60%		
Y55%		
Y50%	不论在规定离站时间前或后提出按票面价收取50%的退票费	
Y45%		
Y40%		
Y50%	客规规定	不得签转
中转联程	某航规定	不得签转
旅游套票	海航规定	不得签转、不得变更
特价票	不得退票	
积分免票	不得退票	不得签转、限制销售

5.2 舱位控制

航空公司是凭飞机运力来获利。运力可分割为座位或货位(舱位),图5-2是客舱的一种座位布置。只有将这一个一个座位以最高价格销售出去,才能获得最大收益。

由于航空运输供过于求,欲将当前的费率以固定的一种价格销售完这些座位已不可能。航空公司必须针对不同需求,采用价格折扣来激发需求,从而将更

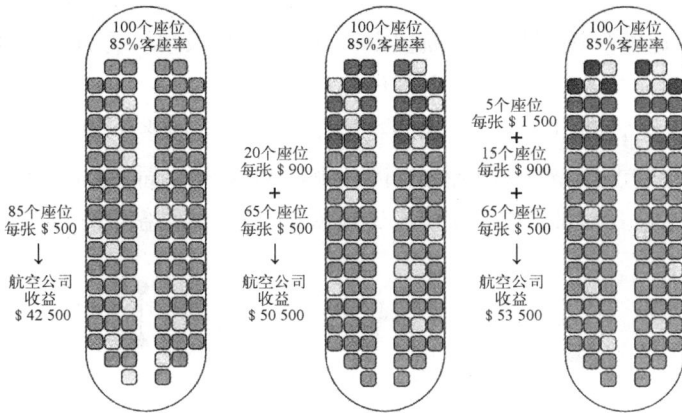

图 5-2　飞机座位布置

多的座位销售出去,以保证总收入最大。为此,必须有一整套的方法来控制以什么价格销售多少个座位,这就是舱位控制。最早的舱位控制是考虑单航节的,但航空公司实际上不会只飞一条航线,通常都有自己的航线网络。舱位控制的目的是使得航空公司在其航线网络上的总收益最高,这就与航空公司采用的航线网络结构有关。

5.2.1　主要航线网络结构

航线网络结构虽然有很多种,但其基本结构只有城市对式航线网络结构和轴辐射式航线网络结构。城市对式航线网络结构包括简单的二城市之间的直飞航线、途径经停机场飞往目的地的线形航线、到目的地后再甩飞第三地的甩辫子航线和三地(多地)绕飞的环形航线。

图 5-3 中的航线 ACB 是在航线 AB 之间的城市 C 加经停点。根据客货需求,有时加入适当数量的经停点。航线 ABC 则是在航线 AB 上延伸甩飞至另一个城市 C。航线的每个组成部分称为航段,例如航线 ACB 是由航段 AC 和航段 CB 构成的。图 5-4 中的环形航线是由于客货需求的单向性所产生的。例如图

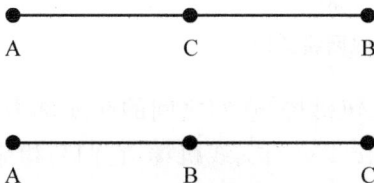

图 5-3　甩辫子航线

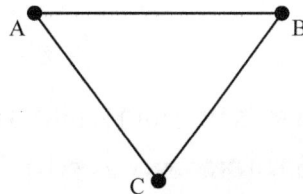

图 5-4　环形航线

中的环形航线 ABC,航段 BA 方向上的旅客运输量明显小于航段 AB 方向,航段 CB 上的旅客运输量则明显小于航段 BC 方向,而航段 AC 方向上的旅客运输量明显小于航段 CA 方向,我们就采用环飞航线。

　　一般情况下,城市对式航线网络结构都是从一个或多个枢纽机场出发,与其他许多机场通航形成的航线网络结构。枢纽机场一般都是航空公司的基地机场。利用基本对式航线,也可以构成比较复杂的航线网络结构,如图 5-5 所示。

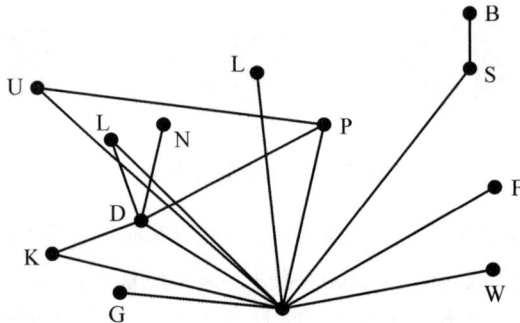

图 5-5　一般城市对式航线网络结构

　　轴辐式航线网络结构是由两类机场(即支线机场和干线机场)及两类航线(即支线和干线)组成的。干线即为各枢纽机场之间的航线。支线机场就是链接枢纽机场与支线机场之间的航线,又称为辐射航线,如图 5-6 所示。

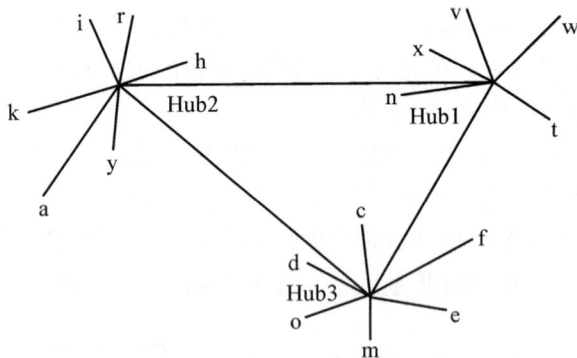

图 5-6　轴辐式航线网络结构

　　图 5-5 中,Hub1、Hub2、Hub3 皆是枢纽机场,它们之间的航线称为干线,而机场 t、n、x、v、w、y、a、k、I、r、h、e、m、o、d、c、f 则为支线机场,它们与相应枢纽机场之间的航线就称为支线。而在这种航线网络结构中,从枢纽机场辐射出去的支线像车轮的轮辐,各支线机场之间不通航。由支线机场到其他枢纽机场或

其他支线机场的旅客均在枢纽机场中转。支线机场去另一支线机场的旅客须在两个枢纽机场中转。

轴辐式航线网路与点对点式航线网络在运营、管理、舱位控制、延误处理等各方面都是不一样的(见表 5-2)。中枢轮辐式航线网路显然要复杂得多。

表 5-2　轴辐式与点对点式航线网络对比

	点 对 点 式	轴 辐 式
延误成本	低,各航班之间相互影响不大	高,枢纽机场出现航班波时,一个航班的延误造成影响极大
客流量	干线航班客流量高,支线客流量低	枢纽机场能够很好地聚集客源,提高客流量
灵活性	高,可根据收益情况灵活调整航线结构	较低,枢纽机场为中心将使航线灵活性降低
覆盖范围	窄,增加一条航线所付出的成本较高	广,增加一个轮辐机场可同时增加数条航线,大大扩大覆盖范围
航空公司进驻要求	低,低成本航空公司多采用此式	高,建造枢纽机场成本很高,且一般都被大型航空公司进驻
旅客倾向	高,方便快捷,可减少换乘	较高,有较多路线和时间段可选择,但耗费时间较多
航班客座利用率	较低,多采用中小型飞机,客座成本高	高,客流量大,干线多采用大型飞机,客座成本低,利用率高
飞机运营成本	较低,减少飞机过站时间和无效油耗,飞机飞行距离拉长	较高,飞机平均飞行距离缩短,增加无效油耗

5.2.2　舱位控制

舱位控制是航空公司收益管理的核心。通过控制在不同舱位等级上提供的座位数,航空公司能够获得收益最大化。

航空公司实行舱位控制之后,既可以预留座位给较高价格订票的高价值旅客,增加航空公司的收益。同时,也可以将多余的座位通过适时地降价来刺激顾客进行消费,将原来的损失转化为收益。如何在不同等级上分配座位数量,实践中,航空公司一般有三种考虑。

(1)收入优先:强调多卖高价票,以这种方式售票,客座率往往比较低,因此尽管票的均价比较高,但是收益不一定高。

(2)客座率优先:强调多卖票,由于不同票价之间的可售数量没有限制,因此售出的低价票数量一般情况下会比高价票多。以这种方式售票，尽管客座率较高，但是由于票的均价较低，因此收益也不一定高。

（3）收益优先：以上述两种单纯强调价格或者数量不同，收益优先强调的是两者的结合，也就是以不同的价格出售不同数量的票，其原则是尽可能地以尽量高的价格出售尽量多的票，以此来保证收益能够达到最大化。

实际上，舱位最优控制问题是一个数学优化问题。Littlewoods（1972）是最早研究如何开展舱位控制的人。他提出了期望边际座位收益（EMSR）概念和利用 EMSR 进行控制的基本规则。但是由于他的工作缺乏推理，当时没有引起重视。Belobaba（1987）发展了 Littlewoods 的方法并给出了严格的证明，由此得到了广泛的关注，称为 EMSRa 方法。但是这一方法一问世就引起了许多的争论。McGill 与 Wolimer（1989）提供证据支持 EMSRa，但是 Robinson（1995）却提供证据表明 EMSRa 方法的效果很差。之后 Van Ryzin 和 McGill 等对 EMSRa 方法进行了完善，称之为 EMSRb。以后一些人围绕 EMSRa 或 EMSRb 进行多方面的研究。研究的主要方向是放松这两种方法的假设条件的一部分，如等级舱之间需求独立，无批量订票等。McGill 与 Brumelle（1990）的工作成果非常突出，他们表明在高低票舱位需求依赖关系存在中等程度的单调性时，问题就是一个单调优化停时问题。当在六个假设条件中仅保留"低价票需求先至"和"各等级需求独立"这两个条件，而放松其他四个条件，将不存在优化的静态控制。McGill 与 Brumelle（1990）两人的工作引导了对舱位控制的研究转向使用动态规划的方法。从应用动态规划的发展来看，经历了从单航段到多航段（即 OD 问题）的研究过程。由于动态规划的方法是一个常规的思想方法，因此这方面的理论成果很多。但是由于动态规划没有很好的求解方法，使得理论的应用性很差。还有一些学者努力通过问题转换，来解决这一问题。如 Glover 等将该问题转化为最小费用流问题进行研究，Wollmer（1986）将其转化为线性规划问题进行研究等。这些方法同样存在求解工作量大的问题。目前应用的舱位控制的优化方法还是基于 EMSR。

早期的舱位控制主要集中在单航节舱位控制，后期开始从航线网络的总收益来考虑。Peter P. Belobaba 认为，有效的单航节舱位控制能增加 $4\%\sim6\%$ 的收益，而有效的网络舱位控制能进一步增加 $1\%\sim2\%$ 的收益。他同时指出，航空公司只有在掌握了单航节舱位控制的基本方法后才能考虑实施网络舱位控制，即 ODF（origin-destination-freight，起点-终点-运价）控制。当然，网络收益管理是舱位控制的研究重点。

最早提出的网络收益管理模型是 PMP（probabilistic mathematical programming）模型。

$$\text{PMP:Maximize } E\left(\sum_q R_q \min\{y_q, D_q\}\right)$$

$$\sum_{q \in Sp} y_q \leqslant n_p, \quad p = 1, \cdots, P$$

$$y_q \geqslant 0, \text{取整}$$

式中，$p=1,2,\cdots,P$ 表示航节数；$q=1,2,\cdots,Q$ 表示旅客 ODF 数；R 表示这个 ODF 的票价；Y 表示分配这个 ODF 的座位数；D 表示需求；n 表示航节 p 的运力；Sp 表示经过航节 p 的 ODF 的集合。

　　PMP 模型是一个非线性模型，其目标函数是可分离的。在这个模型中，由于需求是个随机变量，因此难以求解。对 PMP 模型的近似求解方法是用期望需求代替随机需求，这样的模型称为是 DMP（deterministic mathematical programming）模型。

$$\text{DMP:Maximize } \sum_q R_q y_q$$

$$\sum_{q \in Sp} y_q \leqslant n_p, \quad p = 1, \cdots, p$$

$$0 \leqslant y_q \leqslant ED_q, \text{取整}$$

研究表明，DMP 模型过高估计了期望收益。

　　Glover 等（1982）证明，在假定需求确定的情况下，DMP 模型实际上可以转化为最小费用网络流问题来解决。由于 PMP 模型的需求是随机的，因此它的线性变换结果是一个随机规划问题。

　　PMP 模型的一个线性变换是 Wollmer（1986）提出来的。他基于期望边际收益提出一个近似模型——EMR（expected marginal revenue）模型，但是它庞大的变量数量使应用困难。PMP 模型的另一个线性变换，结果是 De Boe 等（2002）提出的随机线性规划模型——SLP（stochastic linear programming）模型。将 SLP 模型中的随机需求用期望需求代替，就得到了线性规划（LP）模型。再将 LP 模型加上整数约束条件就得到了整数规划模型。DMP、DLP、IP 模型都是确定性的近似方法，缺点是没有考虑需求的动态性和不确定性。其他模型都是随机模型，缺点是难以求解。

　　上述模型可以计算出分配给每个 ODF 的座位数，但是在民航实际舱位控制策略中需要用到嵌套策略。所谓的嵌套策略是指：高等级的 ODF 可以占用比它等级低的 ODF 的座位数。然而，在网络条件下，如果仅从舱位等级排序，则不能反映票价高低；如果仅从票价高低排序，则可能造成低载运率。Williamson（1992）提出，在其他条件不变的情况下，计算每个 ODF 上增加一个座位时产生的收益增量，然后按照这个值进行排序。

舱位控制策略的另一个方法是标价法。标价控制是 ODF 控制中比较流行的控制机制,每个 OD 的标价等于其经过的航节的影子价格之和,当票价大于标价时接受订座,否则拒绝。每个航节的影子价格可由 LP 模型的对偶问题求解得到。

在实际应用中,当航空公司的网络比较简单时,一般的做法是拓展基本的期望边际座位收益方法。目前国外大多数航空公司处理多航段、多等级票价的舱位控制问题是以 EMSR 为基础的"虚拟桶"控制方法。这种方法相似于单航节多级票价的舱位控制方法,也是一种启发式算法,不能保证控制结果是最优的。当航空公司的网络很复杂时,一般考虑从整个网络的角度考虑舱位控制问题。首先要根据实际的航线网络结构选择一个合适的网络模型,在此基础上确定舱位控制策略。

网络舱位控制对最优决策问题提出了巨大挑战。在运输网络中建立起能够满足所有实际目标的精确最优化模型基本是不可能的。因此,人们总是在改正模型的近似度、计算速度与提高航空运输网络收益的有效程度之间寻求平衡。网络舱位的控制很大程度上影响着航空公司的收益。在未来的研究中,网络舱位控制必将受到更广泛的关注。

应该说,网络舱位最优控制还没有精确的方法,目前一些领先的航空公司收益管理商业软件也是基于聚类的近视方法。

5.3　超售

超售是指以超过航班实际座位数进行销售。要了解为什么要超售,首先要从旅客误机说起。

误机,又称 No-Show,是指在航班最后起飞时,原来已经预订座位的旅客因为某些原因而导致没有登机,造成座位虚占。如果不对这种情况进行处理,就有可能产生座位的浪费。为此,航空公司会采取超过实际座位数进行销售,即超售。当然,如果在超售条件下,没有出现旅客误机,就会出现有些买了票的旅客上不了飞机,即被拒登机,又称 DB。出现了 DB,航空公司必须对 DB 旅客进行补偿。

机票超售是根据 No-Show 出现的概率密度分布来计算的。

若 C_o＝溢出成本(航空公司补偿给因超售而无法登机的旅客的费用);C_u＝虚耗成本(座位虚耗带来的损失);r＝超售座位的数量;P(no-shows)＝误机旅客的分布概率。

超售旅客的数量,即 r 的最佳值,应当是期望虚耗成本与期望溢出成本相平衡:

$$C_{o} \cdot P(\text{no-shows} \leqslant r) = C_{u} \cdot P(\text{no-shows} > r)$$

式中

$$P(\text{no-shows} > r) + P(\text{no-shows} \leqslant r) = 1$$

因此,可以进一步写为

$$C_{o} \cdot P(\text{no-shows} \leqslant r) = C_{u} \cdot [1 - P(\text{no-shows} > r)]$$

即

$$P(\text{no-shows} \leqslant r) = C_{u}/(C_{o+} + C_{u})$$

根据上面的公式,满足此临界概率分布将决定最佳的座位超售数额。

例如,有 100 个座位的航班,若其票价为 200 元,DB 补偿 100 元,No-Show 出现的概率密度分布服从 $N(20, 5^2)$,则其最佳销售座位数为 122 或者 123。

尽管超售可以计算,但其计算是在一定条件下的。如果出现对参数的估计不足,特别是对补偿的估计过低,往往会产生超售额过大,从而造成 DB 过多,造成公司与旅客之间的矛盾。下面案例就是当时影响比较大的案例。

2006 年,肖先生购买了某航北京至广州的机票,因机票超售飞机满载无法登机,行程被延误 3 小时之久。某航的解决方法是将其转签至另一航班的头等舱。事后,肖先生不满,将某航告上法庭,获赔 1 300 元。

上述案例说明,尽管超售是业界的普遍做法,但机票超售要被社会和规则普遍接受,还有一段路要走。特别是美联航事件之后,很多维权人士都在质疑超售的合法性。具体包括:

(1) 超售是否构成违约?

尽管机票超售是惯例,但是也的确损害了消费者的部分合法权益。航空公司需要告知消费者超售的概念才能确保超售的合法性,反之则违约。同时,在发生 DB 时,如果航空公司对 DB 旅客仅仅安排乘坐下一班飞机,显然是不够的,违约的。反之,如果航空公司对于旅客有着优质的赔偿标准,不仅不违约,反而会赢得消费者的信任,有利于航空公司的可持续发展。

(2) 超售是否构成欺诈?

最高人民法院对欺诈进行了定义:"一方当事人故意告知对方虚假情况,或者故意隐瞒真实情况,诱使对方当事人作出错误意思表示的,可以认定为欺诈行为。"对于超售来说，欺诈这个词未免显得太过火。但若航空公司在售票时，没有履行告知义务，就存在一定的失责。如果是刻意隐瞒，那就是欺诈了。

（3）超售是否侵犯了消费者的选择权？

在机票销售时，多数航空公司往往选择对机票超售问题避而不谈。因为一旦告知消费者，那么消费者在购买该公司机票时就会犹豫。这在一定程度上影响了消费者的选择。

（4）旅客不愿意被 DB 时怎么办？

随着旅客消费者权利意识的增强，一旦发生旅客不愿意 DB 时应该怎么办，成为一个尚待解决的问题。近期发生的美联航航班在 DB 上发生的旅客与航空公司的冲突，提醒了人们解决该问题的紧迫性。

5.4　机票销售

销售可分为狭义和广义。狭义的就是销售渠道和销售合同。广义的还包括销售前的沟通、关系的建立与维护、市场拓展、品牌的传播与维护等相关方面。航空机票销售也不例外。狭义的机票销售就是机票销售渠道和机票合同问题，广义的还包括营销沟通、关系销售、常旅客计划、品牌建设、危机管理等，甚至于包括前述的定价、舱位控制、超售等，此时销售的含义实际上已经扩展到营销了。本节先讨论狭义销售的问题，其他方面的问题放在后续章节讨论。

5.4.1　机票销售渠道

航空公司机票销售主要分为航空公司直销和代理人分销。航空公司直销渠道包括顾客面对面直接购票的**营业部**、打电话购票的**呼叫中心**和官网购票的**电子商务网站**。通过直销，航空公司能对销售渠道进行优化控制，平衡自主销售和代理商销售市场份额，使航空公司在销售上有更大的主动权和市场反应。代理人分销，又称代理分销、间接销售，是指航空公司通过全国范围或全球范围的中间商将产品销售给消费者。虽然间接销售需要支付额外的折扣和（或）佣金给中间商，但是它能够扩大销售的范围，增加市场覆盖率。代理人通常也会通过**营业部**、**呼叫中心**和其**电子商务网站销售机票**。

随着互联网的不断普及，无论是直接销售还是间接销售，网上销售越来越重要。客户通过计算机网络或移动网络访问航空公司或代理的电子商务网站完成机票的查询、订票等功能，再用网上银行或第三方支付平台来支付费用。

在很长一段时间,我国最大的三家航空公司所创造的财富有一半被代理人分走。航空公司所需要支付的代理费也成为航空公司的一大笔成本。同时,各家航空公司以及分销商之间的价格竞争使销售市场出现混乱局面。如何权衡航空公司直销与代理商分销也成为一家航空公司能否构筑良好渠道的重要问题。在市场竞争日益激烈的情况下,航空公司也一直在努力作出相应调整,依托自身企业的竞争力和信息技术增强产品的服务性能,从而吸引客源,扩大客户市场。不断出台各种政策,推进机票直销渠道,完善直销机制来吸引消费者,让直销领跑分销,最终达到直销为主、分销为辅的目的。

互联网的推广可以说为航空公司推广直销起了关键作用。航空公司利用互联网,建立并不断完善公司电子商务网站,通过网站直接向大众售票。同时,考虑到不同语言之间的差异,许多航空公司在其网站上都备有好几种语言,十分贴心地考虑到了不同国家、不同种族、不同语言的顾客需求。除了在网站上售票外,航空公司也在网站上发布一些酒店或者旅游、保险信息。进行套餐绑定,给顾客提供了更多的选择。随着信息技术的发展,航空公司也拥有了更多途径向顾客了解需求,制定更人性化,更让人满意也更热销的产品。直销正在成为航空公司销售的主渠道。

当然,尽管直销将成为航空公司的主渠道,但通过代理商代销不会全部消失。因为顾客通过代理商购票不仅在价格上有折扣,而且选择广泛,所以很多人出行都仍会考虑从代理处购票。由于代理人可以提供各家航空公司的促销政策,使代理人在产品种类和价格上更有销售优势。还有,很多新开的航空公司由于人力、物力、影响力限制,必须首先将目标市场主要放在代理人市场。利用代理人手中的资源,通过给代理人佣金或机票差价让其获利从而大力开拓市场,这进一步强化了代理人地位。同时,经过多年的积累,机票销售代理商已经掌握了大量的客源和渠道,处于先发优势地位。其网站也几乎家喻户晓。相反,世界上有这么多航空公司,要顾客一一记住他们的名字几乎不可能。即使记住了,要去一一搜索也耗时耗力,并不方便。正因为如此,机票代理商,特别是网上机票代理商(OTA)不会全部消失。但直销成为主渠道也是不可阻挡的。

5.4.2　机票销售合同

狭义的机票销售合同是指航空公司与机票购买者之间的合同,它以机票的形式出现。合同条款一般印制在机票的背面或附页上。这些条款对双方进行了明确的权利、义务约定。譬如,退签票规定、可免费携带的行李重量、体积规定等。

广义的机票销售合同还包括航空公司与政府机构、企事业单位、社会团体等

(以下简称企业)签订的机票销售协议。一般航空公司给予企业出差人机票折扣、升舱、奖励等优惠,企业承诺其公务差旅购买该航空公司的机票。这种大客户协议通常又有三方和两方两种类型协议。

1. 三方协议:航空公司、企业、机票代理人协议

在预订时,机票代理人代表客户提供购票服务,与航空公司商讨价格。航空公司根据需要为这些大客户提供个性化服务产品。这种三方协议以旅行社作为代理人比较常见。现今,因其方便、专业,也逐渐向企业商旅渗透。

2. 两方协议:航空公司、企业协议

市场上通常都存在着战略级的客户。对这类客户,航空公司一般针对他们特点,采取一种大客户直销模式,与他们直接建立合同关系。这种直接联系,从航空公司的角度看,能及时全面地了解顾客的身份信息,知道他们的需求是什么。利用手中现有的或是网上的各种资源满足顾客群体的需要。这种购票方式一般通过企业内部信息系统做桥梁,故大多只对大型企事业单位。航空公司在与企事业单位制定具体协议时,会根据以下三点对企业做适当的分别考虑:一是该企业在该航空公司的机票采购总量;二是该企业在本航空公司采购的机票占采购总数的比例;三是该企业的常飞差旅航线与本公司提供的服务航线相符合的程度。

随着航空运输从卖方市场转向买方市场,总体来看,大客户协议对企业的约束日益减少。航空公司对协议单位的优惠方式也从前期的固定折扣模式发展到前期固定折扣、后返舱位奖励和后返总量奖励等模式。

前期固定折扣模式又称前返。航空公司根据企业客户在该航空公司的机票采购累积总量给企业折扣,不同的舱位会有不同的前期折扣。价格前返是指在预订环节直接享受了航空公司的优惠折扣。后返舱位奖励模式是指按照机票采购总量,航空公司给予后返奖励。航空公司按照不同舱位不同比例给予不同的后返奖励,并直接返还企业账户现金。通常可以拿到不同舱位百分之几到十几的奖励,这种优惠方式一般是在航班乘机后计算。后返总量奖励模式是指航空公司按企业采购的累积的机票总量,根据机票采购总金额制定相应百分比或者固定金额奖励。这种优惠一般是按照一定周期计算,譬如一个季度、半年或一年。计算依据通常为总量,不区分具体舱位,并以现金返还到顾客的账户里。

5.5　营销沟通

与比较事务性的销售比起来,围绕销售的沟通更为重要。营销沟通是产品

销售的基础。

作为销售人员,你要想卖出自己的产品,首先得想想人们为什么要购买你的产品这一最关键的问题。为什么人们要购买你的产品?原因是各式各样的。但是你必须意识到一点,即人们购买产品是出于自己的理由,而不是你的理由。有些刚开始干销售的销售人员会犯下一个大错,他会根据自身理由让他人购买,我觉得这个东西好,那你就得买,而不是根据那些真正能刺激客户掏腰包购买的理由。销售中最重要的一个环节,也是整个销售过程中必不可少的一个环节,是准确识别目标客户的需求。作为销售人员,你不能只把注意力完全放在自己出售的产品或服务上。这种做法导致你说的比做的多,或者将一些对于客户来说可能并不感兴趣的话题拿出来大说特说。你会忽视人们为什么购买这个问题的两个方面:购买是为了满足需求。购买这种事情依靠的不全是理智,有时它是一个很随性的事情,客户有时对要买的东西也没有清晰的概念。如果你不理解客户的需求,或者你不能让客户对你出售的产品感到满意,你想让他买你的东西,是有一定难度的。你应该尽可能多的花时间,尽可能多的提问题,以找出这个客户需要在这个时候购买你的产品或服务的最关键、最重要、最直击心灵的原因。"营销的魅力在于,引导顾客换一个视角看品牌,看企业,看产品。就像摄影师习惯用仰视角给矮子拍照一样,没有欺骗,只有错觉。营销必须解决的问题,就是在消费者内心重新把产品制造出来。打开一把锁的理论可以有一千种,而结果只有两种,正确的钥匙也往往只有一把。"如果你不能准确识别目标客户的需求,整个销售过程就会停滞不前。此外,你还应该事先探究消费者不同的购买动机。消费者买你的东西肯定是因为这种产品能给他带来某种或某些好处,他才会舍得花钱。人们购买产品或服务是因为他们感觉有了这一产品,他可以过得更好。他们之所以购买你的产品或服务,是因为与其他产品或服务相比,以及与不购买任何服务与产品相比,他们能享受到更多的方便和舒适。在面临推销时,每个客户都有三种不同的选择。他可以从你这里购买,可以从他人那里购买,或者我就不买了。你的工作是让这些客户充分认识到他们对你的产品的需求,让他们无法说不。否则,就会让他们犹豫,一犹豫就有可能导致努力白付。另外,客户当拥有你的产品时,他应该比没有你的产品时过得更好。客户在生活、学习、工作等各方面的改善,应该达到让他付给你的费用以及为了成功使用你的产品或享受你的服务而投入的时间和精力,都物有所值。这种探究有的时候需要你不断问问题才能有所了解。客户通常不会直接讲出他们的需求,你需要探究才能知道他们真正需要什么,而且客户嘴里说的和心里想的有可能正好相反。为了知道他们真正需要什么,你必须提出相应的问题。如您正在找什么?您遇到了什么问题或麻烦？我能做什么来帮助你呢？

5.5.1 搞清楚顾客"为什么购买"是营销沟通的关键

消费者进行消费时,他最看重的东西应该是自由。博恩崔西在《销售中的心理学》一书中说:"在我们这个社会,人们对自由的重视几乎超过所有其他利益。当人们有闲钱可以支配时,他们就拥有一定程度的自由,就拥有自己的选择,能做各种事情。这种对自由的渴望是人们无论如何都不愿失去金钱的主要原因。"一个目标客户花钱从你这里购买产品,他就在一定程度上放弃了有这些钱的时候所拥有的自由。如果他从你这里购买了不是很让人满意的产品,首先是他的钱没了,第二,他还得忍受这个产品给他带来的痛苦。由于每个目标客户都有不止一次的这种不愉快的购买体验,因此总会存在一定的对购买行为的克制。其次,消费者希望花最少的钱得到最多的服务或产品。消费者想在身体上情感上甚至精神上都感觉良好。他想在诸多方面都得到满足。你的产品或服务越是能在不同方面取悦和满足目标客户,目标客户就越容易购买。消费者进行消费时,还会考虑别人如何感受。大多数人都会在意别人的眼光,在意别人会怎么看他。无论何时,人们在考虑是否购买时,都会在意他人对这个购买决定的反应。如果目标客户可能会由于购买了一件产品受到周围人或者家人的反感,他就会完全克制住自己,不去购买。最后一点是价格和质量。这一点严格说来不能算作一点,因为产品首先必须物美价廉,所以这是应该的,并不是购买的原因。正如刘金良在《成功营销的三大理念》一文中说不要去要求消费者,自己应该首先做到产品到位、服务到位、责任到位。如果产品本身的质量就有问题,无论你再怎么花言巧语,也是敌不过事实的。

弄清楚消费者的普遍需求和购买原因之后,就要开始营销。社会上对于市场营销有一种普遍的误解,就是市场营销等于厂家生产一些人们并不需要的产品,然后通过广告等宣传手段诱使消费者购买的行为。然而,事实并非如此,市场营销是一个认知、参与并且满足顾客需求,旨在达到企业盈利目的的过程。市场营销是一个动态的过程,因为顾客的需求千变万化,航空运输业也不例外。如果一个企业深入研究消费者的需求,它的销售过程就会变得简单多了。

5.5.2 搞清楚"谁是购买决策者"是营销沟通的目标指向

在第 1 章中已经述及,航空公司的顾客并不一定是消费者。搞清楚谁是真正的顾客,是营销工作的基础。

1. 商务航空旅行市场中的顾客

对于业务繁忙的老板来说，订机票这种小事一般是由秘书来完成。因此在商务旅行市场中，秘书成为重要的顾客。在选择航空公司的时候，秘书们会选择老板喜欢的公司，还得考虑出发机场、出发时间等因素。当两家航空公司各方面都一样的时候，决定权就落到了秘书的手里。所以航空公司在开展市场营销活动时，有必要了解一下秘书的真实需求。例如，他们总是期望问题解决得越轻松越好，在凭经验得知一家航空公司的服务非常及时后，他们就不会选择另外一家公司。此外，航空公司工作人员的服务态度热情与否也是他们做决定的考虑因素。秘书们有时也会贪小便宜，他们喜欢和那些给点好处、小礼品的航空公司打交道，很多航空公司为此专门设立了会员俱乐部，通过一些娱乐活动或者折扣机票来招揽人心。当然旅行代理商也是商务旅行真正的顾客之一，特别是国际旅行。

2. 休闲航空旅行市场中的顾客

在家庭休闲航空旅行中，孩子对父母的决定有很大影响。对于婴儿，父母会选择机上设施有利于婴儿看护的航空公司；对于青少年，父母会选择机上娱乐设施健全的航空公司。除服务外，他们会更加关注价格。当然旅行社也是休闲航空旅行真正的顾客之一。这些旅行社的经理和高级管理人员通常具有购买决策权。

3. 航空货运市场中的顾客

航空货运由于其专业性，很少有货主自己上门去办理运输，一般通过航空运输代理商进行。故航空货运的顾客主要是代理商。代理商从发货人那里取得货物，集装给航空公司，获得优惠，所以货运代理商是航空货运市场的主要顾客。除此之外，一些有较大稳定货量的厂家，航空公司一般会直接上门提供服务，故他们也是航空公司的真正顾客。

知道了为什么购买，谁是真正顾客，接下来就是怎么把自己产品销售出去。过去企业经常以产品为中心，生产他们认为正确的产品，然后通过某些渠道让顾客购买。然而，如果因为这样，有了市场营销，就不用什么销售技巧的话，就错了。在如今这一激烈的市场环境中，客户的选择有多种，如何说服客户来购买自己的产品仍然需要很高的销售技巧。

5.5.3　高超的"营销技巧"是促成购买的最终手段

前面，我们实际上已经涉及很多"营销技巧"，如何了解需求，如何识别真正顾客。特别是个别交流中，高超的营销技巧往往能够达到事半功倍的效果。要让顾客购买本公司产品,必须在顾客中树立起本公司产品与众不同的地方。这显然不能靠个别沟通来达到"广而告之"的目的,而是要采用合适的传播手段,即营销传播手段,大范围进行传播。常用的营销传播手段包括赞助策略、数据营销和媒体关系。

1. 赞助策略

"赞助"是指企业将自己的名称标识与一些活动、球队或赛事相结合并进行资助,以达到宣传自身的目的,并得到利益回报。赞助活动形式多样,如赞助体育活动、文化活动、教育事业和慈善事业,各种展览竞赛活动等。

近年来,企业赞助越来越成为营销传播的一个重要手段,在航空运输业得到了普遍应用。这种现象出现的原因简单明了。企业如果进行了一次成功的赞助,它的名声会在一夜之间为人所知。在航空公司涉足一个新的市场,开辟一条新的航线或者一家航空公司新成立时,这种方法可以使它快速为人们知晓。赞助还有利于企业创立自己的品牌,提高品牌价值;有利于为公司娱乐和商业招待提供一些机会;有利于为航空公司带来新的商机,特别是独家冠名的公司;有利于解决各种广告分散不统一的局面。"赞助活动能为企业赢得政府、媒体和公众的支持,赢得社会的普遍赞扬,能够创造企业生存发展的良好环境。"

成功的例子比如说2013年阿联酋航空赞助了法网。他们做了一个非常别致的现场曝光创意——把法网现场上空的摄像头做成A380飞机的样子。"飞机"被吊在现场上方45米(最高不超过50米)的高度,吊着飞机的钢缆有350米长,完全贯穿整个场地。这个飞机是完全按照真实飞机的样子缩小的,重60千克,有2.80米长。大约用了2个月才建好。真实的A380飞机每天有两个航班飞巴黎。网球公开赛上空经常有摄像头拍摄,我们也都看到过从这种视角拍摄出来的照片。但是把这个摄像头做成飞机的形状,恐怕还是比较少见的创意。这个独特的摄像头每天在法网赛场的上空移动。由于形状的独特性,很是吸引眼球。毕竟,在头顶上空这么近的地方有一架飞机,虽然它比较小,但是谁能抑制住不去注意它呢?阿联酋航空的部门高级副总裁说:"利用我们的赞助来展示阿联酋航空是品牌策略中很重要的一部分。这是我们第一次做一个A380形状的摄像机,效果不用多解释。"

尽管赞助策略有诸多优点,人们对这种方式还是颇有争议。评定和量化赞助带来的好处是很难的,导致某一部分人会怀疑为赞助投入大笔资金是否值得。面临着随时随地会出现的赞助请求,这的确是个问题。航空公司往往被视为国家的象征,还有人将航空公司的赞助活动当成是一种爱国的义务,有人认为飞机票对于航空公司来说轻而易举,赞助几张机票可以忽略不计,但实际情况远非如此。

企业若想要进行成功的赞助,必须遵循一定的原则。而这些原则中最重要的一点就是航空公司得明白自己的核心品牌价值是什么,以及通过哪些赞助活动来提升自己的品牌价值。在航空界,新加坡航空公司是为数不多的几家具有很强正面品牌效应的航空公司之一。用新加坡航空公司前董事长张松光的话说:"新加坡姑娘被认为是东方魅力和友好的化身,新加坡航空公司通过细致的招聘环节和严格的培训,让这一美好印象成真。新颖的广告给人留下深刻的印象,乘客对服务交口称赞,所有这些都创造出一种服务优质、风格优美的良好氛围。"

航空公司品牌的基础是安全,所以,航空公司所有的赞助活动最应该遵循的就是安全的原则,不能和任何危险的活动沾上边。一旦有了某种联系,消费者就会浮想联翩,把这家公司和危险联系在一起,这样一来就得不偿失了。然而事实是很多航空公司对于这一项原则并没有很重视,会赞助一些高危险性的体育活动。

质量和信誉对航空公司的品牌建设也很关键,所以对于那些在公众眼里形象不好的,甚至厌恶的活动不应赞助。航空公司还要展示自己强者的形象,这有利于商务旅行市场的开拓。商务旅客大多是成功人士,他们希望乘坐在市场上呼风唤雨的大航空公司的飞机,与自己的身份地位相匹配。保证质量和信誉最好的方法就是赞助体育赛事。但是赞助对象一定要是表现优秀的队伍,联盟里的佼佼者,面对其他俱乐部能取得胜利的一方。当然,这是有风险的,如果赞助对象表现优异,那可以说成功了,万一出了点差错,表现平平,航空公司就有问题了。为了更稳妥,最好的方法就是赞助整个赛事,避免了由于某一支队伍而产生变故。虽然代价大,收获也大。

最后一点,体现出对客户的关爱也是航空公司需要注意的重要一点,是品牌价值的基础。航空公司不应参与对环境有不利影响的活动,而应当关注慈善活动、公益活动之类的,能体现一个企业的社会担当,人们觉得这个公司能承担社会责任,能做到关爱社会大众,那么对客户必定也不会差。为了得到最大的回报,航空公司应该尽可能使自己成为一项活动的唯一赞助商,或者至少没有很多赞助商,不然会遭到人们的忽视。所赞助的活动应该有较大的媒体曝光率,赞助商的名字体现在突出的地方,引起人们的注意。

2. 数据营销

所谓数据营销,就是企业收集和积累消费者的大量信息,并将这些信息处理后预测消费者有多大可能去购买某种产品,以及利用这些信息给产品以精确定位,有针对性的制作营销信息,以达到说服消费者购买产品的目的。

数据营销在航空公司营销传播中扮演着越来越重要的角色。在当今的科技手段丰富而又发达的社会,存储和处理数据资料的成本非常低,与此同时,作为加强对分销渠道控制的一个重要组成部分,航空公司正努力与客户建立更为紧密的联系,而数据营销完美实现了这一梦想。

数据营销有助于市场细分,航空公司通过这一方法可以有效传播信息,提供更贴心的服务,而这传统的媒体广告无法做到。数据营销的另一特点是能够使战术营销信息快速传播,而且信息传播的受众由航空公司控制。平面媒体就没有这种优势,它无法控制受众范围。

乘坐记录和常旅客计划是数据资料的可靠来源,特别是常旅客计划。人们在申请加入常旅客计划时,航空公司可以要求旅客提供必要的信息资料,提醒旅客自己主动更新信息。同时,航空公司可以从市场购买一些数据资料。

3. 媒体关系

航空公司需要和媒体搞好关系。航空运输行业在报纸杂志电视广播等媒体眼中具有很大的新闻价值。所以,如果一家航空公司可以和媒体搞好关系,当发生负面事件时,说不定可以遮掩过去,或是最小化后果;当发生正面事件时,媒体可以帮忙宣传,扩大影响力。要和媒体搞好关系,一些娱乐活动和优惠活动是不可少的,也可以赠送一些机票等,同时,航空公司给媒体提供一些新闻稿,领导讲话等文件也会让媒体觉得值得。民航企业在真实的不损害公众利益的前提下,有计划地策划组织举办具有新闻价值的活动事件,吸引新闻界和公众的注意力,争取被报道的机会,并使本企业成为新闻报道的主角。如南航的海选空姐活动。利用这种事件营销,企业和媒体联袂搭台唱戏,可实现营销传播的倍增效应,达成媒体和企业的互利双赢。

5.6 关系营销

与一般营销比较功利性不同,关系营销是一种更高境界的营销。它强调合作、互利,强调建立长期稳定的关系。

5.6.1 关系营销原理及其策略

随着经济全球化以及网络的发展,传统的单一短期的市场营销已经不能完全满足企业"留住客户,提高客户满意度"的目标,由此产生了"关系营销"这一全新的营销理念。不同于传统的单一短期的市场营销,关系营销是企业立足于长远目标,与市场活动中的各个主体建立良好的关系,从而减小交易成本,促进资源的优化配置,提高企业的销售量同时又不损害交易双方之外的第三者及全社会利益的一种营销方式。

关系营销最初在 20 世纪 80 年代初被提出,目前,理论界普遍接受的一个定义是 Morgan 和 Hunt 给出的:关系营销指所有旨在建立、发展和维持关系交换(relationalexehange)的营销活动(Morgan & Hunt,1994)。营销的本质就是一种交换,通过不同的手段,来推销商品。在顾客了解商品的基础上,实现一种对等的交换。而这种交换,都有着一定的基础。关系营销的交换基础,不是可获取的实物,而是一种无形的东西,类似于承诺、信任、忠诚等,是企业与客户之间形成的一种联系。关系营销侧重的不是短期的利益,而是与客户间的一个持续的过程。强调双方间长期的互惠互利,不在意眼前的一点小利。关系营销主张宁可自己在合作初期受益少,也要保障客户的利益。这就使得客户对该企业心理上形成了一种信任,有了一个感情的维系。这中间涉及的是一个时间的维度,两者间建立的是一种长期的互惠互利的过程。短期内可能无法看到太多成效,甚至觉得产生了损耗。但随着时间的推进,长期发展下去,会有收益,即不主张要求客户立即给予等价的回报,是一个"放长线钓大鱼"的过程。

"关系营销"这一概念发展至今已经形成了一套较为完整的关系体系。这中间不仅"企业与顾客的关系",还有"企业内部的关系"及"企业与合作者和其他组织和机构的关系"。"关系营销"更多地把营销放到企业、消费者、竞争者、公众及政府机构的复杂关系中来看待。即将营销活动看作是一个企业与消费者、供应商、分销商、竞争者、政府机构及其他公众发生互动作用的过程,其核心是通过与受众建立良好的合作关系,从而达到企业的生产发展。

关系营销中强调的关系指的是一种人际关系,即合作双方或多方之间形成的一种情感的连接。由于企业对客户提供的服务,使其感受到企业真诚的态度,从而对该企业产生好感,形成一种信赖的心理,导致了企业的长期发展。这种依赖性,导致客户对产品形成一种偏爱。在和其他产品竞争的情况下,客户通常会放弃其他产品提供的一种折扣,依旧选择该产品,使该产品获得一定的竞争优势。显然,这种关系营销策略对长远发展有利。虽然初期需要投入很多费用,来维持这种和客户间的关系,但在依赖心理形成后,后期用于维护和顾客间关系的成本会逐年降低。

关系营销提出后不久,就随即成为指导企业营销活动的重要理念,即关系营销导向。关系营销导向与其他营销理念的最大区别在于它强调企业要与其交易伙伴及其他重要的相关群体建立一种互惠互利、相互信赖、长期稳定、共同合作的伙伴关系，并借此获取可持续竞争优势。在民航运输这个客户有持续性需求的产业，航空公司如果期望与顾客建立长期稳定的关系，"关系营销"便尤为重要。

虽然关系这个词本身带有很强烈的情感色彩，似乎不能与营销和市场挂上钩。不过这种关系并不是指我们日常生活中的多变的人际关系。"关系营销"里的关系是由于双方在市场活动中的角色而决定的一种相互作用。因此，这种关系是有规律可循的。而又因为市场活动和人性的复杂性使得这种关系比较复杂，需要我们仔细分析并科学地加以利用。

对于关系营销中关系的划分，不同的学者有不同的分法。有些学者把关系营销分为"基于顾客的关系""基于市场竞争的关系"及"基于企业内部的关系"三部分。但是这样的方法却忽略了与公众的关系。处理好与公众的关系不仅可以提升企业的社会形象，还可以吸引更多的消费者。尤其是对于各大航空公司这种规模大，需要树立良好形象的企业来说，处理好与公众的关系显得尤为重要，所以更倾向于把在关系营销中的关系分为三大类：市场关系、内部关系和公共关系。其中市场关系是最为传统的一种关系。主要是企业和消费者、供应商和代理商的关系。内部关系主要是指企业要搞好与公司内部员工的关系，建立良好的企业文化等。公共关系则是企业要承担自己的公共责任，树立良好的企业形象。

5.6.1.1　市场关系

1. 与顾客的关系

在关系营销中，企业和消费者的关系是其中最重要的关系。在今天竞争性的市场上，有越来越多无差异或差异化很小的商品和服务。如果提供的核心产品或服务不能为竞争优势留有足够的空间，就必须从其他地方寻找竞争优势。和顾客发展关系可能就是建立独特、可持续，竞争者难以模仿的最有效的方法。而发展与顾客的关系并不是一蹴而就的，同时关系也是变化发展着的。德怀尔（1987年）提出了关系发展的五个基本阶段，分别是"知觉""探索""扩展""忠诚"和"再确立"。在不同的阶段，企业应该采用不同的策略来处理与消费者之间的关系。而笔者认为，"知觉""探索"可以视为一个过程，也就是"关系的首次确立过程"。"扩展"和"忠诚"的过程可以被看作是企业通过加深对顾客的了解，通过对顾客的"关心、理解"等感性关怀去留住顾客，甚至使顾客倾向性地选择该企业的过程。而"再确立"过程则是由于顾客选择的改变而流失顾客和企业通过改变营销策略而获得新顾客群的过程。

在关系的首次确立过程中,由于顾客对于企业还不甚了解,双方相互依赖较少,企业应当面向顾客普及公司文化,使消费者对公司有更全面的认识,留下良好的印象。微网络时代之前,传统上企业可以通过在报纸、杂志上刊登广告或者向顾客出具企业的"公司报告书"等形式向顾客介绍自己。如英国航空公司很早即发布了本公司的任务书,宣布本公司目标为安全和可靠,提倡在全公司推进有助于尊重个人、尊重集体的氛围,鼓励与顾客打成一片。中国南方航空以"家"和"爱"为主题宣传自己的品牌,使得顾客有亲切感。而在网络发达的当今社会,能否有效地利用互联网和社交媒体成为企业是否能够与顾客建立良好关系的重要因素。企业可以利用固定站点,如自己的官网,向消费者展示企业形象。这在微社交媒体发展壮大之前各大航空公司就已经开始实行。而近年来中国社交媒体的快速发展使得"微博"和"微信公众号"成为更有影响力的传播平台。它们不同于传统的网络媒体平台,在具有"传播新闻信息"功能的同时,同时也具有"社交"的功能。通过这样的平台,企业不仅可以向顾客发布自己的信息,宣传自己的文化,同时能够得到顾客的有效及时反馈,从而建立起一个相对"双向"的关系。所以民航企业一定要有长远的发展眼光,有效利用"社交媒体网络",设立专门的网络运营部,建立起更加全面和系统的顾客交流平台。

下面以三大航空公司的微博运营为例来分析一下航空公司可以通过微博进行关系建立的措施。通过查询发现,国航微博粉丝数为 31 万,东航微博粉丝数为 29 万,南航微博粉丝数为 49 万。单纯从粉丝数量来看,在这方面南航的工作做得较好。点开南航的微博,大部分都是关于南航飞机票打折或者优惠的活动宣传,并且都直接附了二维码等地址,方便客户寻找,省去了许多麻烦。南航微博号还会发布一些关于民航的小知识和出行天气提醒,这样会使旅客和粉丝感到十分贴心。国航的"国航小秘书"也同样向旅客提供类似的服务。而东航则会通过一些感人的事迹体现企业和员工精神。其实对于微博,航空公司还可以再加利用,甚至使它成为航空公司的形象代言人。不妨多关注时事热点,筛选出一些有关民航的民众关注的热点,利用自身的优势为民众提供可靠咨询,相信通过这样的方法一定会提升自身的企业形象。

在"扩展"与"忠诚"阶段,企业应当根据对于顾客已有的了解,有针对性地改善自身的产品和服务,使其更有吸引力。这就要求前期的时候企业必须要搜集顾客的个人信息,建立全面的顾客信息和反馈系统,从而可以"对症下药",提高顾客的满意度,留住顾客,提高顾客的忠诚度。而在民航业中很早就有这样的策略——即各大航空公司推出的"常旅客计划"。成为航空公司的会员,顾客可以享受到里程奖励、优先升舱、优先候补及优先行李处置,享有优先登机权,拥有免费休息室及免费升舱等优惠待遇。这些都会大大方便旅客的出行，从而使旅客形成选择航空公司的习惯。这是关系营销的一个典型的例子。目前我国的航空公司中都有相应的常旅客计划，比如国航的"凤凰知音"计划、东航的"东方万里行"计划、南航的"明珠计划"等等。这些项目都在一定程度上帮助航空公司拥有了一批忠实的会员。

网络的发展为航空公司的"常旅客计划"提供了很多便利。

首先，通过社交媒体，航空公司可以看到他们客户的喜好。一个人的喜好是可以通过它的微博或者同类的社交媒体展现出来的。航空公司微博号的粉丝中一定有他们的"常旅客"，通过他们的微博可以观察他们的喜好，同时可以投其所好，这便是社交媒体对关系营销的推送作用。

其次，通过微博等社交媒体，航空公司可以与顾客进行更深入的交流，从而了解顾客的需求。航空公司不妨在自己的微博上发出既有民航特色又带些幽默气息的问题，例如："你觉得最搞笑的一次坐飞机经历是?"抑或是"你见过最贴心的航空公司是? 为什么?"这样航空公司便可以在一定程度上了解客户的需求，有方向地提升自己。同时与客户交流还可以体现在客户私信投诉当中。美国的社交媒体权威玛丽-史密斯曾经在她的书中提到过一件有趣的事。在 2010 年的时候，她从加州圣地亚哥飞往华盛顿的西雅图，这个行程只需要 3 个小时的航程却因为晚点而要耽搁 5 个小时。于是她发出了一条 Twitter，为阿拉斯加航空公司晚点 5 个小时而失望，并且说她连手机充电器都没拿。然后 45 分钟之后，机场里阿拉斯加航空公司的员工竟然给她拿过来了一个手机充电器。这是运行 Twitter 的阿拉斯加航空公司员工找到了公关部反映了这一情况。从此玛丽成为阿拉斯加航空的忠实粉丝，只要可能她就会选择这个公司。后来她发布了一条 Twitter 向航空公司表示感谢，航空公司竟然又回馈给她一张优惠券。而这个事件通过玛丽的社交媒体让更多的人知道了阿拉斯加航空公司的人性化。这无疑是阿拉斯加航空公司一个无形的宣传。阿拉斯加航空公司认真监视网上关于他们品牌的言论，主动寻求与客户建立联系和有意义的关系，这就是利用社交媒体进行关系营销的典范。

1）航班延误时与旅客的关系处理

前面叙述的处理与顾客的关系，都是属于日常关系。由于飞机飞行受到天气及其他各种不确定因素影响较多，经常有航班延误或推迟情况发生。在这样背景下，航空公司更应该从顾客的角度出发，及时告知顾客相关情况及安排补救措施，不然就会出现"旅客闹机场"之类的情况。造成航班延误之后旅客和公司冲突的主要原因之一就是航空公司和旅客之间的沟通不当。航空公司工作人员没有仔细考虑旅客由于航班延误而造成的"焦虑心理",没有进行合理的安排,导致旅客与公司之间发生冲突。这种情况的出现会损害旅客与航空公司的关系,同时也会严重损坏航空公司的名誉。为此,提高公司有关人员的沟通能力,在延误发生后将心比心地合理安置旅客,十分必要。

2) 发生灾难性事件时与旅客的沟通

由于飞机飞行于空中,空难一旦发生就会有严重的后果。每当空难发生,关于航空公司与遇难人员家属的沟通问题就层出不穷。一是航空公司有没有及时有效地与家属沟通,告知关于空难原因等的相关情况。二是赔偿款的问题,航空公司有没有按照"蒙特利尔公约"对家属进行赔偿,在协商赔偿中航空公司的态度如何,这些都会严重影响到航空公司的形象。譬如,2014 年 3 月 8 日凌晨 2 点 40 分,马来西亚航空公司(简称马航)一架载有 239 人的波音 777 - 200 飞机与管制中心失去联系,该飞机航班号为 MH370,原定由吉隆坡飞往北京,应于北京时间 2014 年 3 月 8 日 6:30 抵达北京。这一著名的飞机失踪事件令很多中国人感到痛心,因为其中有 153 名中国人。然而飞机出事后马航采取的措施却令很多人失望。首先,8 日上午 7 点 24 分马航才发表第一次声明,而客机与胡志明管制区管制部门失去通信联络的时间为 1 点 30 分,这中间有约 6 个小时的时间差。这使得飞机的飞行方向的确定变得异常艰难。而失联客机最终疑似坠于南印度洋,而刚开始的搜救工作由于马航的错误引导全都向北搜救,这也引起了很多家属的不满,认为马航是在故意隐瞒一些信息。而最后的赔偿款,根据媒体的报道,是同期发生的台湾复兴空难赔偿款的大约一半。很多家属表示了对这样低的赔偿额度无法接受。因为这样一系列不正确的处理方式,导致马航与旅客家属的关系愈来愈坏。由于没有处理好与顾客的关系,马航现在的形象大受损失,客流量锐减,中国的旅客几乎"谈马色变"。所以航空公司首先应该做到消息传达及时化,及时告知家属失事飞机的位置及采取的相关措施以让家属安心。而在之后,如果已经出现了处理不当,则应该在"赔偿金"方面有相应的提高以作补偿。但是马航却一项都没有做到,所以才会造成这样的客户流失。

2. 与供货商的关系

一般认为,一个企业的外部关系有水平和垂直两种。水平关系是指寻求供应服务的企业为共同的利益寻求的联合和合作。垂直关系是指由零部件供应商、生产商和中间商组成的整条供应链。一个企业可能存在有大量的多边和双边的水平和垂直的关系。企业与供货商的关系就是垂直关系之一。

维持与供货商的良好合作关系对于飞行的安全和生产的顺利进行十分重要。民航企业最大的供货商就是各大飞机制造商。民用航空由于其危险性,所以对于飞机本身的安全性有着很高的要求,为此生产飞机和航材的公司只有有限几家。这些航材几乎全部在欧美国家生产,譬如霍尼维尔、汉密尔顿、通用等。因此,航空公司与供货商保持长期稳定的关系,十分重要。这不仅能够保证供货,而且可以节约成本。

3. 与竞争者的关系

航空公司与竞争者的关系是水平关系。这种关系可以是竞争关系,也可以是竞争合作关系。航空公司之间组成联盟的方式已经成为非常常见的合作形式。组成航空联盟使得航空公司之间可以互相帮助,如共用基础设施和设备,相互支援地勤作业等。联盟之内可以交流经验共同进步。各大航空联盟还推出了自己的"国际常旅客计划",只要拥有航空联盟推出的会员卡,就可以获得里程数的累计,获得相应的优惠,享受联盟的贵宾休息室等。为此,消费者在进行国际飞行的时候通常会考虑航空公司加入的联盟,从而增加了销售的机会。同时,联盟之间为了争夺市场份额,竞争往往比以前更加激烈,这就需要各联盟的成员遵守市场秩序,良性竞争,处理好与不同联盟的关系,否则反而会破坏市场秩序。

4. 与代理商的合作

与代理商的关系则属于外部合作,意味着来自不同市场领域的企业合作组合。每一家企业带来不同的技术、能力和资产。这些关系建立的目的是为了改善整体。通过外部合作,企业可以扩大企业的知名度及拓展企业的服务项目。在民航业中可以体现为票务上的代理。航空公司现在已经实现了百分之百的电子票业务。而飞机票既可以从航空公司官网订购,也可以在一些专门的网站上订购。以"携程"为代表的一些网站本身就具有自己的一些受众群。与他们合作,航空公司可以方便旅客买票,也增加了乘坐本航空公司的旅客。航空公司也可以与代理商合作举办一些优惠活动,如在淡季的时候销售打折机票,使双方形成一种互惠互利的关系。而在"常旅客计划"中也可以体现航空公司与代理商的合作。航空公司可以与一些宾馆、饭店建立长期合作关系。在了解了常旅客经常往返的地点之后,航空公司可以为旅客提供更加贴心和周全的服务,为旅客提供工作生活指南等。这样可以更好地留住旅客。近年来,风靡全国的真人秀节目"爸爸去哪儿"里面的各种萌娃可谓是让全国观众喜爱。而南方航空公司就与电视台进行了合作,"爸爸去哪儿"里孩子和爸爸去了西澳大利亚,而南航拥有着中国唯一一条直飞西澳的航线,这样的合作不仅能够赢得观众的兴趣,还可以宣传南航本身的优势。这就是与不同类型的企业合作的一个成功的例子。

5.6.1.2　企业内部的关系

研究表明,企业与其顾客关系质量很大程度上取决于顾客对于一线员工的感受。这也就意味着,顾客与员工的联系更直接,内部氛围对于顾客有着强烈影响。任何组织的最终产出不管是产品还是服务,几乎都是由一系列的员工执行和运作的过程组成。而服务型企业大多数通过人与人之间的相互接触创造性地为顾客提供服务,所以搞好企业内部的关系和文化尤为重要。

内部营销是指"组织里的任何营销形式,这类组织关注需要改变的内部活动以使营销计划得以实施",以及提高外部市场的成绩。可见内部营销不仅可以使组织招聘、激励和留住有顾客意识的员工,改善员工的保持力,也可以提高顾客的满意度。公司应当是一个可以让员工提升自己的舞台。员工的个人资本包括"知识""技能"等都应该在公司中得到更好的发展。企业应当建立有效快捷的内部沟通机制,处理好各企业雇员和各职能部门的关系,以吸收、发展、刺激和保留优秀的员工。这样的活动都被称为内部营销。

处理好内部关系首先应该加强与员工的沟通。而使员工之间加强联系的很有效的方法便是建立起属于企业自己的企业文化。好的企业文化可以使员工感受到归属感,把自己当成企业的主人。如某航以"顾客至上、尊重人才、追求卓越、持续创新、爱心回报"为核心价值观,这就是一个独特的企业文化。航空公司想要留住员工还必须对员工的安全和发展做出一个可信的承诺,对员工进行培训,给员工提供更多提升自己的机会,也是加强员工对于企业忠诚度的重要措施。知识是员工工作有效性的主要推动力。所有接触顾客的员工必须切实理解任务、目标、企业的战略和系统。尤其是在网络技术日益发达,社会各种新事物不断出现,民航产业作为一项有很大发展潜力的产业,必须跟上时代发展的潮流。而跟上潮流的关键就是员工的进步。公司还需要健全提升制度,真正使有能力的员工才尽其用。这其中首先包括了一个好的报酬系统。在关系营销中,员工的报酬由顾客利润率、客户渗透度和顾客保持力决定。这样既可以激发员工的工作积极性,也可以更好地为顾客服务。同时,这样的报酬系统必须是公平公正的,只有这样才能加强员工对于公司的满意度。

5.6.1.3　公众关系

公众关系是指企业促进公众对组织的认知、理解和支持,从而达到树立良好的形象,促进商品销售的目的。处理好公众关系对于民航企业尤为重要,这是一种长期性的工作,但由于民航事业特有的危险性,使得民航企业在面临突发事件时的反应也成为影响其公众关系的影响因素。而且一旦处理不好,对于民航企业的影响是巨大的。

1. 日常公众关系

首先从长期和日常的角度来看，为了处理好公众关系，航空公司可以多参加一些慈善活动，与慈善组织形成长期合作关系等。以南航为例，他们设立了"十分"关爱基金，旅客每乘坐一次南航航班，南航就捐出"十分钱"注入基金中。扶贫济困、救助孤残、震灾救援、抗击疫情、助学兴教等社会公益活动都是这个基金的资助活动。南航目前已向北京大学、清华大学、中山大学等 26 所院校累计捐赠金额 3 000 多万元，资助 10 000 多名品学兼优、家庭经济困难学子完成学业。自 2005 年创立以来，基金会共捐赠各类善款 6 000 余万元，用于扶贫、救灾款项 3 000 余万，为社会公益事业，尤其为中国教育事业贡献应有力量。并且南航还参加一些慈善活动展览，向公众展示他们所做的成果，比如在深圳举行的"中国公益慈善项目交流展示会"。这样的展览，使得南航收获了很多掌声。

2. 紧急事件处理中的公众关系

在国家出现灾难或者紧急事件急需飞机的时候，航空公司应该给予帮助，加入救援。2015 年 4 月 25 日 14 时 11 分，尼泊尔发生 8.1 级地震。而此时在尼泊尔还滞留有大量的中国游客。他们的安危尚不确定。然而 4 月 26 日，有媒体报道称，个别航空公司将回国机票炒到 1 000 美元。该报道虽未提及航空公司名字，不过也给读者留下了猜测空间，导致航空公司的形象大打折扣。而在之后的尼泊尔撤侨活动中，三大航都全力协助撤侨活动。据很多在场的华侨说，这几个航空公司的飞机都空着座位来，只为了接他们。经过了这件事情之后，最起码这些受到航空公司帮助的华侨在下一次买机票的时候一定会首选这几家航空公司了。所以不论是在平时还是有紧急事件发生时，处理好与公众的关系都可以成为民航企业的一个加分点。

5.6.1.4 其他关系

除了与民众的关系之外，企业还要处理好与立法者、各种机构的关系。与立法者或者政府建立良好的合作关系可以使企业获得明确的政策信息、政府宣传和优惠政策，政府还可能成为企业的潜在客户。当然，关系过于紧密便会很容易被认为存在潜在腐败行为的可能。和立法者一样，在国内或者国际上有很多行业机构，他们在行业上具有影响力，企业也要处理好和这些机构的关系。

5.6.2　航空公司如何推行关系营销

关系营销对航空公司营销无疑是十分重要的，它至少有如下几方面作用：

(1) 有利于构建更好的市场竞争环境。目前我国大部分航空公司的经营理念还是交易营销，强调的是交易，而采用强调长远合作的关系营销，能够建立一个更良好的市场环境,和合作伙伴们建立更好的关系。

(2) 有利于获得竞争优势。对于航空公司来说,同行间的竞争,顾客与企业的博弈,替代品产生的威胁等,都是一些棘手的问题。航空公司唯有以"心"动人,从长计议,方可获得竞争优势。

(3) 降低销售成本。航空公司尽管最初所花的精力不少,但一旦建立相互信任的关系,所付出的精力、财力将大大降低。此外,老顾客的"口碑效应"能起到了一定的推广作用。

航空公司至少可以从以下几方面,着手开展关系营销:

(1) 加强旅客信息分析与利用。以顾客为中心是关系营销的核心理念。要想发展,航空公司首先要知道有哪些顾客是能够长期合作的。通过收集顾客的信息,进行数据的分析,发现顾客所需,然后根据需要来满足他们的要求,从而建立一种长期合作的关系。当然收集信息的首要,是分清有哪些可能成为你的顾客,避免精力的浪费。发现可能长期合作的顾客后,就需要和他们定期沟通交流。而这些沟通交流,需要根据他们的兴趣爱好来进行。在不断交流的过程中,顾客信息得到了补全,从而达到更新数据库内容的作用。而这些交流的进行,也能够提高顾客的品牌依赖与忠诚度,让顾客往长期合作中发展。

(2) 强调横向合作,实施竞合策略。在关系营销中,除了客户、经销商等,竞争者也是很重要的合作对象。通过和竞争者合作,获得双赢结果。关系营销强调竞争合作,而非竞争。

(3) 强调纵向合作,实施联盟策略。纵向合作,是提升质量的重要途径之一。要在上下游之间,建立起最广泛的合作关系。通过对每家合作的客户的资料数据分析,最大限度地挖掘客户潜力,完善服务链。

靠关系营销而取得成功的企业有很多,其中比较著名的是英国的马莎百货集团。《今日管理》(Management Today)的总编罗伯特-海勒(Robert Hellen)曾评论说:"从来没有企业能像马狮百货那样,令顾客、供应商及竞争对手都心悦诚服。在英国和美国都难以找到一种商品牌子像圣米高如此家喻户晓,备受推崇。"这段评价体现的就是关系营销的意义。马莎能够取得成功,最主要是充分调动了客户与企业之间的联系。通过对客户的购买方向的把握,更加准确地进行销售。而对客户购买方向的把握,就是一个数据的采集挖掘的过程,通过对这些数据的研究,得出了发展方向。和供销商之间也是如此,通过对供销商提供材料的分析与调查,筛选出适合的合作方。并且在数据分析的基础上,给合作方最大程度的便利,让消费者、供销商等产生一种品牌的依赖。这种品牌的依赖忠诚,就是对偏爱产品的一种深度承诺,是一种有偏向的行为反应。而这种品牌依赖心理的形成,是由于关系营销中与顾客建立和谐的人际关系造成的。通过对顾客提供数据的分析,掌握顾客的喜好,据此来推销顾客感兴趣的产品,提供服务,从而让顾客心理上形成了一种信任。而根据大量顾客提供的数据样本,又可以分析得出认可度较高的产品,从而大力发展,形成一种良性发展循环。

5.7 常旅客计划

常旅客计划是航空公司留住旅客最为成功的策略之一,也是在服务业影响最广的一项策略。当前,服务业普遍采用的会员制就源于常旅客计划。为此也值得大书一下。

常旅客计划是指航空公司向经常乘坐其航班的旅客推出的以里程累积奖励为主的促销手段,是保持和吸引经常乘坐飞机的公商务旅客、提高公司竞争力的一种市场手段。常旅客计划最早出现于 20 世纪 70 年代的美国。当时,美国放松了对民航运输业的管制。面对异常激烈的市场竞争,各大航空公司试图通过价格大战吸引更多的旅客,从而增加收益。众多小航空公司对市场的反应更为灵活,它们通过低票价获得了大量客源,这使得大型航空公司在竞争中处于不利的位置。为了走出恶性的机票削价之战,大型航空公司进行了市场调查,以便调整策略。通过市场调查及分析乘客的构成,航空公司发现一部分经常乘坐公司航班的公务和商务旅客,即所谓的常旅客,为航空公司贡献了很大一部分利润。这些常旅客因此被看作是重要客源。因此,航空公司记录下这部分旅客的旅行信息和飞行的累积里程。当累积里程达到一定标准后,这些旅客就能享受优惠政策,如一定里程的免票、免费行李、免费升舱等。

美利坚航空公司在 1981 年率先推出了名为 Advantage 的常旅客计划,之后众多航空公司紧随其步伐也推出各自的常旅客计划。常旅客计划保证了稳定的客户群体,进而给航空公司带来了收益,逐渐成为提高航空公司竞争力的重要手段之一。迄今为止,全球范围内已有超过 130 家航空公司向旅客推出了各种形式的常旅客计划。

5.7.1 常旅客计划的价值

1. 常旅客计划是航空公司利润的重要来源

常旅客计划的重要性,首先在于它能够为航空公司带来较高的经济效益,是航空公司利润的重要来源。他们虽然所占比不高,但却是高价值旅客。当然,常旅客带来的效益不仅是指乘机获得的直接收益,同时还在于通过与其他行业合作而得到更多的好处。随着常旅客计划的不断发展,时至今日,全球的常旅客计划已经发展到与酒店、租车、银行、零售、购物、旅游等行业的合作,相互交换积分,互通客户。这种互通给常旅客会员带去了更多的便利和优惠,同时也给航空公司带来了机会。同时,会员即使不坐飞机,航空公司也能通过出售里程获利。

2. 常旅客计划有助于提高顾客满意度和顾客价值

对于航空公司来说,常旅客的地位很重要,因此受到高度重视,在服务上也更为周到,提高了顾客的满意度。同时,航空公司通过提供兑换免费机票和升舱等服务,提高了顾客的价值,这最终也促使了企业价值的提高。顾客满意度和顾客价值的提高使得顾客的忠诚度得以提高,能够为航空公司带来稳定的利润。

3. 常旅客计划为提升航空公司竞争力多了一条途径

调查显示,旅客在选择航班时会关注很多因素。除了最显而易见的航班时刻、航空公司、服务和票价之外,常旅客计划的影响力占了近百分之十。这就为航空公司提升竞争力提供了另一条途径。航空公司可通过推出有别于其他公司的常旅客计划,以其特色使其在行业中脱颖而出,吸引旅客。

4. 常旅客计划有助于航空公司树立良好的企业形象

常旅客一般具有一定的经济水平和社会地位,为他们提供服务有助于提升公司的形象。同时,常旅客计划通过与酒店、商店、旅游、银行、租车等行业的合作,给人以"可靠合作伙伴"印象,进一步提升了企业的形象。

5.7.2　常旅客计划的实施途径

1. 切实贯彻"以顾客为中心"的理念

把"以顾客为中心"这一理念上升到公司的战略层面来指导整个公司的运营,深入到所有部门和员工的内心。除了良好的空中和地面服务,航空公司要多花点时间来了解顾客、研究顾客。如航空公司利用系统得知某位常旅客的生日,若恰逢该名旅客航班出行,航空公司若能够当面送上祝福或者简单的小礼物,或者是在旅途中额外的关照问候和贴心服务,这些细节都能使得常旅客感受到自己的价值,从而增加忠诚度。

2. 加强技术支持力度

由于航空公司一般都有收益管理系统、计算机订座系统、顾客关系管理系统、销售与结算计划系统、计算机离港系统等,常旅客系统若能与这些系统互联互通,共享数据,通过数据挖掘,提升常旅客计划系统的功能,增加服务的精准度,提升顾客的获得感。

3."合纵连横",提升会员价值

航空公司要在可能范围内,建立起最广泛的合作联盟。如航空联盟内的积分互认;与购物、租车、旅游、酒店、银行等上下游产业建立广泛合作,进行积分互认和其他互惠安排,使得客户在银行、酒店、餐饮、旅游、通信、租车等相关环节能感到作为会员的好处,提升会员价值。

5.7.3 我国常旅客计划的现状

20世纪末,我国航空公司开始推出常旅客计划。1994年,中国民航第一个常旅客计划诞生——国航知音俱乐部。1998年开始,国内其他航空公司也开始建立起各自的常旅客计划。不到十年的时间里,从最初的三大航,到山东、厦门、上海等十几家中小型航空公司,再扩展到其他航空公司,至今,常旅客计划在我国航空公司普遍实行。

我国常旅客计划具有如下特点:① 国内的常旅客计划发展速度很快,数年间各大航空公司都纷纷推出自己的常旅客计划;② 常旅客的积分多是以乘机获得为主,个别航空公司辅以酒店、租车、信用卡消费等方式。奖励方式主要是免费机票和升舱;③ 常旅客会员卡的申请方法很简单,旅客可以通过网站、邮件、服务网点、电话等方式申请;④ 常旅客的里程和航段累积达到一定标准时,可以升级获得更高级的常旅客会员卡,进而获得更好的服务。以金卡会员为例,能享受贵宾休息室、专用登机通道和特殊的里程积累比例。金卡会员如果遇到航班延误或者取消等情况,会得到优先服务。各航的金卡门槛没有太大差异,都要求旅客有较高的飞行频率和较长的飞行里程,但服务上有一定差异。

5.7.4 我国常旅客计划与国外常旅客计划的区别

以国航、东航、南航三大航和美联航和美西北航为例。

美联航和美西北航空是最早发起和使用常旅客计划的航空公司,同时也是常旅客计划实行得比较好的公司。表5-3、表5-4是两大航里程计算和定保级基本政策。

将他们与国内三大航进行比较,可以看出,在有效期方面,国内航空公司大多限制了有效期,而国外航空公司只要求账户在一定时间内有活动即可。因为国外航空公司的常旅客计划一般与租车、酒店、购物、银行等服务行业合作较紧密,发展也较为成熟。顾客只要在相关联的行业有过消费,哪怕是一顿下午茶的消费都可以保持里程卡的有效性。在低价位机票里程累积系数方面,国外航空公司的里程累积系数更为慷慨,当然国内外航空公司的机票的定价策略有所不同。在入门门槛方面,国内航空公司常旅客计划入门门槛总体而言比国外航空公司高一些。随着国内航空公司陆续加入各大航空联盟,常旅客计划也随之向国际政策靠拢,差别正在逐步消失。

表 5-3　美联航里程计算和定保级基本政策

有　效　期		不失效,18 个月内账户有活动
白金卡	定级	16 万公里/日历年,100 个航段
	保级	同上
金卡	定级	8 万公里/日历年,60 个航段
	保级	同上
银卡	定级	4 万公里/日历年,30 个航段
	保级	同上
头等舱里程系数		1.5
商务舱里程系数		1.25
全价经济舱系数		1
折扣经济舱系数		1
不累计里程舱位		免票

表 5-4　美西北航里程计算和定保级基本政策

有　效　期		不失效,36 个月内账户有活动
白金卡	定级	12 万公里/日历年,75 个航段
	保级	同上
金卡	定级	8 万公里/日历年,50 个航段
	保级	同上
银卡	定级	4 万公里/日历年,25 个航段
	保级	同上
头等舱里程系数		1.5
商务舱里程系数		1.25
全价经济舱系数		1
折扣经济舱系数		1
不累计里程舱位		免票

在服务方面,国内航空公司与国外航空公司也有一些差别,如表 5-5～表 5-7 所示。

表 5-5　白金卡服务比较(东航和南航没有白金卡等级)

	国　航	美 联 航	美西北航
贵宾卡里程奖励	50％	100％	125％
国内航段免费升舱	×	次数有限制	次数无限
会员专用热线	√	√	√
优选座位预定	×	√	√
优先登记	√	√	√
优先办理登记手续	√	√	√
优先候补	√	√	√
免费行李优惠	√	√	×
免费休息室	√	仅限国际航班	仅亚洲地区国际航班

表 5-6　金卡服务比较

	国　航	南　航	东　航	美 联 航	美西北航
贵宾卡里程奖励	25％	/	30％	100％	100％
国内航段免费升舱	×	×	×	次数限制	无限次数
会员专用热线	×	×	×	√	√
优选座位预定	√	×	×	√	√
优先登记	√	×	×	√	√
优先办理登记手续	√	√	√	√	√
优先候补	√	√	√	√	√
免费行李优惠	√	√	√	√	×
免费休息室	√	√	√	仅限国际航班	仅限国际航班

表 5-7　银卡服务比较

	国 航	南 航	东 航	美 联 航	美西北航
贵宾卡里程奖励	/	/	15%	25%	50%
国内航段免费升舱	×	×	×	次数限制	无限次数
会员专用热线	×	×	×	√	√
优选座位预定	√	√	√	√	√
优先登记	√	×	×	√	√
优先办理登记手续	√	√	√	√	√
优先候补	√	√	√	√	√
免费行李优惠	×	×	×	×	×
免费休息室	√	√	√	×	×

由表 5-5～表 5-7 可以看出,在里程卡奖励方面,国外航空公司总体上比国内优惠。美联航和美西北航的里程奖励有一个特点,银卡与金卡之间的奖励差距大,但是金卡与白金卡之间的奖励差距并不大。在免费升舱方面,为了防止高端旅客向低端舱位流动,国内航空公司一般不允许免费升舱,相反国外航空公司则允许。因为航空公司认为与其让舱位闲置,还不如免费提供给公司的高价值客户,不过也会有相应的限制。比如说:餐品仍然是原舱位的标准等。在购票登机服务方面,购票登机服务能决定旅客对航空公司的最初印象。从横向对比可以看出,国内航空公司和国外航空公司之间有较大的差距,国外航空公司基本能保证常旅客的全程优先。在免费休息室使用方面,相对于国外航空公司,免费休息室服务是国内航空公司的优势,这是十分可取的,因为在国内乘坐航班,过站时间较于国外要长,因此旅客提前到达机场等待的时间也长。国外航空公司仅仅提供给国际旅客免费的休息室。随着国内航空公司陆续加入各大航空联盟,常旅客计划中的会员待遇,中外差别正在逐步缩小。

当然,常旅客计划是否能够成功,不仅和优惠程度有关,根本上还是由服务质量决定。

5.7.5　我国常旅客计划存在的一些问题

1. 常旅客计划难以保证客户忠诚度

(1) 如今仍有很多人对常旅客计划所知不多,三成左右经常乘坐飞机的人没有任何公司的常旅客卡。这可以看出航空公司的宣传力度还不够,导致旅客并不了解常旅客计划的意义和实施细则,也就没有加入常旅客计划的意愿。总之,常旅客计划还没有成为拉动客户忠诚度的主要因素。

(2) 互联网的普及应用,使得人们购买机票得以在指尖点击之中完成。同样,申请常旅客会员卡的途径也越来越简单,官网注册、邮件或者电话都是快捷的选择。所以,很多旅客出于自身利益考虑,会同时持有三四个航空公司的常旅客会员卡。另外,有的航空公司常旅客计划优惠缺乏吸引力、对于会员的服务态度不够优质,这都导致了"一人多卡"的现象加重。大多数旅客对于常旅客计划的选择较为随意,因为移情别恋几乎不要什么成本。尽管各大航空公司尽力了解并满足旅客的需求以求留住这些老顾客,但却无法保证客户忠诚度。

2. 国内各家航空公司常旅客计划呈现同质性

常旅客计划原本的目的是通过提高旅客的忠诚度,来保证长期稳定的客源,增加航空公司的盈利。但如今,在航空市场的激烈竞争中,新老航空公司都以不同力度通过优先办理乘机手续、优先登记、免费改期、兑换免费机票等优惠政策争夺"常旅客"。这使得常旅客计划沦为一种最终用户的折扣促销模式,直接结果就是旅客会根据机票价格和航班时间来选择航空公司,而非出于常旅客计划,这并不符合常旅客计划的最初目的。

3. 常旅客计划的成本不断增加,服务质量下降

第一,常旅客未必能带给航空公司高额的收益。国内航空公司每个月能增加几百个常旅客俱乐部会员,甚至有的航空公司的会员总人数达到了两百多万。超过半数的常旅客一年内乘机 4~5 次,购买 8 折以上机票的常旅客只占 3~4 成,也就是说大多数常旅客倾向于在购买打折机票的同时获得里程积累。总之,能给航空公司带来高收益的常旅客比例很低。第二,建立常旅客计划,航空公司需要建立完备的管理系统:里程积累系统、旅客档案管理、机场服务设施等。为了争夺客源,有些公司推出了所谓忠诚计划。忠诚计划也同样花费巨大,包括技术、组织及人员基础设施、忠诚计划服务中心、开发、储存及传递忠诚计划的利益、沟通措施、忠诚计划的最初开发以及持续的改进。具体体现在印刷、制卡、IT 系统开发、邮寄费用、高端服务费用、维护费用、积分、礼品反馈费用等。整个系统大大增加了航空公司的成本。如果常旅客计划不能带给航空公司足够的收益增加,那航空公司只能选择取消一些服务和优惠来降低成本,这直接导致了服务质量的下降。

4. 常旅客计划系统没有发挥客户数据的价值

常旅客系统掌握了大量的客户信息和客户数据,但是很多航空公司却没有最大限度地挖掘该数据价值。常旅客系统渐渐变成了用来记录旅客累计里程和

账单地址的系统。只有建立客户信息存储、共享、交互、分析的数据库,并且为常旅客呼叫中心、服务管理、销售服务管理提供统一的信息源和信息共享、交互平台,然后具体分析客户的忠诚度、贡献度等,才能最大限度地发挥客户数据的价值。

5.8　品牌建设

谁都知道,可口可乐不过是一个碳酸饮料,与其他的碳酸饮料,本质上没有太大的区别。但就是这样一瓶小小的碳酸饮料,却是全球皆知,风靡天下。在全球范围内,俨然构造出了一个可口可乐帝国。在人们心目中,它不仅仅是一种饮料,也是一种情怀。而这一切,归功于可口可乐公司持续的、创新的品牌建设。

5.8.1　它山之石

可口可乐帝国不是一蹴而就的,这与可口可乐历届管理高层能把握时代潮流中发生的每一次巨大的转折和机会有关。

➤ 在 1895 年以前,可口可乐一直是作为药品来促销的,但在 1895 年,创建可口可乐公司的阿萨·坎德勒收到了许多女士们和其他消费者的来信,反对药品的形象定位,因为这一形象对于单纯想喝饮料的顾客来说会使人感觉不自在。于是他认识到如果把可口可乐作为饮料来促销,它的受众群体会更大,可以成功地影响更多人,于是他加大了广告的投放力度,采用了简洁的广告词:"可口可乐,可口清爽。"并将广告词大量投入市场,在海报、日历、闹钟、铅笔及冷饮柜的盘子上都会出现这句广告词。同时为了激励批发商们对可口可乐的销售热情,坎德勒在 1897 年发起了回扣运动:每年卖出的可口可乐越多,拿到的回扣奖励就会越多。这次转型取得了巨大的成功,这家年轻的公司得到了成长与扩张。

➤ 1889 年可口可乐的瓶装权第一次被出售,在此之前,可口可乐一直是只能依靠冷饮柜进行销售,拥有瓶装权之后,可口可乐可以被送到遍布城市每个角落和边远地区的成千上万商人的手上,送进每一个乡下小镇、村庄的店铺里,这极大地扩大了可口可乐的影响范围,降低了出售可口可乐的成本和条件,也为日后进军海外打下了基础。在 1914 年的一次瓶装商会议上,一部分人主张将原本的瓶子换成更特征分明的瓶子,从而提高辨识度。新瓶子在 1916 年设计出来,新的瓶子很快地成为可口可乐另一标志性特征,并给新瓶子申请了专利,保证了其具有独一性。从长远来看,这个抉择无疑是非常明智的,跟其他饮料的相互竞争中,保持自己的独一性和具有高区分度是吸引消费者的不二法宝。

➢ 可口可乐对广告的重视是延续企业活力的关键。它的不同广告都针对了不同的群体,有针对脑力工作者的,也有针对脑力工作者之外的其他人群。1907年广告策划意识到妇女才是主要的消费群体,于是把可口可乐宣称为"购物者的万能药"。此外,可口可乐的广告经常请当红的明星来表演。在大萧条时期,公司希望将可口可乐表现为一种令人愉快并且价格便宜的东西,使人们暂时从日益艰难的现实中解脱出来,于是可口可乐进军了在当时同样能让人暂时逃避现实的电影业。整个 20 世纪 90 年代,很多明星都出现在了可口可乐的广告里,这样的推广方式也使许多人注意到了可口可乐,并会下意识地去购买,所以就算在经济大萧条时期,可口可乐公司的营业额仍能保持良好的势头。1932 年可口可乐公司首度在广告里把食品和饮料结合在一起。直到今天,可口可乐与全球最大快餐连锁店麦当劳一直是合作伙伴,麦当劳也给可口可乐公司带来了巨额的利润。同时可口可乐瓶装商早就意识到他们必须尽早吸引下一代消费者,1931年塑造经典的可口可乐圣诞老人形象成为不可或缺的人物。在此之前,圣诞老人有着各种各样的版本,然而在广告推出之后,圣诞老人永远变成了一个又高又胖、系着粗腰带、穿着黑皮靴、穿着可口可乐红衣服、脸上永远挂着微笑的老人。可口可乐对人们的文化产生了微妙的、渗透性的影响是不容忽视的。可口可乐的广告宣传方式会随着每次新媒体的发展而发展,在广播发展的时候将广告用广播播放,后来发明了电视,可口可乐的广告又开始在电视上播出。可口可乐公司总是紧跟时代的脚步,把握住抢占市场的先机,极力影响着人们的消费习惯。

➢ 二战时期,可口可乐公司的董事会主席罗伯特·伍德拉夫决定不惜一切代价让可口可乐送到每一个士兵的手中。他的爱国主义精神、敏锐的商业眼光和判断力给可口可乐公司塑造了一个爱国者的形象,并赢得了 1 100 万美国士兵的友谊和回忆,把他们变成了可口可乐的顾客。可以说,可口可乐赢得了这场战争。

➢ 可口可乐公司根据市场的需求不断与时俱进,更新本公司旗下的产品。1982 年 7 月,健怡可乐就此问世。可口可乐公司的研究表明,健怡可乐将会吸引大多数城市职业阶层中那些需要有氧运动的年轻专业人士。直到 1983 年底,健怡可乐已经占据了减肥饮料 17% 的市场份额,并成为美国排名第四的畅销软饮料。除此之外可口可乐公司还推出了雪碧、果粒橙、酷儿等众多饮料来满足市场的不同需求。

➢ 可口可乐之前的经营原则是——买得到、买得起、乐得买。买得到:可口可乐公司应将产品遍布在全球各地,每一个角落、每一个村庄、每一个零售店都不放过,并投入大量资金在各处投发可口可乐的自动贩售机,总之,到处都要有可口可乐的身影。买得起:原先可口可乐的定价一直是五美分一瓶,后来随着成本的提高,可口可乐的价格也随之上升,但对消费者来讲,可口可乐必须是能够买得起的,甚至对生活在贫困线下的消费者也是如此。可口可乐采取的是薄利多销的政策,逐渐推出了大容量包装,以满足收入较低的消费者的需要。乐得买:必须确保消费者认为可口可乐是一种健康的、使人振作的、充满活力的饮料,是与美好时光、朋友、成功、运动及爱国精神联系在一起的,这样对消费者来说才更具有吸引力。如今这三个经营原则改成了——无处不在、物有所值、首选品牌。相比起之前的原则来说要更为主动。

精准的市场定位使可口可乐公司取得如此巨大的成功。公司将可口可乐定位成一个老少皆宜的产品,扩大了可口可乐的受众群体;再投放大量的广告,用海量的信息不断刺激每一个人视觉听觉,使每个人下意识地会选择可口可乐公司的产品;建立庞大的销售网,斥巨资使可口可乐的销售点遍布全球,让它"无处不在";根据市场的需求不断与时俱进,在延续好的传统配方的基础上研发新产品,使公司能满足不同消费群体的消费需要;树立一个良好的企业形象,让每个员工都忠诚于公司,形成高度的团队凝聚力,而良好的企业形象能使人们乐于购买,乐于支持这个企业,并能让可口可乐变成大众消费的"首选品牌"。

可口可乐的成功得益于公司推行的企业文化。所谓企业文化是在一定的条件下,企业生产经营和管理活动中所创造的具有该企业特色的精神财富和物质形态。它包括文化观念、价值观念、企业精神、道德规范、行为准则、历史传统、企业制度、文化环境、企业产品等。其中精神和价值观是企业文化的核心。可口可乐推行的企业文化包括:

(1) 将品牌打造成一种感情。1899 年,可口可乐公司有了 15 名旅行推销员。与大多数普通的销售员不一样的是,他们认为自己是与众不同的可口可乐人。在他们出发之前,坎德勒已经向他们彻底灌输了公司的信条,他下定决心要让他的销售员成为可口可乐热情、正直的企业精神代表。经过洗脑的人受到了空前的鼓舞,勇于去克服前进道路上的任何艰难险阻。直至今天,这样的企业精神也从未减少半分,人们都说,当你为可口可乐公司工作后,你的身体里流淌的就不再是血液,而是可口可乐糖浆。这句话证明了可口可乐公司员工极高的忠诚度,这也是可口可乐公司成功的重要原因之一。

(2) 可口可乐公司将自己的企业形象与摇滚音乐、体育运动紧密联系在一起,使企业文化得到了更深层次的发展。可口可乐公司在巴西赞助了"里约热内卢摇滚之声";赞助的体育运动也遍布全球,还在 1987 年赞助了濒临破产的巴西足球队,在比赛上每个队员混穿上了带有可口可乐标志的运动装,宣传效果极好。可口可乐公司从汉城运动会开始投资奥运会。1996年的亚特兰大奥运会更是一次真正"盛大"的可口可乐狂欢节,这年是可口可乐公司的胜利之年,呈现出势不可挡的气势。

(3)感恩社会,回报社会。可口可乐的承诺,是让每个与业务息息相关的人都能受益。可口可乐的一个核心宗旨是:以诚挚的爱心和关怀,积极投入与落实公益项目,并真诚回馈社会。当发生自然灾害时,人们总能看到可口可乐的身影。可口可乐公司的所有人都非常重视可口可乐的形象。也正是他们对这形象的爱惜,使得可口可乐的口碑延续至今。它的慷慨还被人们津津乐道。

5.8.2 航空公司的品牌建设

航空公司提供的是服务产品,一定程度上,其品牌建设更加重要。说起每一家航空公司,首先出现在你脑海的是什么? 这就是品牌印象。

航空公司提供的服务,本质上差别并不大,产品同质化明显。这个时候,定位与特色就显得十分重要。如"中东三杰"——阿联酋航空、阿迪哈德航空、卡塔尔航空,定位为高端市场,主打高端形象。除了采用舒适机型外,着力打造用最尊贵最奢华的服务使旅客在飞机上度过一段难以忘怀的愉快时光。又譬如,新加坡航空,努力打造亚洲特色的高端,用"新加坡女孩"和特色的餐食,显示其与众不同。又譬如,春秋航空,定位为旅游休闲市场,以其"无花边"的服务,把最大的利益折让给旅客。

除了飞行体验外,航空公司航线网络的布局也十分重要。不少旅客第一次乘坐土耳其航空,或许因为是价格、时间或其他原因,但坐过一次的旅客,大多对其机上丰富的餐食和途径的伊斯坦布尔机场免税店琳琅满目的商品和购物氛围印象深刻。

除此之外,企业的形象宣传也十分必要。航空公司的形象宣传一定要"形象",切忌"长、大、泛"。宣传不一定采用广告形式,用公益、赞助、活动方式或许更能体现航空的"高大上"。当然,最根本还是自内而外的企业文化建设和服务质量。

5.9 公共关系危机管理

作为一个"靠天吃饭"的行业,危机的发生几乎是不可避免的。同时,作为一个从事公共服务的行业,社会影响大。如果危机发生时,不能很好地应对,其造成的影响几乎是不可挽回的。当危机发生时,如何开展公共关系危机管理,对航空公司来说无疑具有战略性的意义。

5.9.1　企业公共关系危机管理

企业公共关系危机是指企业与公众之间由于某种特殊的因素产生矛盾而出现的一种危机状态。

1. 企业公共关系危机的一般特点

(1) 突发性。企业公共关系危机一般都是在人们都没有意识到的情况下突然发生的。

(2) 危害性。企业公共关系危机一旦发生,将对企业和公众都造成不同程度的损伤。

(3) 传播性。企业公共关系危机的爆发一般都会引发公众的好奇心,加上现代传播媒介的多样化与快速化,往往很快成为人们关注的焦点,造成大范围的议论。

2. 企业公共危机管理的一般原则

(1) 预防是根本。应及时对可能发生的企业公共关系危机进行预测,并提前采取防范措施,尽量避免危机或把危机的危害减小到最少。

(2) 处理是关键。很多情况下公共关系危机爆发后,企业对危机的处理对危机带来的影响和损害程度起到关键性作用。正确到位的处理可能会将影响减小到最少。但是错误不到位的处理相反会把影响扩大,损害扩大。

(3) 化危为机是精髓。企业公共关系危机处理不仅仅是将危机带来的影响减小到最少,还能发掘危机中涌现的商机。企业应该抓住危机带来的商机,使利益扩大。

5.9.2　航空公司公共关系危机管理

随着经济的发展,人们越来越多地选择乘坐飞机出行。航空运输活动的日益频繁使得航空公司的受众也面临着多样化。因此,航空公司面临着更多的机遇与挑战。同时,公众自我保护意识的加强,再加上媒体信息渠道的多样化,导致危机蔓延速度大大加快,对公司的损害倍增,为此,航空公司必须从战略高度重视危机管理。加强宣传培训,加强组织领导,提高全员应对危机的能力。

1. 危机公关处理案例及航空公司公共关系危机的演变过程

2000 年 10 月 31 日深夜,新加坡航空公司一架从台北飞往洛杉矶的波音

747 客机在台北桃园机场因误闯关闭的跑道起飞,冲撞跑道上的施工设施后焚毁,造成 83 人死亡,44 人受伤。在非常短的时间内,新加坡航空公司就对突发事故作出反应。无论是在信息的发布、事故原因的调查,还是死难家属的赔偿方面都及时采取了有效措施,将这次事故造成的损失降至最低,从而避免了公共关系危机的发生。新加坡航空公司以其良好的公关能力,赢得了内外部公众的广泛信任。公司内部员工仍然对公司充满信心,其优质的服务和旅客至上的做法使旅客也仍愿意选择新航的航班。

相比之下,马来西亚航空公司在对 MH370 航班空难事故的应急处理上就显得十分不足,从而造成了很大的有形和无形损失。事故发生后,马来西亚航空公司有关部门在遇难者家属接待、信息发布等危机善后处理工作上的应急能力严重不足,引起了家属们的强烈不满和社会的普遍质疑,从而对马来西亚航空公司的声誉造成了非常不利的影响,甚至出现了旅客刻意回避乘坐马来西亚航空公司航班的情况。

图 5-7 为航空公司公共关系危机的演变过程。

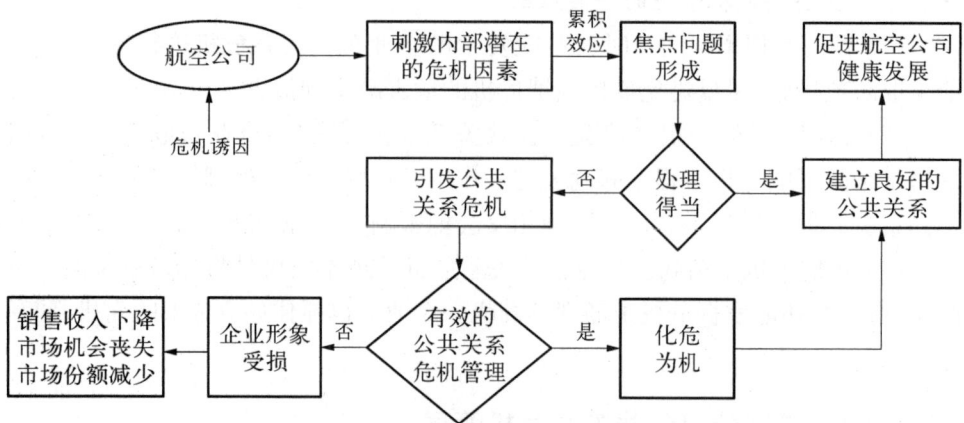

图 5-7　航空公司公共关系危机的演变过程

2. 航空公司公共关系危机应对措施

1) 明确各部门在危机发生时的责任

在危机发生时,航空公司应立即成立临时危机公关小组。临时危机公关小组由航空公司总裁、危机责任相关部门和公共关系部门组成。首先,由航空公司总裁作为公共关系危机发言人,召开对航空公司各部门的紧急会议和对外的新闻发布会,准确快速地下达命令。其次,相关部门作为主管机构,是具体的决策机构。再次,公共关系部门作为协调机构和具体发布机构,协同相关部门对危机进行快速有效的处理和发布。

2）制定各项应对措施

一套完整的航空公司公共关系危机处理计划应包括一套完整的应对措施。只有制定完整的应对措施才能在危机来临时正确地被运用，有效准确地对各种突发状况进行处理，完美配合决策者的命令下达，提高航空公司处理公共关系危机的效率。

3）应对计划进行针对性完善和修正

制定好公共关系危机处理计划后，并不是完全结束了对危机的处理。因为当危机来临时，很有可能发生一系列意想不到的意外情况，必须对计划进行针对性的完善和修正。

3. 当碰到航班取消或延误时的危机公关

航班取消或延误是航空公司经常碰到的事件。当航班发生不正常时，如航班延误或取消时，采取正确的处理方法十分重要。首先，要让旅客拥有对航班不正常信息的知情权，及时为旅客提供透明、准确的信息，提前做好服务准备。第二，要从完善服务细节入手，安抚乘客，诚意道歉，做好现场沟通与疏导，为旅客解决实际问题。第三，要妥善处理好消费者抱怨。通过设置顾客投诉台，设立免费投诉电话等受理消费者投诉，疏解旅客的怨气，同时获得消费者主动反馈的信息，不断完善工作程序。最后，也是最重要的是，要贯彻"客户至上"理念，多从旅客的角度去考虑问题，帮助旅客解决问题。

5.10　组织管理

在导致企业成功与否的诸因素中，企业的组织管理是第一位的。一个成功的企业，必定有一个良好的组织管理团队。相反，组织管理混乱，产品再先进，技术再领先，也最终难逃衰败的命运。

5.10.1　企业管理组织构建原则

5.10.1.1　基本原则

组织的建立必须符合以下方针与原则。

1. 方针

组织必须是面向市场、客户驱动、快速反应的，同时要求实行分层管理、授权管理、便于发挥协同效益和实行规范化管理。组织建立必须符合下列方针：

（1）有利于强化责任，确保公司目标和战略的实现。

（2）有利于简化流程，快速响应顾客的需求和市场变化。

（3）有利于提高横向协作的效率，降低管理成本。

（4）有利于信息的交流与传递的通畅。

（5）有利于培养和积累成功实施战略所需要的能力和资源。

2. 适应原则

组织结构的建立必须适应外部环境的变化。根据环境的变化不断地进行组织结构的调整是公司在复杂多变的环境条件下必备的能力。每一项新业务，均必须有一个明确的负责部门，不允许出现管理的空白和模糊。

组织的层次宜少不宜多，要尽量减少组织的层次，以提高组织的灵活性。减少组织层次一方面要减少部门的层次，另一方面要减少职位的层次。

3. 职能专业化原则

职能专业化原则是建立组织部门的基本原则。专业化是组织职能有效发挥的基础和保障。

4. 职务设立原则

职务设立是对职能和业务流程的合理分工，并以实现组织目标为最终目的。职务的范围边界应界定清楚，以强化责任。

职务设立应强调责、权、利匹配。对设立职务的目的、工作范围、隶属关系、职责和职权，以及任职资格都应作出明确的规定。

5. 竞争力原则

组织结构设计需要系统地考虑影响组织的各项因素，最终目的是提高总体竞争力。

组织结构在一定时期内相对稳定。这是稳定政策、稳定干部队伍和提高管理水平的条件，是提高效率和效果的保证。

6. 管理者职责

管理者的基本职责是依据公司的宗旨主动和负责任地开展工作，使公司富有前途，工作富有成效，员工富有成就。管理者履行这三项基本职责的程度决定了他的权威与合法性被下属接受的程度。

5.10.1.2　组织架构

1. 基本组织架构形式

企业基本组织架构形式有直线式、职能式、直线—职能式、事业部式、模拟分权式、矩阵式等。

1）直线式

直线式是最早也是最简单的一种组织结构形式。它的特点是企业各级行政单位从上到下实行垂直领导,下属部门只接受一个上级的指令,各级主管负责人对所属单位的一切问题负责。厂部不另设职能部门,一切管理职能基本上都由行政主管自己执行。图 5-8 为此类结构的一个示例。直线式组织结构的优点是:结构简单、责任分明、命令统一。缺点是:它要求行政负责人通晓多种知识和技能,亲自处理各种业务。在业务比较复杂、企业规模比较大的情况下,把所有管理职能都集中到最高主管个人身上,显然是难以承受负荷的。因此,直线式结构只适用于早期规模较小、生产技术比较简单的企业,对经营管理相对复杂的企业并不适宜。

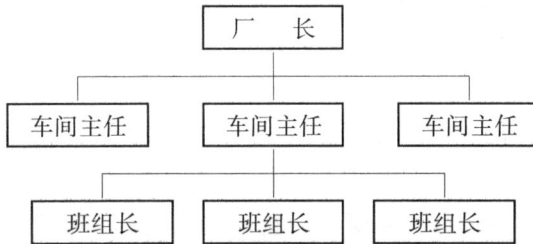

图 5-8　直线式组织结构

2) 职能式

职能式组织结构,又称为 U 形结构,即从上到下根据职能的相同或相似性将各种活动结合在一起,除主管负责人外,还相应地设立一些职能部门。例如,把所有的研发人员聚集于研发部,由研发部部门经理负责所有的研发工作。这种结构要求行政主管把相应的管理职责和权力授权给相关的职能部门,各职能部门有权在自己业务范围内向下级行政单位行使命令。因此,下级行政负责人除了接受上级行政主管人员指挥外,还必须接受上级各职能部门的领导。图 5-9 为该类结构的一个示例。

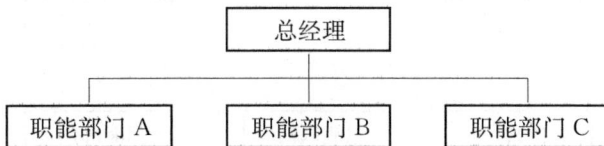

图 5-9　职能式组织结构

职能式组织结构的典型特征是其目标主要在于内部效率和技术的专业化,因而适于外部环境相对稳定和成熟、属于例行性技术行业,部门之间不需要太多依存的中小型企业。这种组织不需要很多横向协调,主要通过纵向的层级控制来实现生产,即其特别适用于分工多而合作少的企业,员工仅完成各自的工作目标,计划和预算主要依据职能来制定,并反映各部门的资源耗用成本,正式的权利和影响则主要来自职能部门的高层管理者。

职能式最突出的优势是能够较好地实现部门的规模效应,大大提高内部效率。它可以集合在一起以共享一些设备和条件,从而减少企业内部的重复建设和资源浪费现象。此外,组织内部各职能部门和雇员的专业化分工有利于提高雇员的专业技能,每个员工的职责明确、管理权力的集中也便于领导者实施有效的控制。在这样的组织中,几乎人人都是专家,每个部门就是一个专家组。职能式的主要缺点是:由于职能的限定使得员工往往仅从自己的专业和部门出发考虑问题,只关心和强调本部门的利益,忽视了整体目标,无法兼顾全局;部门之间的横向沟通也变得困难,高层的决策常常会因部门观点冲突而被扭曲或难以贯彻,整个组织缺乏灵活性,难以适应外界环境的快速变化。同时,对员工来说专业化工作本身也限制了自身知识、技能、经验的扩展,不利于全能式人才的培养。

3) 直线—职能制

直线—职能式,也称直线参谋式。它是在直线式和职能式的基础上吸取这两种形式的优点而建立起来的。这种组织结构形式是把企业管理机构和人员分为两类,一类是直线领导机构,按命令统一原则对各级组织行使指挥权;另一类是参谋部门(其实也是一些职能部门),按专业化原则,从事组织的各项职能管理工作。直线领导机构在自己的职责范围内有一定的决定权和对所属下级的指挥权,并对自己部门的工作负全部责任。而参谋部门则是直线指挥人员的参谋,不能对直线部门行使命令,只能进行业务指导和服务。直线—职能制结构示例如图 5 - 10 所示。

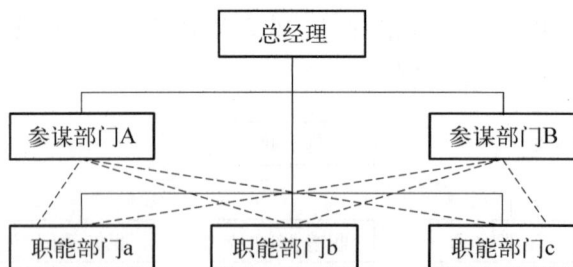

其中直线表示直线职权,虚线表示参谋职权

图 5 - 10　直线—职能式组织结构

直线—职能式的优点是:一定程度上保证了企业管理体系的统一,又可以在各级行政负责人的领导下,充分发挥各专业管理机构的作用。其缺点是:职能部门之间的协作和配合性仍然较弱,职能部门的许多工作要直接向上层领导报告请示才能处理,这一方面加重了上层领导的工作负担,另一方面也造成办事效率低下。

4) 事业部式

事业部式最早是由美国通用汽车公司总裁斯隆于 1924 年提出的,故有"斯隆模型"之称,也称"联邦分权化",是一种高度(层)集权下的分权管理体制。它适用于规模庞大、品种繁多、技术复杂的大型企业。事业部式对环境的适应性较强,其目标是追求外部效益及满足不同客户的需求,这是与职能式恰恰相反的地方。

(1) 产品事业部式(又称产品部门化):按照产品或产品系列组织业务活动,在经营多种产品的大型企业中早已显得日益重要。产品部门化主要是以企业所生产的产品为基础,将生产某一产品有关的活动,完全置于同一产品部门内,再在产品部门内细分职能部门,进行生产该产品的工作。这种结构形态,在设计中往往将一些共用的职能集中,由上级委派以辅导各产品部门,做到资源共享。其组织结构如图 5-11 所示。

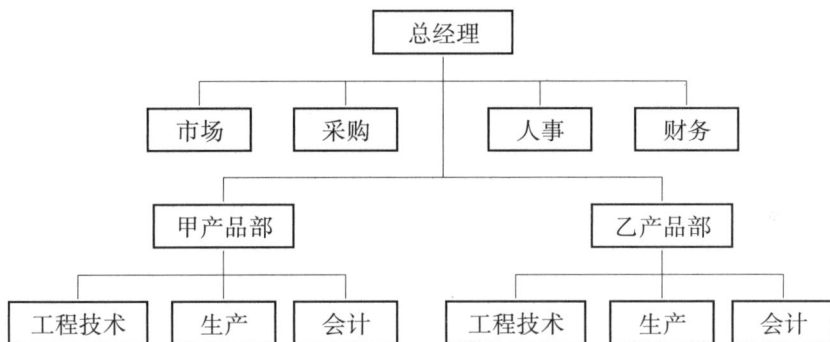

图 5-11 产品部门化结构

(2) 区域事业部式(又称区域部门化):对于在地理上分散的企业来说,按地区划分部门是一种比较普遍的方法。其原则是把某个地区或区域内的业务工作集中起来,委派一位经理来管理。按地区划分部门,特别适用于规模大的公司,尤其是跨国公司。这种组织结构形态,在设计上往往设有中央服务部门,如采购、人事、财务、广告等,向各区域提供专业性的服务,如图 5-12 所示。

总体来说,事业部式必须具有三个基本要素:即相对独立的市场;相对独立的利益;相对独立的自主权。事业部式的优势在于具有高度的产品前瞻性,能够为不同区域不同客户提供特定的产品或服务,提高外部效益;事业部内部部门之间的协调沟通进一步加强;由于其针对性和特定性,能够适应需求和市场环境的

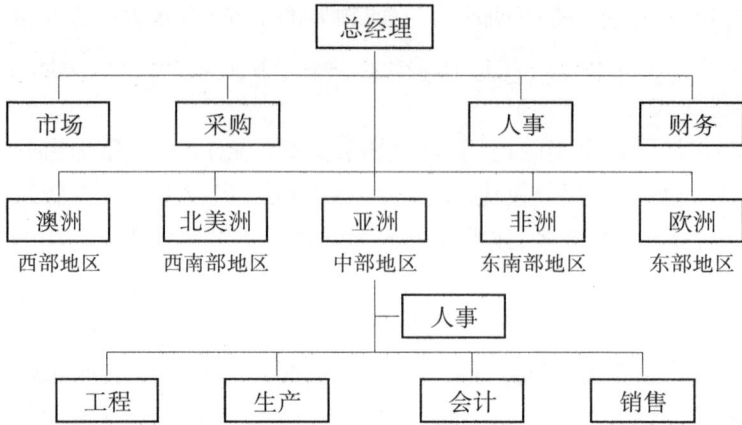

图 5 - 12　区域部门化(事业部)结构

快速变化；由于决策分权，能够提高管理效率，且有利于培养全能人才。劣势主要在于存在机构重设、资源浪费的现象，事业部之间的沟通效果较差，横向协调出现困难。此外，缺乏技术专门化也是一大弊病，每位员工若仅从特定产品出发，即使有所成就也难以推广到整个企业。

5) 模拟分权式

这是一种介于直线职能式和事业部式之间的结构形式(见图 5 - 13)。

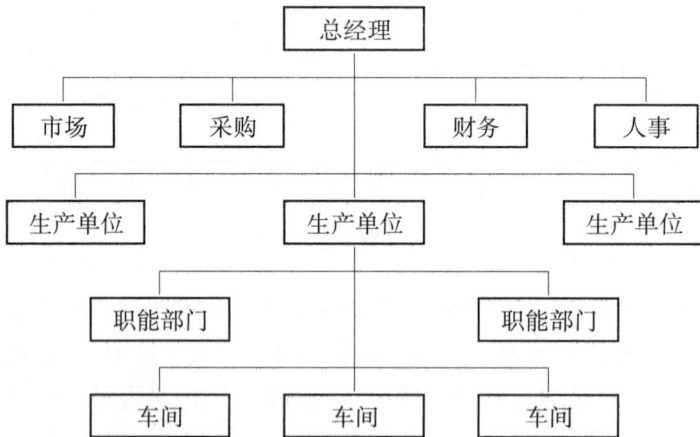

图 5 - 13　模拟分权制结构

有许多大型企业，如连续生产的钢铁、化工企业由于产品品种或生产工艺过程所限、难以分解成几个独立的事业部，又由于企业的规模庞大，以致高层管理者感到采用其他组织形态都不容易管理，这时就出现了模拟分权组织结构形式。所谓模拟，就是要模拟事业部式的独立经营，单独核算，而不是真正的事业部，实际上是一个个"生产单位"。这些生产单位有自己的职能部门,享有尽可能大的自主权,负有"模拟性"的盈亏责任,目的是要调动生产经营积极性,达到改善企业生产经营管理的目的。需要指出的是,各生产单位由于生产上的连续性,很难将它们截然分开,就以连续生产的石油化工为例,甲单位生产出来的"产品"直接就成为乙生产单位的原料,这当中无须停顿和中转。因此,它们之间的经济核算,只能依据企业内部的价格,而不是市场价格,也就是说这些生产单位没有自己独立的外部市场,这也是与事业部的差别所在。

模拟分权式的优点除了调动各生产单位的积极性外,就是解决企业规模过大不易管理的问题。高层管理人员将部分权力分给生产单位,减少了自己的行政事务,从而把精力集中到战略问题上来。其缺点是,不易为模拟的生产单位明确任务,造成考核上的困难;各生产单位领导人不易了解企业的全貌,在信息沟通和决策权力方面也存在着明显的缺陷。

6) 矩阵式

在组织结构上,把既有按职能划分的垂直领导系统,又有按产品(项目)划分的横向领导关系的结构,称为矩阵式组织结构(见图 5-14)。

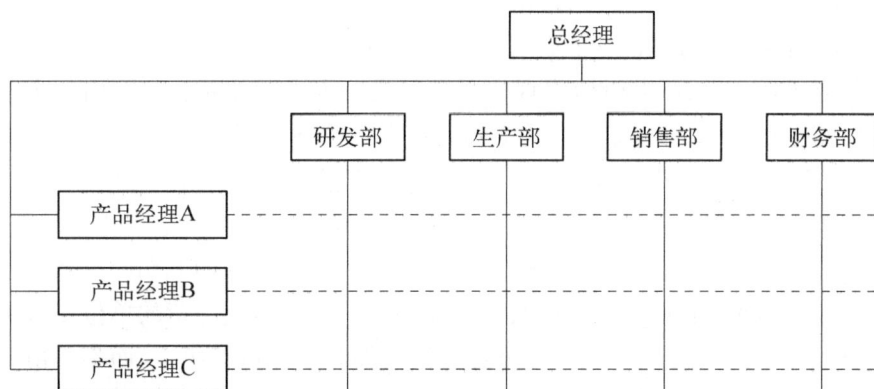

图 5-14　矩阵式结构

矩阵式组织结构是将事业部式结构(横向)和职能式结构(纵向)结合在一起的特殊模式。它赋予职能经理和产品经理同样的职权,纵横交错,从组织结构图来看形同矩阵,故而称为矩阵式结构。矩阵式适应性最强,兼具灵活性与稳定性,适用于有少量产品线、中度规模的企业。另外,其对环境的适应性也很强,最适合在高度不确定性下发展。其技术具有非例行性的特点,技术和产品的更新速度快、依存性高,需要充分的协调沟通。

矩阵式最突出的优势在于能够同时满足环境对企业在职能和产品两方面的

要求。企业的资源在实现了专业化划分的同时,还能够在不同产品之间灵活分配,实现资源、信息和权力的共享。它能够适应高度不确定性的环境,实现内部的协调发展。其主要劣势是由于二元结构的组织特性,员工要接受双重领导,分解了领导的统一性,容易导致权利之争。在协调平衡方面的管理成本较高,领导者需花费大量时间和精力来保证决策的实施和解决矛盾冲突。

2. 组织架构变化趋势

一个组织如果只保持今天的眼光,今天的优势和成就,必将丧失对未来的适应力。未来的企业组织如何变化,朝着什么方向变化,是人们关心和探索的问题。历来认为直线式的等级制度是最有效的,命令可以畅行无阻地层层下达,这是工业时代典型的企业管理形式。不过,这种管理系统依赖的条件是:现场要有大量精确的反馈,决策的性质大致相同。今天,森严的垂直等级制度正逐渐失效,因为它所依靠的两大根本条件已难以为继。现代企业的外界环境与以往相比已经发生了一系列重大变化,动态性与复杂性进一步加剧。企业为了求得自身的生存和发展,必须对外界环境的变化做出迅速的反应和调整。就企业内部而言,决策的层次应该越来越少才能提高效率。即企业管理权是从集中走向分散,企业的组织结构是从金字塔型走向扁平型(亦称之为大森林型或网络结构)。扁平型的组织结构要求减少管理层次,且同一层次的管理组织之间相互平等、横向联系密切,像一棵棵大树构成森林那样形成一个横向体系。从国内外企业发展的情况分析,大森林型组织结构大体上有以下几种类型:

(1) 分厂制代替总厂制。即把规模庞大、产品众多的企业,或按产品,或按生产工艺,或按销售方式,分解成若干个各自相对独立的分厂,享有相应的权力,总厂对分厂进行目标、计划等管理。分厂之间是平等的、横向联系的关系。

(2) 分层决策制代替集中决策制。即各分厂或各独立经营的单位享有决策权,在总厂的整体目标指导下,按照自身的条件和特点进行决策,而不是由总厂进行包揽,改变过去那种集中统一的决策形式。

(3) 以产品事业部代替职能事业部。实行事业部式,是从金字塔型向大森林型发展的一种重要形式。它是按计划、开发、生产、销售、财务等职能部门进行划分。现在,国外许多企业在这个基础上进一步发展,实行按产品划分,建立产品事业部。实行按产品来划分事业部,不仅让各产品事业部去管生产,而且管产品规划、研究开发、市场销售,并且加强各事业部的独立核算,这就使得各事业部具有更大的自主权。

(4) 分散的利润中心制代替集中利润制。许多国家的企业把内部各部门按生产、销售特点划分为若干个利润中心,这种利润中心除承担一定利润任务外,可以依据自身情况进行独立的经营活动,成为一个相对独立的经营单位。这样,各个利润中心的建立,改变了过去那种只负责生产或销售,不负责盈亏,利润最后集中到企业总部才能反映经营的状况。

(5) 研究开发人员的平等制代替森严的等级制。大森林型的组织结构还表现在企业内部研究开发人员与各级经营决策人员建立平等关系,可以在一起进行平等的、自由的讨论,而不是像金字塔型结构中等级森严。

随着现代企业管理组织结构的改革,还将出现许多不同形式的扁平型结构。我国的经济体制改革,在纵向管理体制上要减少层次,实现扁平化,同时减少政府过多的干预,让企业在市场上成为独立的商品生产者和经营者并保持平等交换的关系,实现网络型管理。在企业内部,权力下放,建立分厂或成立事业部,划小核算单位,实行层层经济责任制等,这实际上也是在实现扁平化组织结构的变革。未来的企业组织将会有以下特点:

组织将在一种动荡的环境中经营,组织必须经受住不断的变化和调整,从管理结构到管理方法都将是柔性的。

组织规模日益扩大,日益复杂化,组织将需要采取主动适应型战略,以进行其动态自动调节过程而寻求新的状态。

科学家和专业人员的数量将增多,职工队伍素质不断提高,他们对组织的影响将不断扩大。

企业管理将重点放在说服而不是强迫职工参与组织的职能工作。

有专业人士认为将来最有效的组织,不是官僚主义结构,而是可塑的“特别机构主义”。未来的组织是由一些单元或组件构成,任务或目标完成后可以拆卸,甚至可以抛弃。构成组织的各单元之间并没有上下级关系,而只具有横向的联系。组织结构的决策也同产品和服务一样,不是统一的或标准化的,而是因地制宜的。航空运输企业也是一样,选择适合自己类型特色和完成战略目标所需的组织结构,不拘泥于某种形式,才是科学的态度。

3. 组织架构的规范性、协调性、成长性考虑

1) 规范性

企业好比一台复杂系统的机器,要使这台机器能高效、优质、低耗的运转,则须采用科学的方法进行管理,而管理方法执行的前提是有一套运营框架,就企业的战略规划和决策、运营流程、组织结构、规章制度、资料信息体系、管理控制规范化进行规范化设计,形成程序化标准化的管理运营机制,实现企业有效的规范化管理。

通过企业规范化管理,企业运营的流程应实现制度化、流程化、标准化、表单

化及数据化,使企业各个岗位实现责权利三者明确划分,以形成统一、规范和相对稳定的管理体系,保证企业整体的工作质量,提高工作效率,保障企业的正常运营。

规范化管理在企业运作上涉及多个方面:企业的战略规划和决策、运营流程、组织结构、规章制度、资料信息体系、管理控制规范化等方面;规范化的目标是"五化":制度化、流程化、标准化、表单化、数据化。

(1)战略规划和决策的规范化。企业战略的规划是企业上下全体员工对企业未来发展方向的预期,这需要建立在对企业现状的清晰认识和对企业未来的准确预测的基础上。在这种情况下,需要有一个科学、规范、务实的企业战略分析系统,对企业现在及未来的内外部环境进行有效的综合分析,结合企业愿景和企业文化,对企业的经营定位、行业定位、产品定位和市场定位制定具体的企业战略。

而决策规范化指的是决策前信息体系完整及决策方法科学标准,将决策活动约束在既定的程序中,以免企业决策受到决策人的个人主观因素而产生过多的主观偏差,从而能更好地推动企业发展。

(2)运营流程的规范化。一般企业在对某个部门内部的管控体系都有一定的管理办法,但对于部门之间的衔接却很难有较好的管控方法,所以,越是界定部门之间的权责,问题就越多。这时就需要对企业运营的流程进行明确,使部门纳入到流程中,成为企业流程中的一个结点。流程一般包括岗位工作流程、系统业务流程、企业组织流程。在进行流程规范化的时候,必须先明确企业的战略方向和目标、识别流程及其现状,然后确定企业的各个流程,并对流程进行科学的规划和设计,使企业运营达到效率最优。

(3)组织结构的规范化。组织结构是关于企业在运营过程中涉及的目标、任务、权力、操作及相互关系的系统。具体内容包括:企业各部门之间的结构、岗位设置、岗位职责及岗位描述等。目的在于协调好企业部门与部门之间、人员与任务之间的关系,使员工明确自己在公司中应有的权、责、利,以及工作形式、考核标准,有效地保证组织活动开展,最终保证组织目标实现。

组织结构决定着组织行为,直接影响企业战略的执行,所以必须依据企业的实际情况,为企业设计与其相匹配的组织结构,达到顺畅的发挥企业能力的目的。组织结构规范化强调组织架构的设计,应该建立在系统思考的基础上。各单位、部门和岗位,都必须从系统的角度出发,对应于企业的目标来界定自己工作的内容、标准和要求,以及所能支配的资源,使之按照既定要求和标准,对所获得的资源的配置方式进行选择,行使决策权力,并承担相应决策的责任。

（4）规章制度的规范化。管理制度是规范化管理的有效工具，可以对各个部门、岗位和员工的运行准则进行很好的界定，它能够使整个公司的管理体系更加规范，是每个员工的行为受到合理的约束与激励，做到"有规可依、有规必依、执规有据、违规可纠、守规可奖"。其主要内容包括：管理体系的规范化、行为准则界定的规范化、绩效管理标准的规范化、违规行为处罚的规范化等。

（5）资料信息体系规范化。从有利于信息化、有利于信息共享、有利于减轻基层负担出发，根据新流程、新制度的要求，按照格式模板统一、填写标准统一、资料共享及归档要求统一、检查指导要求统一、评分考核要求统一、绩效兑现要求统一的标准，完善台账、记录、报表，完善内部共享资料数据库，推进基础资料信息化管理，推进流程关键点的过程控制，为量化考核、追溯责任和绩效考核提供依据。

（6）管理控制的规范化。企业的规模越来越大，作为管理者对企业的管理难度就越大。这就需要企业有一套有效的管理控制系统，管理者可以通过这套规范化的系统，对企业的战略、营销、生产、财务、人力资源、技术开发、供应链、产品的品质等模块进行有效的管理和控制，来实现管理者的意图。使企业的每一个岗位、每一个活动、每一份资产、每一个时刻，都处于受控之中。

通过对这几个方面进行的规范化，最终使得企业的决策程序化、考核定量化、组织系统化、权责明晰化、奖惩有据化、目标计划化、业务流程化、措施具体化、行为标准化、控制过程化。

2）协调性

企业的协调性，是在企业规范化的框架下实现的。企业规范化的制定和实施情况直接影响到企业的协调性，进而反映在企业的运作当中。相对应规范化的探讨中，在协调性里主要包括有企业的组织架构、运营能力以及资金运转三个方面。

（1）组织协调性。组织协调性首先指的是企业组织架构的设计要与企业战略相协调。例如对于生产技术复杂、管理工作精细的现代化工业企业，就应当采取能够充分发挥职能机构的专业管理作用的职能制组织结构；而对于规模庞大、品种繁多、技术复杂的大型企业，需要采用高层集权下具备充分分权能力的事业部制组织结构。只有当采用了与企业特点、企业战略相适应的组织结构，企业这架复杂的系统运行起来才能够正常有序。

组织协调性还指部门工作范围的设计要遵循协调的原则，各岗位的权责利界限要清楚明晰，架构的高低层次井然有序，且部门之间的工作能够相互配合但尽可能减少重复冗余甚至冲突的环节，以保证企业各部门之间能进行合理的协调、联系、配合,以保证整个企业的高效率运作,发挥出优于局部的整体效应。

(2)运营协调性。运营协调性指的是企业经营过程中的生产、采购、销售环节中,资源体系应与运营节奏形成协调的关系。快节奏的企业必须要有相应的战略资源作为支撑,企业的经营中,所涉及的产品、市场、技术、人员等决定战略资源的要素应及时地得到变革、调整、培育和积累,以免导致矛盾积累加深,成为经营危机发生的根源。因此,运营协调性需要企业供应链的高效运行,以保证企业运作的持续发展。

(3)资金协调性。资金协调性是指经营业务的各个环节,包括投资、融资、生产、采购、销售、资金支付和结算等环节要相互协调,各个环节的资金占用与来源,在时间上和数量上要实现和谐一致,配合得当。而长期投融资活动、生产经营活动、现金收支三个方面都应呈现出协调。

3)成长性

企业成长性的理论基础是企业生命周期理论。它是 20 世纪 90 年代以来国际上流行的一种管理理论,借鉴了产品市场寿命周期理论的许多观点,以研究企业成长阶段模型为核心内容。该理论的核心观点是:企业像生物有机体一样具有生命,并且存在一个相对稳定的生命周期,即一个从生到死、由盛到衰的生命历程。因此,企业的生命周期表现为一个从孕育、创立、成长到成熟、衰退的动态演进的复杂过程。企业随着企业生命周期的循环往复成长到衰败,然而实践过程中,有的企业生命周期长,有的企业生命周期短,这其中就体现了企业的持续成长能力。

针对企业持续成长能力的提升问题,结合企业成长的理论研究,发现企业的成长性质分为内生性成长和外生性成长,相对应的成长模式也分为了渐进式成长和突变式成长。

(1)企业成长性质。

① 内生性成长。企业之所以成长,是内部因素和外部条件作用的结果,而起主要作用的还在于内部因素,内因是决定因素。一个正常运营的企业在长期的经营过程中,会不断产生并积蓄超过满足日常生产经营需要的资源而形成潜在的能力,当这种积累达到一定程度时,必然产生向新的领域拓展的强烈冲动,从而形成企业内生成长态势。这种由内因导致的成长通常被称为企业内生成长。

企业内生成长是通过对在经营过程中经营资源积累的潜能的充分利用而实现的。企业经营资源可以分为三种类型:有形资产、无形资产和组织性能。

有形资产是指价值易衡量的资产,包括不动产、生产设备、原材料等。无形资产包括企业声誉、品牌、企业文化、科技、专利和商标及积累的学识和经验。组织性能是指与效率和效果有关的人、物及经营过程的结合状态。管理经验和专长对企业显然是一种更难得的资源,如果企业有着大批具有特殊组织才能和企业家才能的经理队伍,那么他们可以把企业有形资产和无形资产充分地调动起来,扩大经营范围,使企业获取意想不到的利润。因此,经营资源增值能力的增长是企业成长的内因。

② 外生性成长。外生性成长指的是外部环境的改变给企业带来恰如其分的成长机会,且企业自身已具备迎合这种资源的内生能力的情况下,企业得到一个充分强大的外力推动从而带来的成长过程。从宏微观角度来列举常见的外部环境改变主要有:政策环境、市场环境、竞争对手情况、外来资本的吸收、先进技术的引进、战略联盟的建立、兼并收购等。

外来资源的加入亦是企业现有核心能力的一种吸引作用,因为核心能力也是一个发展的过程。而且外部资源成功地引入必须通过内部资源整合,将其吸收予以发展。当然,企业增加补充资源或发展新资源,应该贯穿其整个发展过程。

由此,在内部资源的成长的基础上,通过资源的补充和资源的替代实现核心能力的发展和更替,企业才得以永续成长。

(2) 成长模式。如图 5 - 15 所示,由资源和能力构成的企业在持续成长上出现了两种模式。一种是利用自身长期积累形成的核心能力(即企业的内生实力)而实现的成长,是一种渐进式的成长方式;另一种是企业依靠对机遇实施有效的管理,也即外生式资源的获得而实现的成长,是一种突变式的成长方式。两种成长方式同时作用在企业的成长过程中。企业在这两种成长机制的交互作用下不断演化,最终实现成长。企业成长是一个机遇、实力和主观努力三要素相互作用和轮动的过程,是渐进式成长与突变式成长交互作用的结果,它们统一于企业成长过程中。

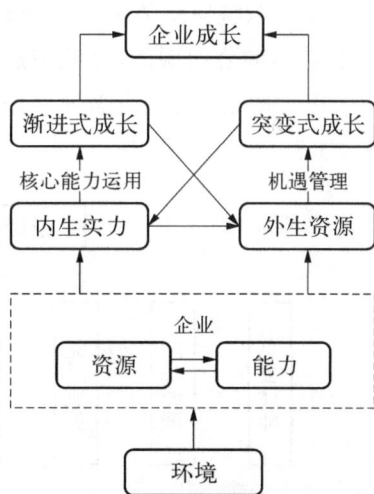

图 5 - 15　企业成长模式

① 渐进式成长。作为资源和能力结合体的企业在环境的作用下进行演化,当环境的变动程度不大、不确定程度较低时,机遇出现的概率较小,企业依靠自

身实力推动成长,因为实力的长期积累性和相对稳定性,这种成长是连续的、渐进的,是一种渐进式成长。当渐进式成长方式的影响要素占上风时,即企业主要发挥核心能力(内生实力)作用时,企业成长就表现为渐进式成长。

② 突变式成长。当环境变动程度较大、不确定性程度较高时,机遇出现的概率较大且具有较高价值,企业利用机遇推动成长,由于机遇的耦合性、非平衡性、不平等性、不稳定性等特性的作用,这种成长的结果是不连续的、突变的,是一种突变式成长。当突变式成长方式影响要素占优势时,即企业主要依靠机遇管理(外生资源)作用时,企业成长就表现为突变式成长。

世界上没有绝对完美的组织架构。说其完美,也只能是相对完美,是相对于现在情况的完美。随着情况的变化,原来的完美不复存在。对组织架构的设计必须有规范性、协调性、成长性的考虑。

5.10.2 我国航空公司的一般组织管理架构

我国大型航空公司一般分航空运输集团和航空运输公司两个层面。航空运输集团层面,一般主管战略和资产保值增值。其主要部门包括办公厅、战略发展部、人力资源部、财务部、航空安全部、审计部、法律部、党组工作部、党组宣传部、党组巡视部、纪检组办公室、监察部、工会办公室、团委、离退休办公室等。图 5-16 为东航集团的组织管理架构。

航空运输公司层面,是航空运输的实际经营管理单位。在航空运输公司层面,组织架构按经营运行需要而设置。一般分决策层、最高管理层、管理层和执行层,如表 5-8 所示。

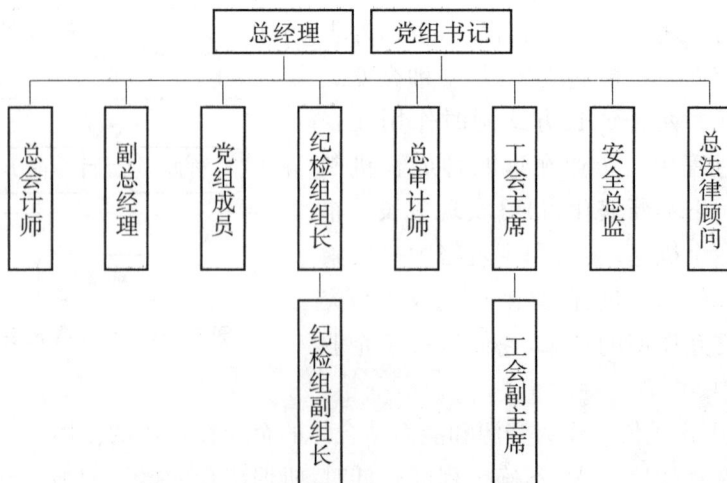

```
                              ┌──────────┐
                              │ 机关各部门 │
                              └─────┬────┘
  ┌───┬───┬───┬───┬───┬───┬───┬───┬───┬───┬───┬───┬───┐
  办   战   人   财   航   审   法   党   党   党   纪   工   团   离
  公   略   力   务   空   计   律   组   组   组   检   会   委   退
  厅   发   资   部   安   部   部   工   宣   巡   组   办       休
       展   源       全       作   传   视   办       办
       部   部       部       部   部   组   公       公
                                             室       室
                                             ＆
                                             监
                                             察
                                             部
```

```
                   ┌────────────────────┐
                   │ 中国东方航空集团有限公司 │
                   └──────┬──────┬───────┘
              ┌──────────┘      └──────────────┐
         ┌─────────┐                      ┌─────────┐
         │ 核心企业 │                      │ 非核心企业 │
         └────┬────┘                      └────┬────┘
              │          ┌───┬───┬───┬───┬───┬───┐
           中国          东   上   东   东   东   东   东
           东方          航   海   方   方   航   方   方
           航空          金   东   航   航   实   通   航
           股份          控   航   空   空   业   用   空
           有限          有   投   进   食   集   航   传
           公司          限   资   出   品   团   空   媒
                        责   有   口   投   有   有   股
                        任   限   有   资   限   限   份
                        公   公   限   有   公   责   有
                        司   司   公   限   司   任   限
                             司   公         公   公
                                  司         司   司
```

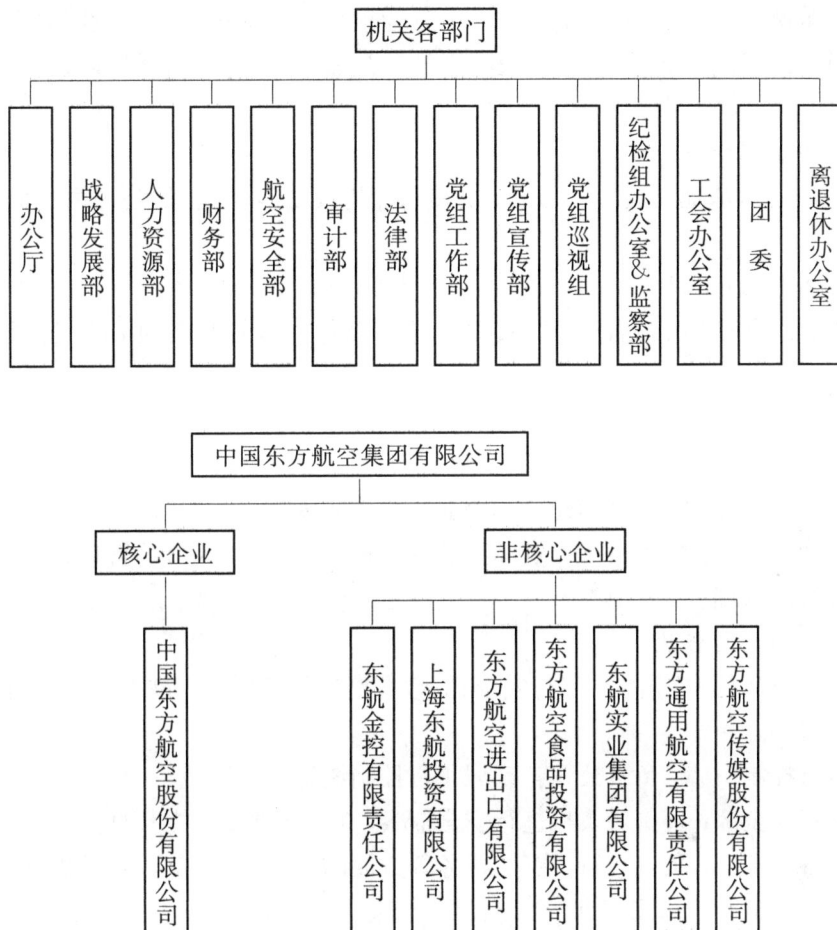

图 5‑16　东航集团的组织管理架构

表 5‑8　航空公司一般管理层次

决策层	董事长、监事、董事
最高管理层	总经理、党委书记、总会计师、工会主席等
管理层 1	机关：部门总经理 二级单位：部门总经理、党委书记、工会主席
管理层 2	三级单位部门经理、副经理
管理层 3	基层班组组长、基层主管
执行层	员工

决策层为最顶层,为股东大会。下分为董事会和监事会。一般同时设立咨询委员会,作为总裁的智囊团。最高管理层是公司最高的经营管理机关。管理执行层一般按功能设置不同的板块。

1. 分公司板块

各分公司基地属公司一级机构,其内部均设二级机构,如公司内部的职能部门。

2. 人事行政板块

设总裁办公室、综合管理、人力资源等部门。该板块各部门属公司一级机构。

总裁办公室:负责协助领导处理日常行政事务;负责公司的外事管理和组织协调工作;负责文件、传真、材料、档案等的处理。

综合管理部:负责基本建设和物业等方面的管理。

人力资源部:负责员工工资和福利的管理;负责组织人事的管理;负责人才资源选拔的管理。

3. 飞行运行板块

一般设运行控制中心、飞行安全部、教育培训部等部门。该板块各部门属公司一级机构。

运行控制中心:负责公司各区域飞行控制统筹。

飞行安全部:负责对飞机进行安全监察;负责飞机安全技术的引进。

教育培训部:负责飞行、乘务、机务等方面的专业培训;负责领导进修培训;负责飞行模拟系统试飞培训。

信息控制中心:负责整个系统的信息管理;负责软件开发、更新与维护。

4. 机务板块

一般设机务工程部、设备中心和维护中心等部门。属于公司一级机构,承担公司的维修业务。

机务工程部:负责机务专业技术管理;负责机务放行标准管理;负责机务技术引进与改造管理。

航线维护中心:负责航班飞机的航行前后日常维护管理。

设施设备中心:负责各种设备设施的制造、修理和更新。

5. 商务板块

一般设商务委员会、航班计划中心、销售控制中心等部门。属公司一级机构。

航班计划中心:负责国内外航线的开拓;负责航班计划的管理。

销售控制中心：负责国内外航班机票销售的控制管理。

客运业务中心：负责国内外客运业务、机票价格的管理；负责客运代理商的管理。

货运业务中心：负责国内外货运和运价的管理。

广告策划中心：负责对外宣传的广告策划的制作和投放；负责航空公司对外形象的建立。

6. 服务板块

一般设地面服务、客舱服务等部门，属公司一级机构。

地面保障中心：负责国内外旅客和行李运输；负责地面服务和保障；负责航班信息整合。

7. 战略板块

一般设信息管理部、规划发展部等部门，属公司一级机构。

信息管理部：负责整个公司的信息管理及服务产品开发。

规划发展部：负责指导和监督信息管理部各项业务工作；负责规划航空公司的未来发展方向。

8. 财务板块

一般设集中采购、财务等部门，属于公司一级机构。

财务结算部：负责国内外收入结算管理；负责财务政策和投资政策的管理；负责发票的报销。

商务、战略、飞行运行、机务板块与分公司板块一般垂直化管理属地单位。通过设在各区域的业务中心，开展区域业务活动，分公司基地配合、协调并组织本地生产运行。服务、财务和人事板块一般对分公司基地相关业务宏观调控。

第 6 章

航空运输营销电子商务

互联网的普及，信息技术的发展，电子商务的应用，正在深刻改变着航空公司的营销模式。原本不可或缺的全球分销系统 GDS（Global Distribution System）不再不可或缺。营销代理企业走向网上，成为网上旅行代理 OTA。电子商务已经成了航空公司的标配，甚至成了有些低成本航空公司 LCC 的绝配。在此基础上，发展起来的新媒体营销等也随之提出，成为航空公司新的营销途径。

6.1 GDS

20 世纪 50 年代后期，随着旅客预订量增大，提高预订效率迫在眉睫，由此美洲航空（AA）和 IBM 共同创建了实时编目控制的计算机系统，供 AA 内部使用。这就是 GDS 的起源——世界上第一家航空公司航班控制系统 Sabre。到 20 世纪 60 年代中期，Sabre 成为最大的私有实时数据处理系统，其规模仅次于美国政府系统。短短十年内，Sabre 为 AA 带来了巨大竞争优势，促使其他航空公司也纷纷建立自己的预订系统。与此同时，各航空公司在各地建立自己的销售代理，扩大销售范围。由此产生大量重复建设和资源浪费。在此背景下，统一的跨越航空公司平台、实行数据共享的全球分销系统 GDS 应运而生。经过多年的发展，GDS 功能不断完善，从行程预定延伸到旅游产品预定，从数据库连接共享服务拓展到数据统计服务。目前，GDS 服务一般由几家大型航空公司控股的独立公司经营。世界上主要的 GDS 有中国中航信的 TravelSky 系统，美洲的 Worldspan、Sabre，欧洲的 GALILEO、AMADEUS，还有韩国的 TOPAS、日本的 AXESS 和 INFIN 以及东南亚的 ABACUS。这些系统功能都大同小异，下面择要介绍一下。

1. 中航信系统

中航信系统源于 1993 年原中国民航计算机信息中心开发的民航订座系统。

为适应机票销售代理业务,遵循代理分销订座系统与航空公司订座系统互相独立的国际惯例,民航于 1996 年完成机票代理人订座系统 CRS(Computer Reseravation System),服务销售代理,实现外航航班直接销售。1999 年,在 CRS 基础上建设 GDS 系统。2000 年,建成投产,并成立了以原中国民航计算机信息中心为基础,由南方航空公司、东方航空公司、中国国际航空公司等多家航空公司发起参与的中国民航信息网络股份公司(简称中航信)营运主体。中航信系统以后逐渐完善了航班控制系统(ICS)、离港系统(DCS)等。

中航信系统是中国自主开发的唯一的 GDS 系统,全球第四大 GDS 系统。其服务的客户包括国内航空公司及近 200 家地区及海外航空公司,国内 147 家机场及近 7 000 家机票代理人,服务范围覆盖 300 个国内城市、80 个国际城市,并通过互联网进入社会公众服务领域。毫无疑问,中航信系统是我国具有垄断性地位的 GDS 系统。在我国开放 GDS 市场后,外国航空公司获批可在中国使用国外系统。目前,Sabre、GALILEO 以及 AMADEUS 已跟着进入了中国市场,利用自己的优势与中航信竞争,并且现在已经有许多代理商开始使用国外的 GDS 系统。

2. WORLDSPAN 系统

Worldspan 由美国达美航空和美国西北航空公司于 1994 年发起成立,主要提供销售代理服务、营销服务、咨询服务。它可提供全世界范围内旅游信息的电子信息分配、旅游代理商及提供者的网上交易能力,被旅游代理商及与旅游相关的行业用来网上订票、预订酒店及相关行程安排。Worldspan 系统最初在 1990 年被达美航空、美国西北航空及合众国航空提出,用于自己运营及向旅游代理商出售其 GDS 服务信息。Worldspan 的功能与中航信 GDS 系统大致相同,通过互联网、电话等方式为客户提供服务,一方面起到了分销的作用,另一方面也帮助航空公司开展内部运营管理。

2009 年,Worldspan 与欧洲的 GALILEO 合作,使得用户能获得两个平台上航空公司的票价和座位数。

3. GALILEO 系统

GALILEO 为欧洲各大航空公司及其他相关公司选择的 GDS 大户。GALILEO 公司在宣布与广东易网通商旅咨询服务有限公司合作后,为在我国市场的快速发展奠定一定基础。GALILEO 系统有五个工作区。当操作人员接到新的服务需求时,无须中断正在执行的工作,只要更换工作区便可开始查询或建立新的订座记录。GALILEO 系统也可提供全面的计算机辅助课程,可以随时进入课程学习,使用系统中的各项功能。GALILEO 查询也很方便,在票价查询方面,能快速、准确地查询欧美境内的单航段或多航段价格。其他的辅助功能如行程单自动生成功能,能把记录直接转换成行程单,可使用多种语言显示机上服务项目和出发、到达的候机楼等。

4. AMADEUS 系统

AMADEUS 计算机中心在德国的慕尼黑,其系统使用用户可以预定各种旅游服务,掌握全球旅游服务的全面信息,获得旅游信息管理工具。德国的汉莎航空和原美国西北航空都是它的大股东。在欧元启用前,AMADEUS 只是一家为欧洲货运公司兴建德国 Erding 资料处理中心的公司,在 1992 年才首度开发了旅客订座系统。AMADEUS 在查询欧洲航线和美洲航线方面有其优势。不仅在欧洲和南美占据主导地位,在北美、亚太地区及非洲也站稳了脚跟。AMADEUS 系统在建设过程中,采用了整体规划、分步实施、先易后难的原则,逐步把系统从 IBM TPF 和 UNISYS 等传统主机平台转移到开放平台,完成了所有系统平台脱离主机向开放系统的转移。在这方面它具有一定的优势。

虽然这些 GDS 的功能大致相同,但每个系统的业务对象、WEB 形式销售平台及售后服务等方面还是有区别的。目前,GDS 正面临着功能更为完善的 OTA 平台的挑战。同样作为信息与销售渠道,OTA 平台比大型 GDS 服务商对航空公司索取的费用更低,且更贴近民众。以携程为例,2015 年 1 月,携程正式收购总部位于英国的 TRAVELFUSION 多数股份,加码廉价 GDS,提高携程在国际旅行市场上的地位。之前,携程已经宣布合并去哪儿,提高了其在国内的影响力。

6.2　国内外主要 OTA 及其比较分析

在互联网时代,旅行电子商务的发展对于民航业的发展具有举足轻重的影响。其中,旅行电子商务网站是旅行电子商务的对外界面,它的发展状况是衡量旅行电子商务发展阶段的重要标志。

旅行电子商务网站,又称为网上旅行代理(Online Travel Agency,OTA)。在这方面,美国起步最早。他们不仅网站数量多,而且功能全、特色明显。我国的 OTA 虽然起步晚,但发展快。尤其是携程网,自 1999 年创办以来,其市场份额不断增加,已经成为众多旅行客的首选。

下面主要选取国内外几大具有广泛影响的旅行电子商务网站——携程、去哪儿、Expedia、Travelocity、Priceline、Orbitz。通过他们,来了解分析 OTA 的情况。

6.2.1　国内外主要 OTA 网站

1. 携程

携程是一个总部在上海的在线票务服务公司。它成功整合了高科技产业和传统旅行业，可提供旅游度假、酒店预订、机票预订等各种旅行服务。

1）旅游度假

携程旅游提供数百条度假产品线路。包括本地周边游、国内旅游、国际旅游等多种旅游线路，并且拥有多条不同产品组合线路。

2）酒店预订

携程拥有酒店预订服务中心，为顾客提供即时酒店预订服务。其合作酒店超过 32 000 家，遍布全球 138 个国家和地区的 5 900 余个城市。

3）机票预订

携程为顾客提供几乎所有航空公司订票服务，包括国内机票、国际机票的查询、预订、低价通知。行程类型可为单程、往返或联程。除此之外，"航班动态"提供按照航班号、起降地查询航班动态信息。"值机选座"可以在出票后至起飞前72 小时内预约座位，在飞机起飞前一天 14:00 后凭借证件号或票号在网上办理值机选座。值机成功后，可在线打印登机牌。"退票改签"可提供已出票的机票的改签退票服务。

除此之外，携程还有机票＋酒店捆绑销售产品和机场大巴查询及预约服务，为顾客提供更加人性化、便捷的出行服务。

除机票外，携程还提供高铁票代购等服务。

2. 去哪儿

去哪儿是我国总部设在北京的另一家在线票务服务公司，可为旅行者提供国内外机票预订、酒店预订、度假旅行、旅游团购等服务。通过信息比较，能帮助旅行者找到性价比高的产品。

1）机票预订

"去哪儿"网站的机票预订分为国内机票和国际、港澳台机票两种。其中国内机票有单程和往返两种，而国际、港澳台机票包括单程、往返、多程（含缺口）三种。

"去哪儿"特色之一是机票预约。在顾客输入出发城市、到达城市、最早/晚出发时间和合理预算（不含机场建设费和燃油费）后，"去哪儿"网会实时监控机票价格变化。一旦发现符合预算范围的机票会立即下单。下单成功后会用短信、邮件的方式通知订票人付款。

2）酒店预订

"去哪儿"网的酒店预订服务可提供客栈民宿、国际酒店、公寓短租、高端酒店等多种酒店预订。它们分类排序，方便顾客选择。

3）度假旅行

"去哪儿"网的度假旅行服务品种较多，包括邮轮旅行、签证办理、特价旅游团购、周边游以及机票＋酒店自主旅游套餐。

不仅如此，相比携程，"去哪儿"网还有 Wifi 租赁这一功能，它向消费者租赁各国各地区的随身 Wifi。消费者可以凭借它在国外上网、地图导航、查询攻略、刷微博微信等。

3. Expedia

Expedia 是全球最大的在线旅游公司，其业务量约占全球在线旅游市场的三分之一，于 2007 年通过与艺龙的合作正式进入中国市场。现有业务部门遍及美国、加拿大、法国、英国、比利时、德国、意大利及西班牙。其总部设在美国，是一家提供机票预订、酒店预订、汽车出租、邮轮旅行等服务的互联网企业。

1）机票预订

Expedia 的机票预订功能相比国内的两大旅游网站更加倾向于国际航线，航程分为单程、往返和多个目的地三种类型。除了可以搜索出发地、目的地、出发时间外，Expedia 还可以筛选航空公司、舱位类型、是否直飞、是否可退款等功能，更加人性化和精准。另外，Expedia 网站上的机票预订和其他产品组成了多种组合，进行捆绑销售，如机票＋酒店组合，机票＋酒店＋叫车服务组合，以方便旅客旅行。

图 6-1 为 Expedia 机票预订界面。

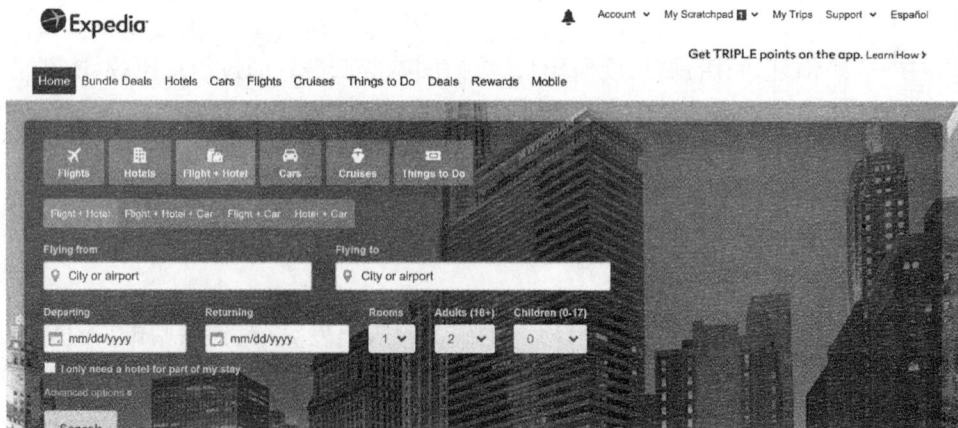

图 6-1 Expedia 机票预订界面

进入查询机票的页面后,消费者能够看到所有符合起止机场的航线的相关信息,包括航空公司、起飞降落时间、航行时间、机票价格。该页面还可以按照价格高低、航行时间长短、起飞降落时间的早晚进行排序检索,方便消费者按照一定的需求尽快找到最满意的航班信息,缩短了时间,提高了工作效率。同时该页面还可以预览剩余座位、查看行李收费标准、查看该航班的评分等级等,为消费者提供更人性化的服务和更多的参考要素,使消费者能够享受更舒适的旅行体验。

更值得强调的是,Expedia 网站在预订机票和酒店时有一项 Best Price Guarantee 政策。其内容是:如果顾客在预订成功的 24 小时内找到更便宜的航班、度假计划、汽车租赁或邮轮等活动,Expedia 网站将会退还差价并补偿消费者 50 美元的未来旅行消费券。对于酒店预订,这个政策的要求放得更开。如果消费者在酒店入住的前两天找到更便宜的酒店,Expedia 将会退还差价并补偿消费者 50 美元的未来旅行消费券。

除此之外,Expedia 还有另一个特色政策——No Expedia Fees。即当消费者预订酒店、租车、邮轮或其他形式的活动时,该网站不收取任何预订费。当消费者打算改变自己的旅行时,Expedia 不收取任何罚款。如果消费者取消航班、酒店、邮轮、租车等服务,Expedia 也不会收取任何的手续费。

2) 酒店预订

Expedia 的酒店预订服务扩展至全球,范围更广。同时,在预订酒店的时候,也有相应的添加机票预订和添加租车服务可供选择,可和酒店预订捆绑销售。

3) 租车服务

Expedia 租车服务相对我国国内的旅游网站上的租车服务要显得更加全面。其功能较为完善并且普及性高、市场需求大、应用面广,是 Expedia 的主营服务之一。在租车服务中,除可以选择起终点、出发到达时间外,还可以选择车种类、出租公司和是否有折扣、左右手驾驶等更多人性化的选择。

4. Travelocity

Travelocity 是一个本部设在美国的在线旅行网站,属 Sabre 集团旗下,现在由 Expedia 全资拥有。Travelocity 的主要业务对象是美国消费者。因其提供消费者一个完整的服务而得名 Travelocity Business。他们相信:当你使用 Travelocity 时,你会因他们优异的客户服务、多年的经验、广泛的服务而不会在旅行中感到孤独。

Travelocity 因被 Expedia 全资收购,故网站界面功能等与 Expedia 趋于一致。作为一个在线旅行社，Travelocity 有全面的功能，包括旅行套餐、酒店、车、航班、邮轮旅游等预订及低价通知等。

5. Priceline

Priceline 是美国一家基于 C2B 商业模式的旅游服务网站，是由美国人 Jay Walker 在 1998 年创立的，也是目前美国最有特色的在线旅游公司。打开 Priceline 网站，最直观的可选项目就是"机票""酒店""租车""邮轮旅游""旅行套餐""旅游保险"。Priceline 属于典型的网络经纪，它为买卖双方提供一个信息平台，以便交易，同时提取一定佣金。对于希望按照某一种住宿条件或者某一指定品牌入住的客人，Priceline 也提供传统的酒店预订服务，消费者可以根据图片、说明、地图和客户评论来选择他们想要的酒店，并且按照公布的价格付款。

Priceline 公司最大的特色莫过于独创的"客户自我评价系统"。此系统的运作流程是让消费者自我定价，Priceline 负责寻找提供的供应商。在 Priceline 网站上，你可以对于某种商品或者服务提出你所想要支付的价格，Priceline 即可从数据库中找到能为你提供服务的商家。实际上，在飞机即将起飞时多售出一张机票的边际成本几乎可以忽略不计，带来的边际效益却数目可观。Priceline 基于这一简单的道理，大胆想象，勇于实践，成功带来了一场网络营销的变革，也因此快速成长为目前美国最大的在线旅游公司。

1) 机票预订

Priceline 的机票预订界面清晰明了，直接输入起终点、出发日期就可以查询预订相关航班。唯独与其他旅游网站不同的是 Priceline 的价格反拍（见图 6-2）。

图 6-2　Priceline 的价格反拍

2) 酒店预订

Priceline 的酒店预订只有目的地和入住时间的筛选查询，没有多种酒店类型可供选择。酒店的排序分为价格高低、销量高低、顾客评分高低三种方式。比较会吸引消费者的一点是如果消费者能够捆绑消费机票＋酒店的话，可以获得最高 500 美元的优惠。

6. Orbitz

Orbitz 为旅行者提供旅游计划和预订范围广泛的产品和服务,包括机票、酒店、租车、邮轮旅游、度假套餐产品。Orbitz Worldwide 拥有一个品牌组合,包括 Orbitz、Cheaptickets、eBookers 和 Hotelclub。其总部设在芝加哥花旗集团中心。

Orbitz 主页的上方有酒店预订、机票预订、度假打包、租车服务、游轮观光等几个主菜单,每一项主菜单下又有很多二级菜单和其他筛选条件,品种丰富多样,和其他在线旅游电子商务网站类似。

Orbitz 的机票预订有三种航程,分别是单程、往返和多程。与其他在线旅游电子商务网站不同的是,消费者在 Orbitz 中输入出发地和目的地机场时,还可以勾选"Include airports within 80 miles"这一选项,这样就可以同时搜索出发地周围 80 英里(1 英里=1.6 千米)内的所有机场,使得旅客更有可能搜索到"价廉物美"的机票。同样,Orbitz 网站也提供了多种组合产品,包括机票+酒店、机票+租车、酒店+租车、机票+酒店+租车四种形式,并且通过有价格竞争力的组合产品,来吸引消费者购买。

6.2.2　OTA 网站中外比较分析

OTA 网站提供的主要服务功能包括:旅游信息的汇总、传播和交流;旅游信息的检索和导航;旅游产品和服务(机票预订、酒店预订、度假旅游、邮轮旅行、租车服务等)的在线销售和个性化服务。一般来说,消费者购买旅行产品的基本流程是:注册—登录—查询旅游信息并预订—预订信息的审核—确认—填写订单—提交—付款(或者到店付款)—接收反馈信息。注册时,通常需要注册人提供真实姓名、用户名、密码、电子邮箱等基本信息。用户登录后,才可以预订满足他们需求的产品。用户确认旅游产品的预订信息正确无误后,网站会提供给用户一个订单。消费者填写完订单并提交后,代表交易结束。

中外 OTA 网站所能提供的信息比较类似。但是在国外的一些网站上会要求用户在登录后立刻完善基本信息。这样可以有效避免在预订过程中出现的重复撰写相同信息的情况。它更大的优越性还在于后续服务方面。在顾客没有找到自己所需要的服务时,网站可以记录顾客信息。一旦出现了符合其要求的产品即可用用户留下的联系方式提醒客户,最大限度地满足用户需求。

其实国内的一些大型 OTA 网站中所提供的信息资源并不逊色于国外的网站,但是在预订的服务功能上面就显得相对较弱。用户在网上进行预订服务时,常常需要重复填写相同的信息。这不仅耽误了大量时间,还使得消费者对此比较厌倦,失去耐心,也大大降低了预定效率。同时,目前我国的大多数网站几乎都没有为消费者提供个性化服务,甚至有的网站都没有为消费者推荐旅游线路。这在一定程度上影响了消费者的网上预订积极性。

具体对比携程与 Expedia。Expedia 与携程在机票、酒店查询及相关的一系列旅游服务中都能较为系统、全面地满足浏览者的需求。然而在细节方面却各有侧重。携程提供给用户一系列相关的周边服务,如礼品卡和旅游产品。这些不仅给他们带来了额外的利润,人气也因此有了提升。而 Expedia 着眼于旅游产品的配套查询。在简单的查询机票与客房之外,附加了额外的汽车情报。汽车租赁服务是 Expedia 网站的一大项目,旅客可以根据自己的需求,随时随地随心选择汽车,从而形成关于行程、住宿及汽车出租的一体化配套服务,利润与用户体验都随之水涨船高了。

除此之外,国外的 OTA 网站在一些功能的细节方面比较周到。比如在查询机票时,还有更多更人性化的筛选条件可供选择,例如选择航空公司、选择是否直飞、选择包含周围 80 英里内的所有机场。从各个细小的、不起眼的功能方面给使用者带来便捷、舒适的旅行体验。

其次,国外 OTA 网站的服务产品售价比较便宜,不管是航空公司还是酒店都会有很大的折扣和优惠,而在中国,和传统意义上的旅行社的组团批量购买相比,OTA 网站的产品价格并不优惠。

还有,国外的 OTA 网站特色比较明显。如 Expedia 的低价保障、Priceline 的价格反拍、Orbitz 的 80 英里搜索等。

另外,我国有些 OTA 网站的诚信和服务意识有待提高。譬如,机票销售时的硬性搭售,酒店预订时的押金归还。作者曾经在国内一个有名的 OTA 网站预订了一夜宾馆,支付了 400 元押金。入住时,按店家规定付了店家 400 元住宿费。但入住结束后,400 元的押金迟迟没有归还作者。

6.3 国内外航空公司电子商务网站比较

21 世纪航空业最重要的竞争在于改善客户服务和增加客户忠诚度。因而,电子商务网站也趋于向在各个触点上为客户提供差异化的服务,即要求电子商务平台从寻找信息、接触客户、形成交易、提供服务和持续关怀五个层面不断完善。

6.3.1　电子商务给航空公司营运带来的影响

电子商务对航空公司的影响不仅仅是销售方式的改变,更是竞争态势的改变。航空公司的电子商务网站一旦被顾客普及使用,能给航空公司带来不少经营优势。

1. 使航空公司的销售网络化从而降低成本

借助电子商务平台,将航空公司的产品及其相关信息全面、直接地发布在网站上。消费者直接从网站上采购,从而使得销售成本大大降低。

2. 使旅客旅行的手续得以简化从而提高飞机利用率

电子商务的应用使旅客可以在到达机场之前就借助相关平台完成值机手续的办理并打印登机牌,这样既能缩短旅客在机场等候时间,也能减少旅客误机的出现。

3. 使航空公司运营方式改变从而提高运营效率

电子商务使得航空公司内部容易实现信息化运作,提高航企对经营情况和市场变化的掌握,从而能够及时调整经营策略,并迅速把有关计划变动传递至下属各部门,在管理机制上充分体现了现代企业管理的灵活性和对环境变化的适应能力。

4. 使问题得以及时处理从而提升服务水平

电子商务的应用使得航空公司与客户的沟通更加方便,信息传递速度得以提高,航空公司内各部门之间协调渠道更加多样,从而可以更加有效地解决和预防航空公司运营管理中出现的问题,提升服务水平。

5. 使数据得以自动积累,从而精准了解客户

航空公司电子商务可以实现广告宣传、咨询洽谈、网上订购、网上支付、电子账户、服务传递、意见征询、交易管理等各项功能,这可以让航空公司充分了解并收集到客户信息,获知客户的重要程度和喜好,真正留住那些高收益、高忠诚度、高质量的旅客,让他们切实感受到航空公司营销模式的改变所带来的服务品质提升。通过海量数据挖掘,可以了解发展趋势,实现营销创新,进一步提高收益水平。

6.3.2　中外航空公司电子商务网站

以欧洲瑞安、德国汉莎、美国联合航空和我国三大航为例,对中外航空公司的电子商务网站作一比较分析。

1. 欧洲瑞安航空公司

瑞安航空公司 Ryanair,是欧洲最大的低成本航空公司。它虽然已经拥有航

空业界高的利润率,却仍一直在缩减成本。传统的直销方式中,旅行代理商和预订系统要占用 12%～13% 的机票销售收入,并且切断了航空公司与客户的联系。这对于以低票价吸引顾客的瑞安航空显然不适宜。因此,瑞安早在 20 世纪就启动了 Ryanair.com,后来又开发了新的内部预定系统,用以提供机票预订和其他旅行服务,既能掌控自己的销售渠道又能与客户保持密切沟通。

瑞安电子商务网站不仅提供像预订机票、查询预订、航线地图、酒店、租车等基础服务,还提供翻译这样的人性化服务,以方便旅客出行。低成本航空公司的运营特点本来是不适合商务旅客的,但是在当前经济环境下,在短程航线上,旅客更愿意在一两个小时内牺牲餐食、舒适,以更低的价格购买机票,这使得瑞安航空大约 24% 的旅客是商务旅客。但与此同时,瑞安航空仍然面临着来自欧洲其他低成本航空,如易捷航空等的激烈市场竞争。因此,瑞安改进了商务旅客服务,推出了取消托运行李费,保证优先通过安全检查,保留飞机上临近出口的"头等"座位,免费办理登机手续,免费更改日期等服务。为了在各个触点上为旅客提供个性化服务,瑞安航空公司还为家庭客户、团队增加不同的服务产品,推出了家庭游、团队游。其中包括像小孩半价、第三个人八折、优先通过安全检查通道、免费随身携带行李及分配座位等优惠政策。这些优惠促销措施都明白无误地挂在瑞安电子商务网站上的。

围绕低价,瑞安电子商务网站首页便是最近最低票价的航班,以吸引眼球。还有根据旅客多样化需求制定出的多彩航班计划。瑞安还提供礼品券自助送礼物、欧洲特色箱包等服务满足旅客需求。手机上网用户数量的猛增给电子商务市场的发展带来了无限商机,瑞安抓住这一商机推出了自己的 App,从预订机票、升舱到购买饮料小吃都可通过它来实现。还能通过 Facebook、Twitter 和 Instagram 等社交网站快速联系客服,便利旅客出行。在不断突显价格优势的进程中,Ryanair.com 还提供 Googleplay,它可以中立地显示所有航空公司的机票价格。不但将其他类似于 OTA 的网站秒杀,更能在让旅客获取更全面票价信息的同时,明白瑞安机票是最实惠的。

瑞安是第一个为托运行李收费的公司,网站醒目处也有这方面的说明,还有关爱残障特殊服务等爱心小贴士。为了不断提高旅客满意度和信任度,瑞安专门设立了旅客反映机构。每个注册的客户都能通过电子邮件的形式提出宝贵的意见。参与瑞安旅客会议的顾客还能获得奖励,大大提高了乘客积极性,更为提供优质服务打下了基础。可以说,利用电子商务网站,瑞安提供的服务安排"颇费心机"。

2. 德国汉莎航空公司

汉莎航空公司(Lufthansa)是全服务航空公司,世界十大航空公司之一。通过 Lufthansa.com 来提供个性化服务。从过去简单卖座位的航空公司转变成了综合服务集成商。汉莎航空有专门的中文版电子商务网站,并且启用了"人人网"上的汉莎航空欧洲留学群组,以打造完善的交流互动网络社区中心。被亚洲领先杂志评为"最佳欧洲航空"。

汉莎航空中大约 80％的利润来自 20％常旅客。为此,汉莎电子商务网站对常旅客飞行计划十分重视。多飞多奖、星盟积分、赠送升舱券、里程换票、里程购物赫然在上。推出了可随时看预订航班,凭借预填内容直接预订航班,灵动畅享手机服务,尊享个性化惠益和飞常里程汇获取奖励里程等会员优惠,来鼓励旅客创建汉莎航空在线个人档案。这无形中为提高客户服务和忠诚度提供了详尽的客户信息。还有会议与活动、商务包机等企业客户优惠和公司客户尊享惠益。

Lufthansa.com 还推出了 myOffer(我的报价)选项,使旅客可以即刻升舱,尊享优选经济舱,享受第 2 件免费托运行李额,以及在机上享有多达 50％的更多私人空间。图 6-3 为汉莎航空 myOffer 页面。

图 6-3 汉莎航空 myOffer 页面

汉莎航空电子商务网站使旅客轻松预订更多个性化服务,从在机场的各种休息室、往返工具到机上的舱位选择、膳食饮品、机上娱乐和云端宽带服务选择再到自主管理航班,缤纷的个性化服务均可通过 Lufthansa.com 进行预订。只需在航班详情页面注册喜欢的联系方式如 Facebook、Twitter 或电子邮件等,汉莎航空将自动通知所选航班当前状态及任何最后时刻的变更信息,如实际离港及抵港时间、延迟或登机口变更等。还提供汉莎旅游出行指南、租车、订酒店等周边服务。

3. 美国联合航空公司

美国联合航空公司于1994年10月率先推出网上售票系统。其电子商务销售比例早在2001年就已达到80%。电子商务网站不仅可以订票,还可以订酒店,甚至可以订其他联盟航空公司的航班。联合航空公司为避开本地市场来自廉价航空公司的竞争,获得更多高消费乘客,开展了被国际旅游杂志评为"最有价值的忠诚计划"的前程万里常旅客计划。它让乘客能以乘坐联合航空及伙伴航班、入住协议酒店、享受租车、铁路服务、成为邮轮或金融业合作伙伴和休闲购物等多种方式赢取并使用奖励里程,还可购买、转让或捐赠里程,为旅客提供更全面的服务。

美联航的 United.com 可预订行李追踪、宠物行程、含有美联航私人放映、个人设备娱乐系统、主屏娱乐和 Wifi 服务的多彩机上服务,还可预订赠送礼物服务,购买商品及通过电子邮件订阅新闻和优惠信息。美联航还能使用应用程序提供的机场地图导航到目的地机场,并将这些信息分享给 Twitter、Facebook 或 Instagram 上的朋友。提供航班提醒、Flightview、旅行钱包、护照扫描和移动登机牌等服务。

通过 United.com 可以及时掌握美联航丰富的特惠活动,从美联航特惠航班到促销计划和优惠券再到旅游度假套餐,还有特殊优惠,如退伍军人优惠折扣,美国军方和联邦政府人员的公务旅行计划等。也可预订 United Pass Plus 预付款计划,允许在扩展网络上预订旅行并提供精选的套餐,使旅行更加经济和受益。还有 United Perks Plus 企业计划,奖励注册公司超值积分,并可使用预订机票上指定的旅游代码。

网站首页即可查询航班动态和办理行李物品托运,亦可计划专属旅行,设计简洁明了。

4. 中国东方航空公司

东航电子商务网站 Ceair.com 旨在为用户提供一站式服务,除了机票,也销售酒店。在平台上的酒店具有很高的性价比,即使与 OTA 相比也具有竞争力。东航在机票以外产品上进行无利润销售,旨在为用户带来最大便利。东航电商平台上可加入东航万里行活动,乘坐到达世界178个国家的1 064个目的地的航班都可以累积东航积分,并且积分不再是负债模式而是成为用户使用的货币,会员可用积分在网站上购买纯机票产品、积分产品、机车产品和私人订制产品。

高端会员能在网站上预订全球贵宾待遇,享受优质服务。另外,它可以网上自助办理值机、预留座位、查询行李、办理空中 Wifi 和空中互联等服务,并且推出了凌燕专区这样的特色服务预订。首页定期推出最新优惠、特色旅游服务、青老年特惠等。可在网站了解到东航最新推荐,如优惠机票、机票集市、迪士尼游和 B777 体验等,还有东航品牌活动像夏威夷三人团、"世界那么大结伴去看看"等。安装东航 App,通过手机即可享受机票预订、会员服务、航班动态及手机值机等服务。

5. 中国国际航空公司

国航电子商务网站 Airchina.com 2012 年改革后,实现了一网多售功能。客户在国航官网查询某航线航班后,跳转页面将显示国航及其他航空公司航班,且均可进行购票操作。国航电子商务网站上可预订国航为旅客节省更多旅游成本而推出的省心游,能搜罗全球范围内的热门目的地,为旅客组合超值机票加酒店产品。不仅可以查询机场指南、旅行准备,使旅行更安心,还能预订机上 Wifi、机上娱乐、餐食、免税品。可进行网上值机、更改航班,预订附加服务、特殊旅客服务,查询航班时刻、航班动态、行李丢失及延误和航线网络。

国航网站还有常旅客计划及专为企业设计的企业差旅。旅客飞行累积里程不仅可以兑换机票(包括兑换星空联盟中其他公司的机票),还可以兑换各种商品,亦可用里程奉献爱心,进行爱心捐赠。网站首页便标明着加入凤凰知音即可获赠 800 里程。下载安装国航最新 App,有机会获赠 1 600 里程,鼓励更多的旅客成为会员。网站上还可预订专车接送、"座享其程"(预选大空间座位)、快速通关和预付费行李等服务。网站首页显示有大量的预订促销、最新航班延误、最新特惠航班等信息,方便旅客了解。

6. 中国南方航空公司

南航是我国最早开通网上订票、值机等业务的航空公司。Csair.com 网站也是使用最为频繁的网站。网站时常举行活动,如双十一狂欢三部曲、限时秒杀机票,依此来吸引客户。网站除了常规的机票预订、值机、航班查询等服务外,还有酒店、用车、度假、签证、免税品预订服务。不仅有餐食预订,还有中转住宿预订。不仅有南航超值团购预定,还有木棉童飞无人陪伴儿童新服务预订。在网上可以选座,购买团队机票。可在网站上加入明珠俱乐部,成为会员,享受目的地优"汇"、会员专享免费选座优惠、专享低价保障及里程兑换、明珠商城购物等。网站推出的青老年人特惠关爱飞活动,折扣力度比其他公司更大。使用南航手机 App 订票还可享受低至二折优惠,不仅便利而且还实惠。

6.3.3 各电子商务网站功能比较及改正建议

1. 各电子商务网站功能比较

航空公司在设计电子商务网站时，首先要考虑网站的效率。一般来说，旅客都不愿意在访问网站的过程中等待太久。现今，国内航空公司官网上虽然也有如伸腿座位、租车、酒店、商城等增值服务预订，但是没有高效地和预订机票结合在一起。而国外成功的航空公司，譬如瑞安，预订机票时，输入起点后会自动跳出可供选择的目的地；低价票有明显的标注；在完成机票选择后即可预订座位、酒店、租车等服务，大大提高了效率，使增值服务与基本服务做到了一体化。进入美联航的机票预订页面，可以看到最低票价、灵活票价等分栏，一目了然。它没有和租车等服务预定在同一页面，但是可以添加贵宾通道预订。汉莎航空预订机票过程中可以预订租车服务，但汉莎航空便宜航班和空余座位的标注不明显。相比之下，在国内航空公司电子商务网站上预订机票，目的地选择灵活而且可以调换，低价日历的标注也很醒目。但是国内航空公司电子商务网站大多没有做到一体化服务，预订过程显得繁复冗杂。因此，国内航空电子商务网站在功能设计上应加强一体化服务设计，让旅客线上线下均有一站式服务体验。同时，需要加强数据链接管理，优化服务器的功能，提高网站的运作效率，尽量避免数据的冗杂而导致打开网页速度过慢。

一个网站设计的成功很大程度上源于它的内容是否精彩且富有吸引力。采用低价吸引战略的瑞安航空，首页便是最低票价航班，简单明了又抓住了瑞安旅客的关注点。而美联航首页相对简洁，这与它的市场定位分不开。东方航空公司网站首页虽内容繁复，但是广告效果不错，能吸引顾客眼球。

旅游作为人们求新求异求奇求美求知的一种重要途径，本身就是一种体验经济。作为旅游产业链的重要组成部分的航空公司，在日趋激烈的市场竞争中，谁能满足客户的需求谁就拥有了市场。目前，各航空公司在个性化服务方面可谓做足功夫，如达美航空在机舱内开通了 Wifi、新航在机舱内使用全新的个人娱乐系统、东航的生日旅客祝福、海航的机舱抽奖等都试图提升旅客的旅行体验，以培养忠诚的顾客。南航还对旅客旅行过程中的行为进行了剖析，将它分解为12 个关键步骤。制订旅行计划—订座出票—值机—两舱服务（头等舱、商务舱或经济舱）—机舱服务—行李服务—到酒店—酒店入住—离开酒店—到机场—值机—个性化互动，再到下次旅行计划。南航电子商务部门针对每个步骤都进行了服务的优化和改进，打造一个围绕旅客旅行过程的全行为链服务网络。

目前，各大航空公司 App 网站功能差别相对明显。我国航空公司的 App 功能大多仅限于查询航班状态、预订机票、值机等，未能与社交网络、租车等服务连通。而国外航空，如汉莎，早在 2010 年，他们的 App 就与自己的 Miles&More 社区相连。用户可以通过手机参与社交活动。如基于兴趣认识更多其他旅客，分享当地的旅游心得和攻略等，并且应用中加入了 GPS 功能，可以查看周围旅客位置及社交网络资料，还加入了拼车功能。两年后又加入了 LBS 功能。另外，用户还可以根据签到次数来获得相关奖励和勋章。在增进与社交新媒体的联系及与其他功能的融合，在挖掘用户信息，开展针对性营销方面，国外航空公司电子商务网站比国内航空公司电子商务网站要走在前面一些。

2. 对我国航空公司电子商务网站改进的建议

1) 延伸服务，致力于成为航空旅游服务供应商

当前，OTA 以其成熟的思路和领先的技术，发展很快。比如携程，先后合并了艺龙、去哪儿，占据中国旅游市场 50% 以上的份额和航空公司八成以上的收入来源。携程的目标显然不仅仅做一个 OTA 线上代理人，而是要做一个综合的、一站式的旅游服务供应商。航空公司一旦失去电子商务市场，就将失去与顾客的直接接触渠道，无从了解需求，掌握数据，开发产品，实现精准营销。为此，航空公司一定要借鉴国外航空公司的优秀做法，学习 OTA 的资源整合能力，构建提升客户体验的全新电子商务平台，从旅客关注的具体流程做起，整合业务并整合上下游产业链，致力于成为综合型的旅行服务供应商。

2) 组建联盟，共同打造电子商务旅游服务平台

在美国，2001 年 6 月，由美国航空公司、大陆航空公司、达美航空公司、西北航空公司和联合航空公司五家组成的战略联盟共同推出了电子商务旅游网站 Orbitz.com。Orbitz 是全球第一家由航空公司所有的在线旅行公司，运营两年就成为欧洲排名前三名的网站。Orbitz 于 2003 年 2 月在纽约证券交易所公开上市，自 2004 年第四季度起，现金流量保持正值。根据旅游预订总额计算，已接近行业第二的位置。我国航空公司要想在航空旅游市场上分得大蛋糕，可以学习欧美航空战略联盟经验，推出国内首家航空公司联合拥有的航空旅游电子商务网站。战略联盟的突出优势在于它的快速度和低风险。正因为战略联盟可以快速地实施，又有相当的灵活性，这正符合目前企业注重速度和控制成本的要求。

3) 紧跟潮流，完善 APP 各项功能

目前，全球手机用户已经超过了 62 亿人。2015 年，世界范围内约有 5 亿人使用手机作为办理登机手续的工具。移动媒介在航空公司今后的信息化营销中将起着具有决定意义的作用。因此，全球航空公司都在加强利用移动媒介进行营销。目前,我国各航空公司手机 APP 的功能比较单一,应加快完善。要能够办理值机手续、检查航班状态、管理旅行订单、查看航班计划和进行个人的忠诚度计划管理。还要进行创新,如推出客舱乘务员推荐式的城市旅游介绍,提供航空公司商城平台,航班提醒功能,预订车辆功能,自助打印行李标签功能,利用手机来制作旅行卡片和定制机上影片功能等。当前,国内航空正点率低,民众反应较大。对此,可以利用移动平台,及时推送相关信息,并向乘客致歉,推出相关措施,排解旅客不良情绪,提高旅客忠诚度。

4) 广泛互联,玩转社交新媒体

西班牙专门从事信息技术和防御系统研究的英德拉公司调查显示,有 3/4 在线消费者的购买决策信息来自互联网社交网络,而社交媒体用户数量在未来几年内还将以 37% 的速度递增。社交网络随着移动互联网的应用和推广,将成为航空公司与公众和旅客交流的主要途径,成为航空电子商务网站的分会场。因此,电子商务网站提供社交网络联系功能至关重要。达美航空提供了不同的内置应用程序来提高旅客忠诚度,包括由达美航空提供的旅行规划方案。用户不仅能够在 Facebook 上将旅行规划方案分享给好友,还能邀请他们一起来商量和规划自己的旅程,并决定在什么时间和怎样来实现自己的规划,还允许用户提出一些改善公司服务的商务建议和想法。我国航空公司电子商务在这一块还处于萌芽阶段,应用范围窄,为了推广和提高旅客忠诚度,可以利用社交网络平台回答粉丝的问题,还可让旅客选择与在社交网络上认识并乘坐同一航班的人坐在一起,致力于将社交网络发展成为航空公司旅客服务和关系维护的重要平台。

2015 年,国内各大航空公司纷纷加密国际航线,但这不代表国际市场已经打开,更不代表这些航线会成为国外旅客来华的首选。国内宣传铺天盖地却鲜见知名外媒报道。活动在线媒体播放覆盖人数不到 3 000。国内航空在 Facebook、Twitter 等国外主流社交平台上的账号粉丝数还不多。相比之下,汉莎启用人人网打造为中国学生提供海外交流社区的平台,提供丰富的留学信息和超值机票,吸引广大学生注册用户,进而打开中国学生市场。荷兰皇家航空于 2014 年 9 月开通新浪微博和微信后,实行 24 小时服务模式,用户可以用中文咨询所有与旅行相关的问题。荷航社交媒体团队在一小时内予以回应并且不需要是 KLM 的客户就能享受该免费服务。如此周到的"管家式"服务让 KLM 短时间内就收获了 16 万微博粉丝,势头远超过国内各大航空公司。我国航空公司在国际化市场开发道路上可以借鉴这些成功经验,找准客户群,建立相应社交平台,提供体贴的服务,吸引关注,进而将其发展成为新闻宣传平台,进军国际市场。

5）加强智能，推进 C2B 电子商务模式

反向定价或反拍(C2B)模式是"顾客出价、商家应价"的一种销售模式。反向定价模式可以帮助航空公司在航空公司和旅客双方的"心理价位"都得到满足的情况下成交。这对于航空公司传统的收益管理模式是一个有益的补充。在电子商务平台上，由于顾客和商家之间的沟通更加直接、低成本，使得 C2B 模式的规模化成为可能。其"应价"方式更多的是依靠信息系统来自动进行，这就保证了商家可以全天 24 小时不间断处理顾客的出价信息。反向定价模式在 20 世纪90 年代末就被 Priceline 用于机票销售，后又被汉莎采用。

毫无疑问，反拍需要航空公司"智能化自动定价"技术能力。只有具备了这种自动化技术，才能做这样 C2B 模式。像东航在其官网推出的"私人订制机票价"这一营销产品，其实也是对 C2B 模式的一次尝试。但是要想将其发展壮大，还需不断改进。可从以下几点做起：① 为旅客提供方便的出价功能。这个功能要覆盖航空公司的网站、移动应用等不同终端；② 当航空公司接收到旅客出价之后，航空公司的信息系统需能根据对航班销售情况的预测尽快给出应答，告诉旅客接受或拒绝出价；③ 在设计上，C2B 应该是航空公司整体电子商务的一个组成部分，在旅客体验方面要与整体电子商务保持一致性。

6.4　新媒体营销

近年来，"新媒体"这个时代的新兴力量正在席卷整个世界。相比于传统媒体的局限性和单一性，新媒体更具开放性和多向性并潜移默化地渗透到我们生活的各个方面。因此，新媒体技术和企业营销活动的结合已成为必然趋势，如何让企业有效利用各种新媒体技术来提高营销传播的效果，以促进企业效益的提升，就要从新媒体本身的优势特点及新媒体营销的方式特征等进行深入研究，从而得出新媒体背景下企业的营销策略。

6.4.1　新媒体的定义、特点、分类

1. 新媒体定义

新媒体是相对于传统媒体而言的，是继报刊、广播、电视等传统媒体发展起来的新媒体形态，利用数字技术、网络技术、移动技术，通过互联网、无线通信网、有线网络等渠道，向用户的电脑、手机、数字电视机等终端设备传输信息和提供娱乐的媒体形态。

2. 新媒体特点

新媒体特点主要包括三个方面。

（1）及时性：作为当今社会传播信息的新载体，比起报刊、广播、电视等相对固定的媒介而言，其不受时间地域的限制，利用手边的移动设备便可随时随地接收信息的传播。

（2）连通性：消除了各种传播媒体之间的边界，通过互联网使得世界各地的信息得以互相联通，且信息接收者之间的互动也得以进行，真正实现了信息全球化。

（3）平等性：新媒体传播是一种在受众与媒体之间进行多元化的交流。社会中的每个人既可以是信息的接受者也可以是信息的发布者，使信息变得大众化，从而摆脱传统媒体自身的单一性。

3. 新媒体分类

新媒体可分为移动新媒体、数字新媒体、网络新媒体三类（具体分为：门户网站、搜索引擎、虚拟社区、电子邮件/即时通信、博客/播客、网络杂志/电视/广播、手机短信/彩信/报纸等）。

6.4.2　新媒体营销的含义、方式

1. 新媒体营销的含义

新媒体营销是一种新型的市场营销方式，指在电子化、信息化、网络化的环境下，以"人际传播"的模式取代"大媒介广播"模式。在企业进行生产、定价、销售、促销等设计和实施的一系列活动过程中，新媒体营销是整体营销战略中的一个重要组成部分，是企业开展电子商务活动过程中一个最基本的网上商业活动。

2. 新媒体营销的方式

新媒体背景下，企业进行具体的销售活动，需要将多种新媒体营销方式相结合，同时又要与传统媒体相配合，以实现产品、品牌、企业形象的有效宣传。新媒体营销主要包括以下三种方式。

1）新媒体广告宣传

广告是企业进行品牌、形象和产品宣传的基本方式，新媒体广告分为硬广告和软广告。其中硬广告是指直接传播而具有强迫受众群体接受的宣传形式。软广告即软性植入，将有关企业的宣传内容融合到具有感染性的文字表述、视频节目、游戏甚至于手机应用之中，从而让用户有意无意地接触到并逐步接受这些信息。相比硬广告，软广告渗透力和时效性更强，而硬广告传播更广，因而，把两者

结合起来,互相配合,可以实现新媒体广告宣传作用的最大化。

2) 社会化媒体营销

社会化媒体营销像微博、微信、博客、人人等社交网络都是进行社会化媒体营销的支撑平台,在借助其进行营销的过程中,强调关系网的构建、互动性、卷入度和用户黏性。利用这种新媒体能有效促进用户群对产品的了解及对企业本身的认识。

3) 电子杂志营销

电子杂志营销是一种针对杂志用户的营销方式。借助于电子杂志平台,为企业制作专刊和在杂志内插入企业广告,从而达到较高的访问量和形成一定的用户群,进行企业品牌和产品的推广。这种多媒体的展示形式能够吸引更多的读者。其虚拟化的效果展现了高档次的营销,通过向手机、数字电视等终端逐步延伸,稳定扩大读者,从而更好推动企业的营销活动。

6.4.3　新媒体营销和传统营销方式的区别

新媒体营销作为一种以新媒体为载体的新型营销方式,在继承传统营销优势的同时,也有着区别于传统营销的不同特点,其中两者间存在以下五点明显差异。

1. 新媒体营销以消费者需求为核心

传统营销强调将尽可能多的产品和服务提供给尽可能多的顾客,即 4P 营销组合观念(产品(product)、价格(price)、渠道(place)、促销(promotion))。其出发点都是企业利润,而忽略了消费者需求和企业利润是同等重要的。而新媒体的出现,使得顾客能充分参与到整个营销过程,且利用新媒体技术的特点,可准确、及时、可靠地把握消费者的需求。

2. 新媒体营销市场针对性强

新媒体营销是根据特定产品的概念诉求与问题分析,对消费者进行心理引导的一种企业软性渗透商业策略。比起传统媒体营销"广撒网"的形式,新媒体营销对消费者的影响更深。在这种基于人、账户以及关系网的营销过程中,消费者的购买行为和潜在的需求欲望都可以被记录、被计算、被推理,让企业更清楚地了解到消费者的需求,从而使企业营销更具针对性。

3. 新媒体营销活动互动性强

新媒体营销给了企业更多参与到营销过程中的机会,而不只是一味地通过传统广告商来宣传推广。企业在营销的过程中,消费者能够利用微信、微博在第一时间对企业的营销活动或企业推出的产品发表自己的看法,从而企业能及时收集消费者信息并且可以更直观地了解市场,从而适时地做出适合市场的决策,进而消费者还可以对产品的包装、设计、定价、服务等提出建议。新媒体营销实现了企业和消费者双向互动的沟通方式,提高了消费者的参与性和积极性,也增加了彼此间传递的简易性,信息自上而下,以及同级之间传递信息的速度增加,范围扩大,有助于企业实现全程营销的目标。

同时,新媒体环境下,企业已无法将过滤后的大量信息自主地强塞给受众,同样受众在新媒体上可任意处理各种不同的营销信息,也可自行制作针锋相对的信息反馈到网络上。因此,新媒体时代互动性加强在一定程度上对企业开展营销活动既有好处也有坏处。

4. 新媒体营销使企业成本减少

新媒体时代,只要你的宣传内容有创意,网民觉得有兴趣或有价值,就会帮你免费传播。这样一来,相比于传统营销方式需要大量广告投入而言,新媒体营销能为企业节约大量成本,从而增加企业的效益。

5. 新媒体营销更具感召力

新媒体营销与传统营销很重要的一个不同点在于新媒体营销更注重"关系"与"情感",具体包括四个环节。

(1) 形成关系:新媒体营销的首要出发点在于"形成关系"。只有彼此之间存在关系的前提下,对方发送给你的信息你才愿意接受。新媒体通过与用户建立这样的"关系"才能够触发他们的行动。触发行动是人们反馈给营销者的信号,是对营销效果判断的一个标准。

(2) 情感链接:情感是建立并维护"关系"的一个重要手段。如《新周刊》通过每天早上、晚上在微博上发一条励志的话语,加上问候性语言。将"情感"这个因素渗透到营销的各个环节,以维持这个"关系",从而增进用户对企业品牌、产品、活动的认知,从而延伸拓展企业的知名度和宣传深度。

(3) 微链运转:微博、微信等新媒体平台出现后,由于字数等因素的限制,形成了一种碎片化的传播。利用关系,借助微链,把握话题导向,从而促发消费者行动。正是这种碎片化的信息传播,才更容易让人注意到销售的关键所在,迎合了这个时代的需要。

(4) 切片营销:切片营销核心是"微"——微内容、微动作、微表达、微成本等。利用这种营销方式更易促使消费者转发他们感兴趣的内容。这就是微时代背景下的微传播,参与者更看重表达本身,而不是去叩问真相。

因此,只有将新媒体营销与传统营销完美结合在一起,才能实现企业更好的营销效果。

6.4.4　我国企业新媒体营销存在的主要问题

由于我国企业开展新媒体营销起步较晚,使得企业的新媒体营销体系不够健全,营销水平参差不齐,尚处于起步发展阶段,存在的问题主要表现在以下五点。

1. 新媒体营销理念缺失

企业管理者对新媒体营销的认识不深、重视不够。尽管我国许多企业都建立了自己公司的官方网站,创建了官方微博和微信公众号,但其重点还是放在实体市场的竞争中,缺乏对新媒体营销策略的系统研究,还未意识到利用新媒体进行产品营销,抢占虚拟市场对赢得企业未来的竞争优势的重要性和迫切性,导致很多企业在信息的传播和推广上没有有效地利用其中的优势,没有将企业的市场营销和企业内部设定的网络营销部门协调起来。

2. 新媒体营销体系不完善

企业的新媒体营销体系不完善主要表现在以下三个方面:

(1) 人才稀缺:相对于发达国家而言,我国企业大部分人才都是从传统营销领域转型过来的,缺乏既能掌握行业技术又熟悉新媒体技术的营销人员。所以,新媒体营销人才的缺失已成为制约企业开展新媒体营销的关键因素。

(2) 投入不够:由于新媒体营销要依靠较高的信息技术和网络技术,同时需要高素质的营销人才,因此,企业要加大对新媒体营销技术方面和人才方面的资金投入,解决企业开展新媒体技术和人才上的障碍。

(3) 规划不足:当今,我国大多企业都是将新媒体营销纳入到整体营销规划的一个组成部分,没有单独制定新媒体营销规划。由于规划不足,使得企业开展新媒体营销的力度极为有限。

3. 新媒体营销定位不准确

随着新媒体营销受众所接触的媒体日益复杂化、多元化,消费者会根据自身喜好和习惯选择不同的新媒体方式,使得企业在针对不同消费群体选择新媒体形式上造成一定的难度,同时也增加了选择成本。

4. 企业危机机制不健全

新媒体营销具有一定的风险性。由于新媒体本身的公开性和自由性的特点,如果企业不能很好地把握新媒体所带来的效应,就会产生严重的后果。目前,我国大多数企业还不具备应对这种公共危机的人员和部门,这就可能给企业带来不可预估的损失。

5. 新媒体广告真实性问题

企业营销过程中广告真实性问题主要体现在以下三个方面：

（1）对产品的功能效用等方面上夸大性宣传。

（2）对产品的价格、品质感等方面传达虚假信息。

（3）产品的延伸效用和扩大的服务层次上会给消费者带来错误的引导。

6.4.5　新媒体营销的基本要素

1. 树立以消费者为核心的新媒体营销理念

新媒体将消费者置于市场营销活动的中心地位。消费者通过各种新媒体手段获取自己感兴趣的信息，表达自己的意愿和需求。这就要求企业要有新媒体营销的思维方式，加强与目标消费者沟通，让消费者参与到企业的营销活动中，逐步满足消费者的个性化需求。而且，这种沟通的过程要设计得简单便利且不涉及消费者隐私，否则消费者会因自身惰性等主观因素而拒绝参与企业的互动。以 IBM 网站为例，研究其网站可以发现，其互动营销方式便于访问者参与，对于需要访问者填写的表格简洁大方，大大方便了访问者的参与。同时，在互动式营销中，要采取一定的利益驱动，像有奖调查、产品免费试用等，鼓励顾客参与。要保证试用产品质量过硬，能带给消费者满意的体验效果。要在使用过程中不断对其使用情况进行跟踪。

2. 建立适合新媒体时代的市场营销体系

随着以用户为核心的 Web2.0 概念（指的是一个利用 Web 的平台，由用户主导而生成的内容互联网产品模式，为了区别传统由网站雇员主导生成的内容而定义的第二代互联网）的提出，Blog、SNS、RSS 等网络新媒体技术的普及，未来企业经营管理活动中的每一步都有可能通过新媒体来完成。同时新媒体已对人们的消费观念和消费行为产生了巨大的影响。所以，企业要建立并不断完善自己的新媒体市场营销体系，才能更好地开展新媒体营销。

关于新媒体营销体系的建立，作者认为可分为以下五个步骤：

（1）企业要加深对新媒体营销的认识，重视新媒体营销在现代企业管理中的作用，利用新媒体进行与大众的沟通，从而产生销售的可能性。

（2）企业要具备现代营销素质的人才，把那些熟练掌握新媒体技术，有新媒体营销经验的员工整合在一起，成立一个专业的新媒体营销队伍，建立专门的新媒体营销部门。

（3）制订适合企业市场营销宣传方向的新媒体营销计划。该计划主要包含目标发展计划、资金投入计划、策略实施计划、组织管理计划和效果评估计划等。

有了明确的运作规划,配合专业的团队,运营才能有章可循、有条不紊,达到预期的目标。

(4)企业要加强市场营销中信息网络基础设施建设,推进企业信息化建设,逐步完善企业自己专属的网站和新媒体平台,及时更新公司网站及新媒体平台上的信息并反馈客户信息需求,提高对消费者的准确捕捉率。

(5)企业要加大对新媒体营销技术的资金投入,并且要对市场营销实施动态化管理。根据市场环境的变化,灵活地对企业管理方式进行调整,制定相适应的营销策略和管理模式。

3. 制定具有针对性的新媒体营销方案

在企业运用新媒体技术进行营销的过程中,由于消费者需求的异质性和相似性以及企业资源的有限性,需要对产品和企业所面对的消费群体进行细化,确定具有针对性的消费群体,再以该消费群体为基础选择合适的新媒体模式,并进一步针对目标群体的需求和消费心理进行研究,从而制定出具有较强针对性的营销方案。

1)确定营销的目标人群

面对庞大的新媒体用户,企业可以按照年龄、性别、社会层次及使用者的行为和偏好等方面的差异,确定企业营销面向的主要群体,从而确定具有较强针对性的消费者群体。

2)精选合适媒体模式

企业要精选新媒体形式来进行新媒体营销。同时,企业又不能完全摒弃传统媒体的营销手段,应把新媒体和传统媒体相结合,以达到最佳的传播效果。针对老年和儿童群体,电视广播对该类群体的覆盖面还是比较大的,仍是其获取信息的主要渠道。而针对青少年和成年人,其与新媒体接触更频繁,所以企业要根据产品所针对的目标群体来选择合适的宣传媒体模式,并通过整合多种营销渠道,实现企业利益最大化。

3)采取适当的营销方式

正如大家所知,小米手机不仅凭借自身强大的硬件功能,创造了小米手机销售神话,其高超的新媒体营销手段也是其成功的重要原因。由此,通过对小米手机营销方式的研究,提出四种新媒体营销方式。

(1)饥饿营销:在企业发布产品之前,要先已经进行一系列潜在的营销活动,让消费者在购买产品前就对其抱有强烈的购买欲望,其主要遵循以下三个步骤:

研发期激发消费者兴趣:从产品研发开始,企业就要开始为产品炒作和前期预热做准备,建立专门的论坛、微博、微信等新媒体形式,让对该产品有兴趣的公众参与讨论,表达其对产品的需求和期望,这种"用户参与产品研发"的互动,可以充分激发消费者的兴趣,使消费者感觉到企业对他们的重视。

预订期高调炒作话题:产品发售之前,先采用网上预订购的形式,借助网上话题及各种网络声音,丰富该产品的宣传内容。例如,小米手机在发售之前就有其是偷来的负面消息,小米官方也任媒体的猜测。这样一来,为小米手机吸引了更多的关注度。

发售期消费者疯狂抢购:经过充分的前期炒作,受求新心理的影响,许多消费者迫不及待抢购产品。从本质上来说,这种营销方式即为找准目标市场,努力包装企业自身,加之八卦传闻来炒作预热,吊足了消费者胃口,致使新品发布时立即抢购一空。

(2)形象营销:企业形象可以说是企业文化的一种象征,不论是企业的领导人还是企业品牌的代言人,这种实体形象的存在,会给消费者最直观的感受。拥有一个业界知名度大和权威性强的企业领导人,消费者对其企业产品和服务才能产生一定的信赖感。同样拥有一个合适的企业形象代言人也是相当关键的。当今社会有很多企业找当红明星作为自己的产品代言人,也是利用了大众崇拜心理,这在一定程度上,会吸引消费者购买其代言的产品。因此,利用好形象营销,会给企业带来目标群体以外更多的消费者。

(3)口碑营销:在新媒体时代,影响消费者购买决定的最有影响力的因素是来自网络上的评价和微信朋友圈中的口碑。借助网络新媒体实现与受众之间的良性互动,从而使口碑营销成为一种低投入、高回报的推广方式。特别是利用好微博、微信,企业要经常与消费者沟通互动,发布新产品的相关信息以告知消费者,刺激消费者参与企业活动的互动中。转发推出消费者感兴趣的话题热点,从而增强与消费者的黏度,提升消费者与企业之间的感情。例如,在"2010 世界末日"谣言甚嚣尘上时,小米手机和新浪微博合作举办"末日"购物活动,通过微博抢购的全新购物方式,使小米手机很快一抢而空。小米专注热点、敏感话题,利用微博这一广为人知的新媒体工具,成功打响品牌知名度。

(4)精准营销:精准营销始于 4C 营销理念(美国学者罗伯特·劳朋特教授在其《4P 退休 4C 登场》专文中提出了与传统营销的 4P 理念相对应的 4C 营销理论:Customer(顾客)、Cost(成本)、Convenience(便利)和 Communication(沟通))。如微信上有许多公众号,可以根据用户对某种类型信息的浏览量,来了解用户喜好,据此有选择地推送相关内容,从而获得用户的认可,并促使用户前往推送中相关产品的购买网址。这种植入式的营销更容易被用户所接受,更易产生购买行为。

基于 LBS(location based services)(基于地理位置的服务,包括两层含义:首先是确定移动设备或用户所在的地理位置;其次是提供与地理位置相关的各类信息服务;意指与定位相关的各类服务系统,简称"定位服务")的营销也是精准营销的一种。现在大多微信公众平台都能根据用户发送的地理位置,提供附近餐饮、交通、酒店等。

4) 发布创新的宣传内容

企业的宣传内容要尽量做到有创意性,能符合消费者的需要和口味。因而,企业设计营销内容应注意以下五点:

(1) 实用性:体现该产品或服务能给消费者带去怎样的好处,不论是精神上的满足还是物质上的实惠。

(2) 趣味性:其最具吸引力、内容最容易被宣传、被传播的引爆点。基于创意和新意的营销内容使新媒体中的用户更乐于分享、谈论和推进,同时也给予参与其中的消费者以愉快的体验。

(4) 主题突出:企业无论采取何种工具,何种新媒体方式,其内容都要以企业要推广产品为中心,让消费者了解企业营销的主体。

(5) 恰当的切入点:企业要把握住消费者的心理和需求倾向,以此为切入点,通过将切入点结合到营销内容中,使得消费者在参与过程中,对这些切入点建立不同的印象,从而与消费者的需求接轨。

4. 强化企业营销的危机公关机制

新媒体的公开性和自由性可能会给企业带来不可预测的公共危机。像微博的传播力量就相当大。一旦有消费者在网络上发起对企业产品或服务感到不满的抨击,并且引起其他消费者同样的共鸣,就会引发企业形象品牌的危机。因此,企业要组织一个专门应对危机的公关部门,完善危机公关的处理制度。借助新媒体建立规范化的检测系统,及时收集相关信息,有效地对危机进行预防和处理。

5. 保证企业新媒体广告的真实性

广告作为企业宣传产品和服务不可缺少的一种方式,这就要求企业在广告宣传时应注重广告的真实性。一旦消费者发现广告有虚假成分,这样会对企业带来长期负面的影响。因此,企业要做到以下两个方面:

(1) 广告信息选择的准确性:从市场竞争的角度上看,要想广告真正起到作用,就要精心选择所要传播的广告信息。可以说,强调企业个性、突出产品特质的创意要求,是广告宣传所需要的。但要确保宣传的产品个性是现实存在的,个性化宣传没有给消费者带去错误不真实的消费引导。

（2）广告信息传达感受的真实性：不仅产品本身应该是真实的，还要求用来做广告宣传的那部分产品信息的表现手法给消费者的实际感受也应该是真实的。

6.4.6　航空公司新媒体营销策略

随着新媒体技术逐渐渗透到各行各业，并成为各种企业进行营销活动的主要新手段，航空公司如何利用好新媒体开展营销活动，是航空公司获得更多利润的关键。结合前面提到的企业存在的共性问题和新媒体营销的要素及航空公司本身的特点和未来发展趋势，针对以下四个方面，作者对航空公司进行新媒体营销提出一些建议。

1. 航线网络

航线网络作为航空公司最主要的航空产品，航线网络销售自然就是航空公司最主要的盈利来源。一家航空公司的一条新航线开始销售的首要任务是要让更多的人了解，并且航空公司还要着力突出本条航线区别于其他航空公司的优势。要让更多的人了解到这个航空公司的航线产品，就需要利用好当下炙手可热的新媒体手段。

首先，利用好航空公司自身开设的网站、微博、微信公众号及人人网、豆瓣网等社交平台，及时发布航线产品的相关信息、航线产品的特点和优势等信息，但要考虑到直接发布新产品或公布航空公司相关动态，用户的转发率和评论率都不高，所以在发布信息的同时，航空公司也可以通过发起互动话题等方式激起大家的兴趣，实现线上与客户或潜在消费者的互动。如在微博上制造话题和有新意的论点，就可以很好地吸引有兴趣的人关注到这个信息。还可以针对用户疑难问题进行解答，从而获得更好的传播和互动效果。

其次，航空公司还可以凭借与携程、去哪儿等 OTA 企业合作开展营销或者以网络新媒体形式与新浪、腾讯等媒体合作召开发布会。借助其庞大粉丝群体，增强航线产品发布的影响力，然后通过互动、现场解答网友的热点问题从而掀起宣传高潮，实现多渠道同步传播，产生更深的叠加效应。同时，还要利用好 OTA 所拥有的丰富网络营销经验和海量搜索数据，针对潜在用户群及时调整产品价格，针对性地开发新的产品和服务。

还有，航空公司可以针对节假日等特殊的时间点进行促销活动，如跨年零点抢免费机票、情人节双飞机票特惠、双十一单飞机票特惠等。利用节假日的热潮与机票特惠活动相结合，可以很好地宣传航空公司品牌，提升知名度。这些促销活动的进行同样要利用好官网、微信、微博，在促销期间积极发布促销和抢票信息。为了取得大家广泛的响应，航空公司可以进行前期预热的信息发布，如告知抢票的程序、小窍门，并提供官网订票链接、微信二维码抢票等。

最后，航空公司在销售阶段要利用好自身的 B2C 官网、销售热线电话、移动客户端、线下体验销售中心、自助销售服务终端等直销手段。特别是移动客户端，因为这些移动客户端已经逐步覆盖了 PC 端 B2C 网站的所有功能，如航班查询、订票、值机、选座位、常旅客计划、投诉等。同时，在微信公众号开设诸多服务和销售功能。旅客可以通过航空公司的微信公众号实现航班查询、订票、值机、选座位、常旅客计划、投诉等。

2. 价格促销

航空公司也可以利用新媒体的平台来开展线上促销活动，例如以设计 Logo、绘画最美机身、拍摄最佳起飞瞬间等比赛为背景，将机票或航空公司贵宾卡作为奖品来推动比赛的进行，调动大家的积极性，从而达到宣传航空公司品牌形象的目的。

航空公司进行机票促销时，可以不只是简单的降价销售，可以结合相关活动来开展。如斯堪的纳维亚航空公司的免费赠票活动就取得了很好的宣传效果。参与活动的用户要把自己的 FB 头像换成纳维亚航空公司指定的图片（抢票活动，送你到巴黎），然后拍摄一张自己伸手动作的图片，并分享到纳维亚航空公司官方主页，这样头像和图片组成了一个好玩的衔接效果。最后官方会对这些图片进行推荐，推荐给官方的粉丝们，经过粉丝的关注，推选出最佳图片。这个活动的利益驱动点就是免费的机票，所以驱动用户分享的动力很足。让用户更改头像，头像变成了一个广告位置。国内虽然没有 FB 官方主页分享图片的功能，不过国内的航空公司利用微博也可以实现这样的活动，可以把这个功能变成用户加关键字标签，让用户修改头像，然后分享图片，分享内容里面加入官方指定的关键字等。

3. 客户体验

客户的良好体验是航空公司能拥有长期客户源的重点。如何让客户能够有好的体验是航空公司想要在未来抢占市场份额的关键，也是航空公司借助新媒体手段进行创新营销活动的核心。结合新媒体技术，提出三个关于提升客户体验效果的建议。

（1）航空公司可以针对本公司的特点和企业文化来设计一款特色 App，其中加入航空公司产品的宣传内容。像德国之翼航空公司设计的闹钟 App，既能用它来预订机票，还能设定起床时间，并且会用你"目的地的声音"来唤醒你，例如去英国就是大本钟的声音,去马尔代夫估计就是海滩浪潮声等。这对于有旅行梦想的人来说,还是具有很强的吸引力。此外,达美航空公司也上线了一款航班及包裹跟踪 App,即消费者可以通过 App 输入个人航班信息,就可以查看航班及托运行李的情况,解决了旅客行李托运、查寻、取回行李的各种苦恼。所以一款由航空公司设计的有新意的 App 可以给航空公司带来一定机票销售量的提升。航空公司可以针对航程较远的旅客,设计一款 App。这款 App 通过定位系统能够随时追踪乘客当前所处的位置,在机上无线全面覆盖的情况下,长途旅客便能够了解到当前自己所经过的地方及自己距离目的地的距离,另外还可以加入当前所处区域下空的地理环境介绍。这样旅客虽处蓝天,但仍然能够欣赏陆地海域的美景。

（2）当今社会是一个开放的社会,航空公司在销售机票的时候,可以根据旅客的意愿,把那些自愿留下微博或微信的旅客信息公布给同航班的旅客,让机上选座这种产品更加人性化、社交化,让旅行不再孤单。而且这种社交不单是在飞行中,甚至可以延伸到去机场之前,到机场之后甚至是下飞机以后。

（3）航空公司可以对本公司的 VIP 会员在每次购买机票后发送一条二维码彩信兑换券。持这条彩信至航空公司指定店铺,如影院、咖啡店、餐厅,扫码即可获取指定权益,看场电影、喝杯咖啡、享受一道美味等。依托可靠稳定的二维码移动优惠促销平台,航空公司与 VIP 会员之间可保持良好的互动。客户收到二维码彩信兑换券,比起实物形态的礼品,这种形式时髦又方便。航空公司则省去了寄送、通知等人工服务,成本大大降低。进一步,航空公司还可以对客户的消费行为进行分析,收集到与客户喜好相关的非航空类的信息,以便有针对性地开展下一轮营销或会员回馈。这样一来形成了"购票—飞行—会员营销—购票"的完整的消费链条,从而增强用户黏性,提升客户忠诚度和体验效果。

4. 营销组合

营销组合是通过跨企业合作等方式为旅客提供除通过民航企业运用自身资源提供的服务之外的服务。这既能扩展民航企业一系列相关的服务链条,也能够给旅客带去便利并且在某些情况下获得额外收益。像东航空铁通、国航畅行地空、各航空公司的自由行产品等都是航空公司扩大其销售领域,增加其机票销售的组合产品。

航空公司不仅可以纵向合作,也可以与其他航空公司进行横向合作,扩展覆盖面,共同推出自由行套餐,使得旅客可以在网站上进行自我定义旅游路线和选择居住旅店等,这样航空公司在销售机票的同时,也间接充当旅游销售商的角色。这种连带销售机票的形式可以方便乘客,也便于开发旅游市场,特别是海外市场。

6.5　EC 模式下航空运输产品的营销方法

尽管互联网拉紧了企业与顾客的距离,传统营销的 4P 方法——产品(product)、价格(price)、地点(place)、促销(promotion)仍是需要重点考虑的要素。在这基础上,再结合 EC 模式特点,针对产品的不同阶段,采用针对性营销方法,方可获得竞争优势。

6.5.1　EC 模式介绍

EC(E-commerce),即电子商务,是将传统商业的各环节电子化、网络化,企业通过在互联网上进行交易活动和相关服务活动来获得盈利的新兴运作模式。视买卖主体的不同,电子商务一般分为如下不同模式。

1. B2B

B2B (business to business),即企业与企业之间通过互联网进行产品、服务及信息的交换,是电子商务模式中应用最早的模式。

B2B 模式是电子商务的主流模式之一,也是企业面临激烈的市场竞争、改善竞争条件、建立竞争优势的主要方法。开展 B2B 电子商务,将使企业在更大的范围内找到合作伙伴,为企业带来更低的价格、更高的生产率和更多的商业机会。

2. B2C

B2C (business to customer),即企业与消费者之间的电子商务,是消费者利用因特网直接参与经济活动的形式,类同于商业电子化的零售商务。企业通过互联网为消费者提供一个新型的购物环境——网上商店,消费者通过网络进行消费。

这种模式节省了客户和企业的时间和空间,大大提高了交易效率。根据联合国贸易和发展会议 2015 年发布的《2015 年信息经济报告》,中国已经成为全球最大的"企业对消费者电子商务"市场。短短几年,中国超过美国,一跃成为全球最大的 B2C 市场,可见 B2C 模式在中国受欢迎的程度。任何着眼于中国市场的企业,都必须重视 B2C 电子商务。

3. C2C

C2C(customer to customer),是消费者与消费者之间的电子商务,它使得交易成本得以进一步降低,交易范围得以进一步扩大,个性化供需得以满足。C2C 交易方式灵活多变,一般由买卖双方共同决定。为此,如何解决买主与卖主之间的信任问题、如何解决售后服务问题,在 C2C 模式下应特别予以考虑。

4. C2B

C2B(customer to business),即消费者与企业之间的电子商务。它逆转了原有的生产者与消费者的关系。企业针对消费者提出的需求组织生产,是一种以消费者的消费需求为中心的电子商务模式。C2B 模式为小规模企业创造了更加合适、更加低成本的交易模式。

5. 其他电子商务模式

其他电子商务模式还有:B2B2C、B2M、M2C、B2M2C 等。这里 M 是 Market,即市场。

6.5.2　不同时期的产品营销策略

1. 介绍期(导入期)

1) 市场特点

该阶段由于生产技术方面的限制,产品生产批量小,制造成本高,广告费用高,产品销售价格偏高,销售量极为有限,企业通常不能获利,反而可能亏损。本阶段的市场呈现以下特点:第一,市场的潜在需求在日益增长,市场销量虽然较小,但销售在增长。第二,由于其他品牌产品尚未进入市场,市场上几乎没有竞争对手。

2) 营销策略

在产品投入市场以前要做好市场细分工作,找准目标顾客;选择正确的时机进入市场;设法把营销力量直接投向最有可能的购买者,使市场尽快接受该产品,以缩短介绍期,更早进入成长期。

➢ 产品有较大市场需求潜力,但目标客户求新心理强,企业面临着潜在竞争者威胁,这时企业可采取提高价格,提高促销费用的营销方式推出新产品,以获得最大利润,尽快收回投资并快速建立知名度。

➢ 产品市场规模较小,但是已有一定知名度,并且目标顾客愿意支付高价,潜在竞争不大的前提下,企业可采取以提高价格,但是以较低促销费用的营销策略推出新产品,这样可以得到更多利润。

➢ 如产品的市场容量相当大,潜在消费者对产品不了解且对价格十分敏感,潜在竞争较为激烈,生产者生产该种产品的生产成本随规模的扩大而减小,则可以以低价格、高促销费用推出新产品,达到最快速占领市场的目的。

➢ 如若该产品的市场容量很大,知名度较高并且市场对价格十分敏感,存在威胁不大的潜在竞争者,这是相对于其他三种情况而言较为安全的一种情况,因此则可以以低价格、低促销费用的方式推出新产品。保证不仅可以减低成本,而且可以增加利润。

2. 成长期

1) 市场特点

这一阶段,产品的需求量和销售额迅速上升,市场出现三个特点。第一,产品供不应求,本产品的数量在快速增长,市场销量上升,市场绝对利润呈上升趋势。第二,不同品牌的产品之间竞争日益激烈,市场品牌的平均占有率下降。第三,产品的社会供给能力的增长超过产品社会需求量的增长,价格有所下降,最后达到供求平衡。

2) 营销策略

(1) 配合市场变化改善产品品质。根据介绍期的产品销售情况分析市场需求走向。根据分析报表,作出产品的进一步升级。增加新的功能,改变产品款式,发展新的型号,开发新的用途等。对产品进行改进,可以提高产品的竞争力,满足顾客更广泛的需求,吸引更多顾客。

(2) 将原本的目标市场细分,争取扩大销售市场。通过介绍期的销售情况,分析原本的目标市场是否存在偏差,并且将市场再次细分,找到新的尚未满足的细分市场。根据其需要组织生产,迅速进入这一新的市场。

(3) 及时改变广告宣传的重点。此时,消费者已经不满足于接受简单的产品形象宣传,因此企业应该及时把广告宣传的中心从介绍产品转到建立产品形象上,树立产品品牌,不仅可以维系老顾客,而且可以吸引新顾客。

(4) 在可以接受的范围内适时降价。在适当的时机,可以采取降价策略,以激发那些对价格比较敏感的消费者产生购买动机和采取购买行动,进一步扩大销售市场。

3. 成熟期

1) 市场特点

产品进入大批量生产,市场进入激烈竞争状态。本阶段的市场主要特点:① 产品供过于求,产品价格下降、市场销量有所增长,市场绝对利润可能下降;② 市场上的众多品牌在淘汰中不断优化、集中化,形成一些名牌产品。名牌产品的盈利率上升;③ 产品的性能不断改善,出现了系列产品,生产者更加注重采用非价格竞争因素来获得消费者的忠诚。

2) 营销策略

这一时期,企业宜采取主动出击策略,使得成熟期延长,或使产品生命周期出现再循环。

（1）及时准确地调整市场。经历了收益最大的成长期，产品销售进入了稳定但是增长缓慢的成熟期。因此企业应该根据市场变化及时发现产品的新用途，寻找新的目标市场或者改变推销方式，以使产品销售市场得以扩大。

（2）适当准确地调整产品。通过产品自身调整来满足顾客的不同需求，吸引有不同需求的顾客。整体产品概念的任何一个层次的调整都可以视为产品在推出。因此，可以根据不同顾客的不同需求作出捆绑式销售或者由顾客自选的销售模式。

（3）市场营销组合调整。通过对产品、定价、渠道、促销四个市场营销组合因素加以综合调整，刺激销售量的回升以达到延长成熟期的目的。常用的方式有适时的降价、提高促销水平、扩展分销渠道和提高服务质量等。

4. 衰退期

1）市场特点

产品逐渐老化，被其他产品和更新产品所替代的时期。本阶段的主要特点：① 新一代产品导入市场，加剧了本代产品的供过于求，生产规模萎缩，生产成本上升；② 本代产品数量逐渐减少，而且市场的占有率也在下降，最终降低到零；③ 本阶段的竞争主要是本代产品与新一代产品之间的竞争。

2）营销策略

（1）这一阶段若企业还想要继续保持自己的市场份额，须找机会重新开始产品生命周期。可以继续沿用原有的策略，仍按照原来的细分市场，使用相同的分销渠道、定价以及促销方式。在这一过程中分析市场，观察是应该完全退出市场还是重新进入市场。

（2）若企业想要在最后阶段争取减少亏损，则应该把企业的生产资源集中在最有利的细分市场和分销渠道上，从中获利。这样有利于缩短产品退出时间，同时又能为企业创造更多利润。

（3）抛弃无希望的顾客群体，大幅度降低促销水平，尽量减少促销费用，以增加目前的利润。这样可能导致产品在市场上的衰退加速，但也能从忠实于这种产品的顾客中得到利润。

（4）对于衰退比较迅速的产品，应当机立断，放弃经营。可以采取完全放弃的形式，如把产品完全转移出去或者立即停止生产；也可以采取逐步放弃的方式，使其所占用的资源逐步转向其他产品。

6.5.3　航空运输产品在 EC 模式下的营销方法

航空运输产品是服务产品。针对服务产品所具有的特殊性质——无形性、等一行、异质性、易逝性,利用 EC 模式,在产品生命周期的不同阶段,采用正确的营销方法,是航空运输营销制胜的关键。

1. 介绍期

EC 模式下的消费品市场,数量和品种上都更加丰富,产品的更新周期更快。为此,航空运输企业要想使推出的新产品获得成功,必须充分利用大数据分析技术,更快地对市场需求作出判断。一旦决定推出,必须尽快让消费者了解新产品,包括加强宣传推介、增加促销费用、加强与 OTA 合作、举办各种活动、进行价格折让等,利用各种方法扩大影响面,吸引目标客户。

2. 成长期

随着消费者对产品的熟悉和消费习惯的形成,老顾客成为稳定的客源,同时会带来新顾客,此时,航空公司的服务一定要跟上。要根据电子商务网站的反馈,及时完善服务。适度的价格折扣活动有助于快速成长。同时,可适当提高促销费用,加快扩大自己的市场份额。

3. 成熟期

此时,产品的消费已到顶峰。顾客也已经对产品十分熟悉。航空公司必须利用 EC 平台,了解市场需求,及时拓展产品外延,开展产品组合营销,使得产品生命周期出现再循环,延长成熟期。对于旅客,不能有"维持"想法,局限在原有的旅客,要将眼光更多地放在广泛的出行旅客身上,他们对于航空运输的形式产品有新的想法,为此,要做好形式产品的销售和外延产品的推广(如价格产品、组合航线销售、活动套票等),使得航空公司和消费者达到双赢的局面。

4. 衰退期

进入衰退期后,航空公司应采取放弃策略降低成本,让所占用的资源逐步转向其他航空运输产品。或者,利用 B2C 模式采取收缩集中策略,集中为忠实于这种产品的顾客提供更大的利益折让和更好的服务。

毫无疑问,EC 模式具有不可替代的优势。介绍期——更低成本的宣传带来的是更高的宣传度。在这个时代,网络无疑是最好的传播媒介,谁能更好利用网络进行产品宣传,谁就能在激烈的市场竞争中拔得头筹。成长期——通过 EC 模式下的 B2C、C2B 模式可以更快、更准确地把握市场需求,并据此作出销售调整,避免产品过早地进入成熟期。同时,利用 EC 模式能够更及时了解到自己的目标市场,分析细分市场是否正确,决定应该做何种产品的组合营销策略。成熟期——及时调整自己的营销模式才能使产品重新进入生命周期或者在这一时期获得更大的利润,在激烈的竞争中占据主动地位。衰退期——及时把握市场走向,并以此决定何时退出市场,或者要不要重新推出新产品。EC 模式与消费者接触更密切的特点可以及时发现是否还存在忠实于产品的消费群体,以及是否还有重新进入市场的可能。由此可见,企业利用 EC 模式可以更直观、更准确地捕捉客户的消费需求,也可以更及时地推出新产品或者产品新的形式,从而更灵活地适应市场。

第 7 章

营销发展趋势

电子技术、信息技术、计算技术的快速发展和互联网的普及应用,改变了人们的生产和生活方式,也改变了机票销售的模式,催生了低成本航空公司诞生和大数据技术的应用。同时,航空运输业的快速发展,使得客货运市场不断变化,机场营销提上议事日程,并从航空性业务为主向航空性业务和非航空性业务并举的方向发展。本章将择上述几个营销相关要点进行探讨。

7.1 我国机票销售的演变及其发展趋势

7.1.1 机票销售多元化——传统代理商的出现

20 世纪 80 年代,由于航线网络不发达,机票的销售主要通过航空公司自设的自营点进行。随着航空运输的发展,市场的扩大,自身售票已经不能覆盖需求市场。为了满足旅客购票需求,传统机票代理商出现并逐渐发展。

机票代理业是一种分销行业。航空公司作为委托人将产品销售服务委托给代理人。之后代理人再将机票销售给下级代理人或顾客。代理销售作为航空公司的一种销售渠道,航空公司需要向代理商支付票价的 5%～8% 作为佣金。

传统机票的批发商或一级代理一般都是与航空公司关系比较密切和有一定销售渠道的人,他们能以"批发价"拿到机票,自己销售,谋取差价。也可为下属的二级代理提供稳定的票源。机票差价是二级及以下代理商的主要收入。二级及以下代理又可分为核心或非核心。核心代理只代理一个上级代理的票,票源比较稳定;非核心代理一般根据价格选择上级代理,票源没有保障。

当时,由于没有网络,票价不透明,"以散充团"现象比较普遍。

7.1.2 机票销售代理业成熟,代理经营模式多样化

自 1987 年国内机票销售开放之后,机票代理商将销售市场迅速铺向全国,

基本成为航空市场的主流销售渠道。机票销售代理逐渐成熟,业务不断拓展,出现了差旅管理、在线分销等多种代理经营模式。

1. CRS 普遍应用

随着通信技术和计算机技术的不断发展,经过中国民航计算机信息中心的多年努力,1996 年,我国订票计算机系统正式推出。该系统由 CRS(代理人分销系统)和 ICS(航空公司系统)组成。销售代理通过 CRS 系统进行航班座位及其他旅行产品的销售。航空公司通过 ICS 系统进行航班输入与座位控制、自销及运营管理。随着系统的不断完善,系统的功能越来越多。现在的 CRS 所提供的功能已远远超出机票预订,已从航空运输扩展到其他旅游产品。CRS 系统的推出是机票代理业快速发展的催化剂,使得机票代理业日益走向成熟。

2. 差旅管理公司出现

差旅管理公司是专门为顾客提供出差相关(机票、酒店为主)服务的公司。企业将自己的差旅费用和管理全部交给专业的管理公司,由专业公司整合资源,提供包括预订酒店、机票、会务、租车等全方位的服务,并执行有效的差旅政策。这个模式和前面介绍的代理模式不同。它不是以批发商的身份来销售机票,而是作为一些企业的差旅代理人来为企业服务。

差旅管理的核心是通过对企业日常商旅需求的服务,通过对企业商旅行为的历史交易信息进行科学的总结与分析,由专门的商旅费用分析师为企业制定有针对性的差旅管理制度或解决方案为企业建立合理化、系统化的长效商旅费用管理机制而显示其价值。差旅服务小到为企业的商旅提供个性化服务,大到深入企业内部,为企业提供全年商旅预算与服务。差旅管理公司的收入来自从企业得到的服务费和航空公司得到的代理费。

3. 在线分销成为主流

随着互联网的普及,网上售卖票逐步成为主流。传统的代理商也转变成了在线分销商(online travel agent,OTA),他们的产品日益丰富,从代理机票向提供旅行一条龙服务角色转变。他们的收入来自他们代理的各种产品和其平台上的广告费等。

市场上主要在线分销商有"携程""去哪儿"等民众较为熟知的电子商务分销商,也有"途牛""悠哉"这样的客户终端,甚至还有"想游天下"这样的新型 C2B 网站。这些分销商大多都为旅客提供包括酒店服务、机票预订、火车票预订、租车服务、度假预订、商旅管理、特惠商户及旅游咨询在内的全方位服务。这些分销商主打的都是为客户量身打造线上线下的商旅服务计划,提供一条龙服务,以此来绑定优质客户群。

同时也有一部分网站主打旅游搜索引擎，像"去哪儿"网，把网上的机票信息收集到一起，从而为顾客搭建了一个快速寻找自己所需产品的平台。越来越多的顾客将网站上的旅游搜索引擎作为第一选择，就像把百度作为我国互联网上最大的信息搜索引擎。这种旅游搜索引擎的出现满足了广大旅游消费者追求低票价的心理。进而，被顾客熟知、认可，从而达到扩大知名度的目的。

在很长一段时间里，OTA 以其先发优势，得到了快速发展，维持了颇为庞大的客户群，收益颇丰。OTA 力量的壮大，使得其在与航空公司的博弈中，占据优势，航空公司的一大部分利润，被 OTA 所分。当然，航空公司是不会长期屈居其下的，发展自己的电子商务网站，增加直销比例成了航空公司的不二选择。

7.1.3　航空公司电子商务发展迅速，直销比例增加

电子客票（E-Ticket）是一种无纸化的旅客购票信息记录，其性质和原有纸质机票相同，都是承运人或其代理人销售的旅客航空运输及相关服务的有价凭证。和纸质客票不同的是电子客票的信息是以数据的形式储存在出票航空公司的电子记录中，并以电子数据交换代替纸票交换数据来完成信息传递。电子客票的使用，给旅客带来了诸多便利，使得订票、结账、办理乘机等手续，完全可以在网上实现。这有力地推进了机票的网络销售，使得机票网络销售成为主流。2007 年，我国电子客票全面取代纸质客票。

随着电子商务及电子客票的迅速发展，航空公司电子商务发展迅速。电子商务网站已成了航空公司不可或缺的平台。到航空公司的电子商务网站购票，成为越来越多顾客的选择。

7.1.4　航空公司直销比例将进一步增加，未来将成为主流

随着航空业的不断发展，航空公司之间的竞争越加激烈。随着票价的不断降低，各个航空公司的压力也越来越大，随之纷纷加强对自身直销渠道的建设，逐渐降低对机票代理商的依赖。在美国，航空公司机票直销的比例达 61%，代理商只占 39%。而从全球来看，英航、汉莎、法航等知名外航的直销份额也达到了 50%，基本能与代理商平分秋色。机票直销比例的提高，意味着航空公司成本的节约。为此，各航空公司一方面加强直销渠道，特别是电子商务渠道的建设，另一方面，逐步取消代理商佣金，推行"零佣金"。

值得一提的是，"零佣金"的推出，除了与航空公司推行电子商务网站售票有关外，与航空公司纷纷加入航空联盟也不无关系。以往，航空公司电子商务网站的主要劣势就是航班选择较少，旅客有时候无法选到心仪的航班。因为航空公

司直销只提供自己公司的航班,而代理商相当于一个机票信息平台,它融汇了多个航空公司的航班信息,在一定程度上可以满足每个旅客的不同需求。但加入航空联盟,航空公司直销的缺陷得到一定程度的缓解。因为航空公司不仅可以销售自己航班,也可以销售代码共享航班。联盟成员将所属成员航空公司的航线网络连接到一起,不仅扩展了航班选择面,还延伸了航线长度。

"零佣金"的推出,可以说是航空公司吹响了进一步推进直销的号角。未来航空公司直销将成为主流,OTA 将成为辅助渠道。

7.1.5 "零佣金"后,机票代理业"何去何从"

航空公司实行"零佣金"后,很多人都在问,OTA 怎么办?

首先,回顾一下"零佣金"前,机票代理的商业模式。

机票销售曾是代理人的天下。在航空公司销售网络,尤其是互联网渠道没有摊开前,机票买卖都被攥到机票代理机构的手中。这些各式各样的机票代理每卖出一张机票,航空公司就需要按照比例支付给代理人一笔钱。兴盛之时,该比例曾一度高达 12%。

一直以来,国内航空公司与机票代理之间,都是采用"3+X"公式来计算代理费用。"3"代表着佣金比例,相当于代理人得到的基本收入。而"X"则是航空公司的单独奖励。只要业绩水平到达约定程度,代理人就能拿到这笔奖励。

"零佣金"在我国的推出始于 2010 年。2010 年 4 月,法航-荷航集团宣布在大中华区实行零代理费政策,当时遭到了很多机票代理商的反对和抵制。随后,全日空航空、汉莎航空和瑞士航空也纷纷下调佣金比例。2016 年 6 月 1 日,南航宣布将机票销售代理手续费降为零后,仅仅两天,厦航表示将代理手续费降为0。国航和东航则将这一日期同时定为 6 月 10 日。从 2015 年 7 月 1 日以来,国内各大航空公司对机票代理费不断下调。航空公司希望通过降佣和直销,抢回被机票代理人把控的消费者。一年不到的时间里,多家大型航空公司走完了机票代理费归零的最后一步。

推倒沿用了近八年的机票代理费制度,航空公司仅用了不到 10 个月。以往航空公司机票主要由机票代理商销售,结算的时候会给代理商一定的佣金和返点,这也是机票代理商的主要收入来源。然而最近几年,佣金不断下降,如今变为了 0。"3+X"的计酬公式里少了"3",销售业绩就成了硬指标。一些销售情况不佳的中小机票代理面临极大压力。简单从事机票销售的中小代理机构,成为这轮冲击波中最先倒下的。

"零佣金"改革后,代理商的收入来源除了业绩返点外,还有其他途径可循,譬如提供增值服务。寻找附加在机票上的增值空间,可以说是机票代理商改革后寻求发展的"不二法门"。

为了与航空公司直销渠道产生差异化,代理人通过机票外的附加值来盈利,并吸引消费者。如机票＋酒店、机票＋保险、机票＋景点门票等。譬如携程,它通过提供订酒店、订出租车、提供签证等系列服务,形成了一个完整的产业链,给顾客一个全系列的产品服务。他们可以跟顾客形成一个比较紧密的战略联盟,真正能够给顾客提供一个质优价廉的服务。他们利用自身优势把各类相关产品连接在一起,做成一个完整的产品链,丰富了机票附属产品所带来的附加值,带来很大的利润空间。事实上,他们的收入来源中来自机票的并不多,主要还是源于增值服务。目前,携程通过收购、合作,正在对整个旅游产业链上的资源点进行布局,以在二次创业中升级成为一站式旅游服务平台。

7.2　大数据在营销中应用

关于大数据,目前还没有统一的定义。一般是指无法在一定时间内用常规机器和软硬件工具对其进行感知、获取、管理、处理和服务的数据集合。大数据的大不仅是指量的大,也包括数据变化的快。

在这个电子化、信息化、网络化社会,大数据的意义是不言而喻的。从国家层面讲,它体现国家的实力,体现国家在网络空间的数字主权,它将成为继海、陆、空、天四维空间之后另一个大国博弈的空间。对数字主权的占领,对大数据的挖掘能力体现国家在大数据发展中所占的地位,反映一国在综合竞争中所处的位置。从企业层面讲,对于大数据的深挖掘、大规模利用有助于企业提高运行效率和效益,有助于发现潜在需求,有助于精准营销和精益生产。虽然目前针对大数据的研究,还没有建立一套完整的理论体系,也缺少高效快速地对数据的处理、分析与挖掘的规范,但大数据的发展前景毋庸置疑。

7.2.1　大数据的特点

大数据的主要特点为大量化、多样化、快速化和价值化。

1. 大量化

随着互联网的发展,社会变得越来越信息化与网络化,数据增长迅速。据统计,平均每秒有 200 万用户在使用谷歌搜索,Facebook 用户每天共享的东西超过 40 亿,Twitter 每天处理的推特数量超过 3.4 亿。同时,科学计算、医疗卫生、金融、零售业等各行业每天也有大量数据在不断产生。2012 年全球信息总量已经达到 2.72 B,2015 年这一数值达到 8 ZB。网络空间中数据的量在不断增长,计量单位也从 GB、TB、PB 发展到 EB 甚至 ZB。

2. 多样化

大数据种类繁多,包括结构化数据、半结构化数据和非结构化数据。近年来非结构化数据发展迅速,像网页搜索、手机通信、社交媒体等产生的数据,每天在不断增长,导致了大数据的多样性。

3. 快速化

在现在这样的网络时代,研究的主流方向就是高速化。通过基于实现软件性能优化的高速电脑处理器和服务器,创建实时数据流成为一种流行趋势。大量记录的实时数据变化之快速,使得在一定时间内用常规机器和软硬件工具无法对其进行处理。据 IMS Research 预测,到 2020 年全球将拥有 220 亿部互联网连接设备。如何快速地创建数据,快速处理、分析数据并反馈结果给用户,以满足他们的实时需求将成为严峻的挑战。

4. 价值化

大数据通过对信息的筛选,将一些虚假信息排除,对用户提供有价值、可靠的信息。大数据通过大量数据分析预测出事情的发展趋势,也给用户提供了便利。这些经过分析筛选之后的数据,本身被赋予了新的价值,有了新的定义。

7.2.2　大数据主要处理过程

大数据的处理一般包括数据的采集与预处理、数据的分析、数据的解释等几个阶段。

1. 数据的采集与预处理

由于原始数据来源广,且真实性未知,所以首先要做的,就是对这些数据的筛选,即清洗这些数据,将其中有用的数据提取出,暂时储存起来,供用户需要时使用。

2. 数据的分析

这一项是大数据应用的核心阶段,可分为三类,即计算架构、查询与索引及数据分析和处理。在计算架构方面,目前广泛采用的大数据集计算模型和框架是 MapReduce,在此基础上又提出了许多针对性较高的方案,如对时间要求较高的数据,可以通过对其进行性能优化。

3. 数据的解释

为了让用户更好地使用数据分析出的结果,例如通过数据分析得出的对未来趋势的预测等,可以用数据投影、维度降解等方式来进行解释与显示。此外,以人为中心的人机交互设计,也将使数据能够更好地得以呈现。

7.2.3　大数据在营销中的应用

企业只有通过了解不同客户的真实需求,满足不同客户的个性差异,才能在企业竞争中形成优势。而这需要的就是对销售数据、客户数据、客户行为数据进行利用、挖掘。数据挖掘的任务,就是在大量的数据中发现有用的数据,将这些数据转化成信息,将信息转化成行动,将行动投诸实践中,从而创造价值。

通过对大数据的挖掘,企业可以预测产品的发展趋势,提前布局;发现客户个性特点、喜好及需求,提供点到点精准营销;发现潜在风险与威胁,及时转型与规避;通过自媒体、微媒体,借助公众智慧,获得问题解决的方案。通过对客户的精准把握,赢得客户的信任和依赖,构建起长期的可持续的合作关系。

大数据营销比较领先的是阿里巴巴。网站会记录顾客每一次的浏览行为,记录点击的商品及数量、购买的商品及数量,综合各个维度的数据,建立起一种用户个人行为和喜好模型。在下次使用时,能够根据处理得到的数据,给用户推荐可能需要的东西。此外,大数据提供的不仅仅是一种对顾客的推荐,还能通过建立的这种行为模型,推测出商品未来的发展趋势。由于作为数据的样本巨大,所以能保证一定的准确性。而根据商品的发展趋势,来决定该抑制该商品还是加大该商品的发展。同时,网上商城的商品点击浏览量和购买量本身,可以用于对顾客的点对点广告和商品推荐依据。

另一个比较典型的大数据营销例子是《纸牌屋》。《纸牌屋》在三千万付费用户中总结出他们的收视习惯,根据他们的评论或者他们的投票选择来进行拍摄。一切根据观众的喜好。无论是想要谁来演,想要在哪边拍摄,还是想看到怎样的故事,都根据观众的想法来决定创作。最终《纸牌屋》取得了成功,使它的出品方兼播放平台在第一季度新增了 300 万流媒体用户,第一季财报公布后股价狂飙26％,取得了巨大成功。究其成功的原因,主要就是他们能与受众,即消费者达成一种良好的互动,通过充分挖掘这些数据,进行产品导向。

7.2.4　大数据营销的主要挑战

大数据营销虽然有着光辉的发展前景,却也面临着很多挑战。它所面临的隐私泄露、数据可信度、数据模式的复杂性等问题,都对其发展构成了威胁。

1. 隐私泄露问题

如果对大数据的处理保存不当,会对用户的隐私造成极大的危害。譬如,通过对用户网页浏览习惯、社交媒体发布内容的分析,可以得出用户的一些基本信息及生活状态、个人喜好等信息。而这些相关信息,在企业使用时,即使经过精心的匿名处理,还是能通过一些依据,来找到该人。正如现今互联网上常用的人肉搜索。那些用户即使删掉所有的发布内容,还是能够被人找到。主要就是根据登录 IP 等细节。而这些最终又是归因于大数据的分析筛选。

2. 数据可信度问题

虽然现在很多人强调用数据说话,怀着一种数据即事实的心态。但数据的真假,又不是那么容易辨别。如果有人刻意发布不实数据,那么在数据真假混杂的情况下,就不能准确获取产品的信息。譬如,淘宝商品的评论,如果有卖家让人刷单,刻意营造出产品质量好的假象,消费者就难以辨别产品的真实情况,最后被这些虚假信息欺骗。

3. 数据模式的复杂性问题

数据样本的不断增加,导致数据在感知、表达、理解、计算等方面的困难。复杂的数据导致了要表达这些数据模式的多样化。同时,对于各个数据间的相互关系,表达的模型会变得更加复杂,让人不得不掌握许多模型才能得以有效处理,获得有用信息。

除此以外,对大数据形成冲击的还有数据共享时,访问的不可控性。由于大数据应用范围广,不同目的的人都能看到。如果对其进行访问限制,具体受访者的要求难以控制,难以达到统一。同时,访问限制的设定,对于每天需要大量浏览的人来说,是一个时间的浪费与效率的降低。大数据访问控制问题,短时间内恐难以解决。

当然,随着时间的推移,这些问题将慢慢得到解决。譬如,隐私泄露问题,正在推行根据保护内容的不同,进行位置隐私保护、标识符匿名保护、连接关系匿名保护等方法。另外,从法律上,我国也已经出台了保护隐私的法律。任何人只要泄露 50 条以上个人隐私,将受到法律惩罚。在数据真实性方面,正在推行数据水印技术。由于数据有无序性、动态性等特点,如果给每个数据加上水印,就能对每个数据加以排查,发现数据存在的问题,从而来筛除不可靠的数据,保证数据的真实性。关于访问控制问题,正在推行 RBAC 方法,即基于角色的访问控制。通过给用户指派角色,将角色关联至权限集合,实现一种用户授权,简化权限管理。当然,这些方法还不太成熟,有待于进一步完善,如用户角色的自动辨识和指派,本身就是一个"数据挖掘"问题。

7.3　机场营销与非航业务的发展

机场与航空公司是密不可分的一对伴侣,他们有着共同的终极客户,即旅客和货主。很多时候,要做大航空运输市场,两者必须联手。如南航和白云机场联手打造"南飞"枢纽。相比于航空运输营销,机场营销起步较晚。在我国,也就是2002 年机场下放属地化管理以后,才开始有了真正意义上的机场营销。

机场营销,目前尚没有统一的定义,但作为营销,同样包含着营销的基本要素。即以市场为导向,采取系统的生产经营方式,为客户提供满足需要的产品(即机场服务及机场资源),从而实现机场自身利益目标的过程。

7.3.1　机场营销的分类

机场业务有主辅之分。机场的主业,即航空性业务,是指与飞机、旅客及货物服务直接关联的业务。航空性业务营销主要包括航线营销和航班营销。营销的直接对象是航空公司。机场通过航空公司增加航线、航班等基础业务,以此增加机场的业务量,提高收益。机场营销的终极对象是旅客、货主、旅行社、航空货运代理等,依靠此为该机场创造更多的客、货流,以吸引航空公司开设航线,维持和推动航班量的增长。机场的规模效应十分明显。航线越多,航班密度越大,收益越多;同时,航线越多,航班密度越大,旅客、货物可选择的航班、航线越多,机场越具有吸引力。

机场的辅业,又称机场的非航空性业务,或简称非航业务,是机场航空性业务的伴生性业务,是伴随人、货、飞机而来的业务。如地面服务、航油、商业、物流、广告、机务、地面运输等。该类业务虽不属于主营业务,却很大程度上影响着客户对机场的印象,从而潜移默化地影响着旅客、航空公司的选择。机场辅业营销的对象为航空公司、商户、广告公司、运输公司、顾客、货主等。需要指出的是:航空性业务与非航空性业务的划分,各机场不完全一样,有些机场将地面服务等列入航空性业务。

机场主要的航空性与非航空性业务如表 7-1 所示。

就大多数机场而言,机场的辅业虽然在机场收入中所占份额通常不及主业,但机场的营运水平很多时候体现在辅业上面,甚至可以影响旅客的选择。机场主业在一定阶段相对比较固定,一般与客货源距离、交通条件、气象条件、空域资源、时刻资源、出行习惯等众多因素有关。机场能改进的空间相对较小。而机场

表 7-1　机场主要的航空性与非航空性业务

航 空 性 业 务	非航空性业务
起降服务	地面服务
停场服务	航油
客桥服务	延伸的商业、物流服务
旅客及行李安检服务	其他非航业务
货邮安检服务	
旅客过港服务（基础设施相关）	

辅业则不同。诸如商业零售、餐饮、住宿等业务一般都具有较大的发展空间，并且还能根据一个地区的文化传统、生活习惯发展出本地机场的特色。机场辅业的收入水平可以相差很大。经营管理好的机场，其辅业收入甚至可以超过主业。当然，辅业发展得好坏除了与经营管理能力有关外，还与机场所在地区的经济基础与产业结构、城市规划与产业布局、机场本身业务结构与性质、居民收入水平与消费结构等有关。在越来越激烈的市场竞争中，机场在大力发展航空性业务的同时，大力发展非航空性业务，加强非航空性业务营销，着力提高收入水平，无疑是正确之策。

7.3.2　机场非航业务

机场非航业务，有狭义和广义之分。狭义的非航业务可以归为两大类：与航空主业相关的业务和纯粹的财务性收益业务。与航空主业相关的业务包括候机楼商业、停车场、酒店等。而所谓纯粹的财务性收益业务是指像地产之类与机场主业并无多大关联的业务。广义的非航业务还包括围绕机场建立的经济区中发展起来的相关优势产业，也就是所谓的临空产业。常见的有航空保税产业、高新技术产业及其零部件产业、现代园艺农业、商务会展业等。

机场非航业务的发展基础主要是其所拥有的独特资源。这些资源包括旅客、货物在机场集散所产生的消费市场。旅客和货物的集散，往往是由多种交通运输方式衔接而成。机场作为一个多种运输方式的集散地，一方面存在广泛的运输、仓储机会，另一方面会因为客流量的聚集会产生发展消费市场机会。这样独特的机会为其带来的是许多产业建立产业链的可能，包括了陆路交通、旅游、广告、快递等，这为机场发展非航业务提供了基础。

机场非航业务可能采取的基本经营模式大体可分为七种，分别为自营、劳务外包、租赁、特许经营、全资公司经营、控股公司经营和参股公司经营。多数机场并不仅仅只采取一种方式来经营其非航业务，往往采取以一种模式为主导或者多种模式并举的经营方式。

1. 自营

自营是指机场自身开展非航业务。通过投入固定资产、运营资金和人力资源来运营。其经营所得全归机场，但所有成本也将由机场全部承担。这种模式下的非航收入与相应的成本费用有很大关系，通常机场会采取一系列控制成本的方式来提高其自营的收入，但这样控制成本有可能会带来一定的服务方面或者旅客体验方面的下降，因此存在一定的风险。另外，机场自营也存在一个经营经验不足及业务拓展和分布不广的问题。倘若自营模式发展得好，其一定程度上会成为机场的优势业务，带来可观的收入。

2. 劳务外包

劳务外包是一种自营模式的扩展。在这样的模式下，其经营所得仍然全归机场。机场同样要承担全部的成本，只是相对应的劳务成本以合同的方式外包给其他公司。这样一种方式尽管不一定能很好减少经营成本，但外包的方式省去了很多管理方面的成本和时间，并且外包承担公司往往具有较高的对业务的熟悉程度和管理能力，这会使得劳务外包业务具有更良好的服务，而这一点是机场自营较难达到的一点。

3. 租赁

租赁通常指的是机场将其资源租给其他公司使用，以此来收取租金。这种模式，收入比较稳定，但一般收益率不高。

4. 特许经营

特许经营是指机场对于业务项目通过公开招标或其他方式，与选定的各业务项目的运营商签订特许经营协议，受许人即取得某业务项目的经营权，并通过协议明确特许经营期限、特许经营收费标准及机场与受许人之间的权利义务关系等。这一模式是近年来机场较为普遍采用的经营模式。机场往往将一部分或全部航站楼的零售、餐饮、安保等业务交给专业的公司来运营。由于专业公司本身具有良好的业务背景，其对旅客也可以提供专业水平的服务。这样的模式机场所承担的风险较小，也可以取得良好的收益，因此被广为采用。

7.3.3　非航业务的发展

机场发展非航业务是必然趋势，只有非航业务发展了，机场才能改善其效益，毕竟航空性业务收入在一定时期基本固定。但是，机场发展非航业务，也必须了解自身发展的条件。在此基础上,才能有所为,有所不为,顺势而为。

7.3.3.1 与非航业务发展有关的因素

1. 机场规模

首先,机场的客运量是非航业务发展的基础。没有一定的客流量,要发展非航业务显然是很难的。其次,机场航站楼面积也是很重要的部分。航站楼面积大,自然能满足更多的非航业务的布局和发展。

2. 区域经济

非航业务的发展与区域经济的活力密切相关。经济发展水平越高,发展非航产业越有利。地区经济水平的高低一定程度上代表了这个地区消费者消费水平的高低。消费水平越高,机场零售业、餐饮业等非航业务发展越有保证。

3. 机场布局

机场布局会给旅客带来一种主观上的体验,而这种主观上的体验会直接影响他们的消费选择。譬如,一般情况下,旅客在进入候机区之前都是比较匆忙的。只有到达了候机区,才有时间进行消费。所以,将零售和餐饮业布置在候机区是十分合理的。同时,零售、餐饮等具体布局也十分重要,不仅要满足消费,还要满足旅客休息、放松心情的需要。

4. 交通环境

对服务覆盖范围广泛的机场来说,良好的交通环境对其非航业务的发展至关重要。便捷的交通有利于缩短旅客其他环节的时间,增加参与购物的时间,有助于商业收入的提升。

5. 消费水平

机场主要消费者是旅客。旅客因出行目的不同可分为商务型旅客和休闲旅客。通常,商务型旅客占比越高,餐饮等业务发展的可能越大。同时,城市工商业越发达,商务客越多,消费水平越高,非航产业发展基础也越好。

7.3.3.2 如何发展机场非航业务

1. 结合条件,寻找发展模式

机场发展非航业务,没有一个固定模式,没有对错之分,只有适合不适合之分。各机场必须结合自身情况,寻找发展模式。如很多机场会采取特许经营这一模式来运营大部分的非航业务。但有些机场,如厦门机场其非航业务是通过成立不同的公司自营的。很多服务,如航食,不仅服务于机场、航空公司,还向社会提供服务。

2. 多头并举,推行多元化发展

多元化发展是指机场在传统的非航业务,如客货运代理、餐饮、零售、休闲等以外,尽可能多的去发展其他业务。通过多元化的发展,以求取得更好的收益。例如,广州白云机场,除发展传统的非航业务外,还涉足金融业。又如机场会议服务,相比于其他专营租赁会议场所的地方来说,机场提供的价格具有很强的竞争力。因此无论从经济角度或者时间角度来说,机场会议服务都具有一定的优势。

3. 体现特色,促进顾客消费

很多机场会邀请全球知名的零售或餐饮品牌入驻,但这并不是唯一选择,有时突显当地特色也很受旅客的欢迎。如旧金山国际机场举办的纳帕农场美食市、明尼阿波利斯-圣保罗国际机场推出的 Surdyk 葡萄酒酒吧、西雅图塔科马国际机场推出的 Beechers 手工奶酪产品等都很受旅客欢迎。机场需要考虑在国际、国内品牌和当地特色之间找到一个合适的比例。

4. 技术领先,线上线下共进

互联时代,信息领先。机场非航产业线上线下共推至关重要。App 的作用可以不仅仅局限于查询航班信息、导引旅客路径等,也可以用来促进旅客消费。App 也可以做成一个社交平台模式的软件,定期发布一些和机场零售相关的优惠信息,或者机场各家餐饮的评价信息。旅客可以在 App 上查到自己想购买的东西,也可以看到目前有优惠的东西。这样通过一个简单的手机 App,便可以做到刺激消费的功能。而作为机场的管理者而言,也可以根据这个 App 反馈的评价来调整机场商业的分布和商户的组成。大数据时代的来临,相信对于机场非航业务而言,是一个很大的机遇。

5. 加强互动,促进临空产业建设

机场非航业务的发展,归根结底取决于地区经济活力。而临空产业的发展,将为机场非航业务的发展带来新机遇。广义来讲,临空产业本身,就是一个非航业务。加强与相关部门的互动,促进临空产业发展,无疑是机场的明智之举。

7.4　我国航空客货运市场及货运发展之路

7.4.1　航空客运市场

航空客运市场是民航运输的主市场。深入了解民航客运市场,无论对于航空运输企业,还是整个民航业的发展,都意义重大。

我国的航空客运市场,主要呈现以下特点:

1. 分布不均

国内航空运输市场可分为区间市场和区内市场。区指中南、华东、西南、西北、华北、东北六区。区内市场,顾名思义,就是六个区各自内部进行运输,而区间市场就是六个区互相之间进行运输。

近年来,我国航空客运事业不断发展,运输能力和国际地位不断提升。但仍然存在诸多亟待解决的问题,其中之一就是分布不平衡。整体来看,区间市场为运输主体,大约占 70% 左右。而区间市场中,华东-中南、华北-华东、西南-中南、华东-西南,四个区间市场所占比重最大。在区内市场中,中南、华东、西南,所占比重最大。无论从区内市场还是区间市场来看,国内客运市场分布都很不均匀,这与各地经济发展水平有直接关系。中南、华东、西南,这些都是国内经济发展最好的地方,人民生活水平也较高,需求也高。

2. 高端层与潜力层旅客之间存在价格空隙

根据收入高低和消费需求,旅客可分为高端层和潜力层。高端层指那些收入高,并且经常需要乘坐飞机进行商业事务的旅客,为航空客运业的主要消费对象。潜力层指收入较高端层低,无须经常乘坐飞机进行商业事务的旅客。因为这些旅客有较大的商业潜力,即乘坐飞机旅行的机会有较大的提升空间而被称为潜力层。

自改革开放以来,人们眼里的富人从万元户变成百万元户,到现在千万元户也不少见。尽管有钱人的钱越来越多,大多数中低阶层的家庭收入并没有与高收入家庭的收入增幅保持一致。而这导致的结果是贫富差距的扩大。高端层有固定的航空飞行需要,并且能够接受比其他运输方式更高昂的飞机票价格,但高端层人数毕竟占人群中的少数。而潜力层虽然人数众多,但对于票价非常敏感,对于航空运输明显高于其他运输方式一倍甚至更高的运输价格,他们选择航空出行的可能性远低于其他运输方式。据研究,两类旅客可接受的飞机票价格相差一倍以上,这就是价格空隙。现在不少航空公司都已经注意到了价格空隙,制定了各自的营销战略,尽力满足各层次旅客需要。

3. 三大航空公司占有主导地位

三大航空公司为中国国际航空、中国南方航空和中国东方航空。作为中央企业,不仅在规模上拥有绝对优势,同时在航线和时刻上拥有优势。作为规模效应明显的行业,三大航的领先优势在比较长的时期内,很难被其他竞争对手超越。

4. 中等规模航空公司发展良好

以海南航空、厦门航空、深圳航空、四川航空等为代表的中等规模的航空公司,在我国航空客运市场上扮演着越来越重要的角色。这些公司从改善经营管理入手,在业绩上都有不俗的表现。其航线网络也稳步扩大,发展前景看好。

5. 廉价航空处于起步阶段

我国廉价航空市场相较于国外,起步较晚,在各种因素的作用下,发展也较为缓慢。但它与我国消费的层次结构比较相符,其发展政策条件也将越来越好,具有较好的发展潜力。

6. 基地选择十分重要

我国航空公司大部分业务都通过基地完成。因此,要想更好地发展本公司的航空业务,必须加强基地建设,不断完善硬件和软件设施,加强服务。通过加强基地,吸引更多的旅客,提高运量。

7. 国际客运市场份额有待进一步提升

我国航空公司整体是国内市场经营好,国际市场经营差。作为一个客源大国,我国的国际旅行的旅客有近一半乘坐了外航,变成了外航的客源。国内公司必须提高收益管理能力,加强营销力量,进一步改善服务,提升国际市场份额。

7.4.2　航空货运市场

总结起来,我国航空货运市场具有以下特点。

1. 市场规模越来越大

1) 货运量不断增长

改革开放以来,在国家政策大力支持、飞机运力不断提高和货物结构持续优化等因素的推动下,我国航空运输货物周转量和货运量自 1980 年开始进入快速发展阶段。由表 7-2 可以看出,虽然近年来,受世界范围内的政治、经济和自然灾害等因素的影响,我国航空货运进入波动期,但年均仍保持两位数高速增长。

表 7-2　1990—2014 年我国航空货物周转量、货运量以及平均运距

年　份	货物周转量		货　运　量		平均运距
	总量/亿吨公里	增长率	总量/万吨	增长率	总量/公里
1990	8.18	16.90%	37	19.37%	2 211
1991	10.1	23.47%	45.2	22.16%	2 234
1992	13.42	32.87%	57.5	27.21%	2 335
1993	16.61	23.77%	69.4	20.70%	2 394
1994	18.58	11.86%	82.9	19.45%	2 241
1995	22.3	20.02%	101.1	21.95%	2 206
1996	24.93	11.79%	115	13.75%	2 168

年　份	货物周转量		货　运　量		平均运距
	总量/亿吨公里	增长率	总量/万吨	增长率	总量/公里
1997	29.1	16.73%	124.7	8.43%	2 334
1998	33.45	14.95%	140.1	12.35%	2 388
1999	42.34	26.58%	170.4	21.63%	2 485
2000	50.27	18.73%	196.7	15.43%	2 555
2001	43.72	−13.03%	171	−13.07%	2 556
2002	51.55	17.91%	202.1	18.19%	2 551
2003	57.9	12.32%	219	8.36%	2 643
2004	71.8	24.01%	276.7	26.35%	2 595
2005	78.9	9.89%	306.7	10.84%	2 572
2006	94.28	19.49%	349.4	13.92%	2 698
2007	116.39	23.45%	401.8	15.00%	2 896
2008	119.6	2.76%	407.6	1.44%	2 934
2009	126.23	5.54%	445.5	9.30%	2 833
2010	178.9	41.73%	563	26.37%	3 177
2011	173.91	−2.79%	557.5	−0.98%	3 120
2012	163.89	−5.76%	545	−2.24%	3 007
2013	170.29	3.91%	561.3	2.99%	3 034
2014	187.77	10.26%	594.1	5.84%	3 160
2015	208.07	10.81%	629.3	5.92%	3 306
2016	222.45	6.91%	668	6.15%	3 330
2017	243.5	9.46%	705.8	5.66%	3 450
年均增长率		14.09%		12.23%	

数据来源于：2017 年中国统计年鉴,2017 年民航行业发展统计公报。

从全球看,2016 年全球机场货物吞吐量 1.10 亿吨,同比增长 4%。其中亚太地区的航空货运量增幅占全球的 39.3%。

另外,根据国际机场协会(ACI)公布的《2016 年世界机场运输量报告》,中国香港机场高居榜首,美国孟斐斯国际机场、上海浦东国际机场、韩国仁川国际机场、迪拜国际机场、美国泰德·史蒂文斯安克雷奇国际机场、美国路易斯维尔机场、日本成田国际机场、法国巴黎查尔斯·戴高乐国际机场、德国法兰克福国际机场分列 2~10 位全球最大货运机场。这是浦东国际机场连续第九年货邮吞吐量位列世界第三。

　　2) 运输距离不断增加

　　1978 年货物运输平均距离为 1 516 公里,2017 年达到 3 450 公里。根据表 7-2,1990 年至 2017 年,货物运输距离年均增长 1.74%。

　　3) 国际货运发展速度快

　　1978 年至 2017 年间,国际货物运输比重不断增长,由表 7-3 可以看出,国际货运量由 1978 年 8.25% 上升到 2017 年 31.47%。国际货物周转量由 1978 年 31% 上升到 2017 年 70.02%,即国际货物周转量超过国内货物周转量。

表 7-3　货物运输比重

年　份	货运量比重		货物周转量比重	
	国　内	国　际	国　内	国　际
1978	91.75%	8.25%	69.00%	31.00%
2017	68.53%	31.47%	29.98%	70.02%

　　2. 货物结构不断优化

　　2017 年,中国进出口总值达 27.79 万亿人民币,同比增长 14.2%,中国作为世界第一货物贸易大国地位得到进一步巩固。我国进出口总值的快速增长带来巨大的航空货运需求。据商务部统计,2009 年全国跨境电商交易规模为 0.9 万亿元,占进出口总值的 9.3%。2017 年,我国跨境电商交易规模达 7.6 万亿元,占进出口总值的 27.35%。我国跨境电商的快速发展带动了航空货运的发展,航空货运的商品种类也从以工业制成品、玩具、纺织品等为主逐渐发展到以货运价格承受力高、附加值高的生物医药、电子电器等为主(见表 7-4)。

表 7-4　2009—2014 年航空货运量增速最快的前十种空运货物

	货物名称	年均增量/百万吨公里	占年均增量份额
1	资本设备	7 520	18.4%
2	中间材料	6 079	14.9%
3	易腐烂货物	4 894	12.0%

	货物名称	年均增量/百万吨公里	占年均增量份额
4	计算机	4 864	11.9%
5	服装服饰	2 767	6.8%
6	消费品	2 758	6.8%
7	通信设备	1 976	4.8%
8	运输设备	1 827	4.5%
9	纺织品	1 396	3.4%
10	技术产品	1 379	3.4%

从全球市场看,2017 年全球航空货运量同比增长了 11%,虽然只占全球货物贸易运输量的 1%,但是航空货运的货物多是高附加值产品,其货物总价值却超过全球贸易货运总值的 35%。由此可见,虽然航空货运在世界贸易中仅占很小的比重,但由于其高端运输的特点,在全球贸易价值中占有很高份额,具有其他运输方式所不能替代的重要作用。

3. 货量呈现明显的季节性

从 2010 年 1 月至 2017 年 12 月,将每个月完成的货邮运输周转量用图表标出,其变动情况如图 7-1 所示。可以看出我国航空货邮运输周转量有明显的季节性变化。每年 2 月货邮运输周转量最小,第四季度货邮运输周转量最大。

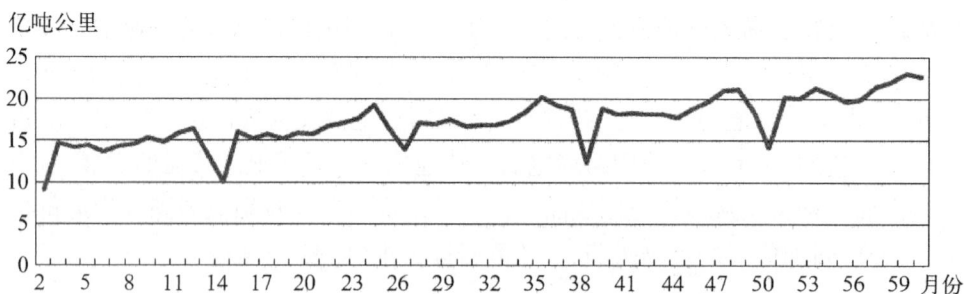

图 7-1　2010—2017 年中国航空货邮周转量

4. 运输呈现明显的单向性

与航空客运不同的是,航空货物具有单向流动的特性。由于渠道不够完善、网络搭建不系统及某些经济不够发达的地区出运需求比较小,回程资源不充足。在一些连接主要工业生产国的航线上,货物流向不平衡的问题更为突出。有些发达国家,例如澳大利亚,会进口一些适合航空运输的商品,但是他们出口的大部分产品,如羊毛、小麦和矿产,都不适合于航空运输,从而造成来回程运输的不平衡。

5. 区域差异性十分明显

我国货邮运输需求量较大的市场主要存在于客运较多、经济较发达的地区。2017 年全国运输机场完成货运吞吐量 1 617.7 万吨。其中,华北占 15.4%,东北占 3.4%,华东占 41.2%,中南占 26.2%,西南占 10.1%,西北占 2.5%,新疆占 1.2%。2017 年,北上广三大城市的机场货邮吞吐量占全国机场货邮吞吐量的 49.9%,较 2017 年降低 1.9%。尽管北上广三大城市的机场货邮吞吐量的比重逐年下降,但仍占据主导地位。其中占比最大的华东地区是占比最小的新疆地区的 34 倍多。

由表 7-5 可以看出,各地区航空货运市场规模存在差距,发展速度也存在着较大的差距。2013 年到 2016 年间,中部地区年均增长 15.56%,而东部地区和东北地区年均增长约 5.15%。中部地区由于国家政策的大力支持、经济水平的快速提高,及航空基础设施的逐步完善,使其航空货运发展特别快。而东部地区属于我国经济发达的地区,民航发展也趋于成熟,机场出现饱和,限制了航空货运市场的进一步发展。东北地区社会经济发展水平有待提高,资源供给能力下降,航空货运市场发展较缓慢。

表 7-5　我国区域航空货运市场发展速度统计

	2013	2014	2015	2016	年均增速
东　部	3.95%	6.82%	3.33%	6.44%	5.14%
东北部	2.02%	5.32%	4.65%	8.66%	5.16%
中　部	21.47%	23.28%	6.34%	11.13%	15.56%
西　部	5.74%	7.69%	5.87%	8.84%	7.04%

由表 7-6 可以看出,从全球看,航空货运也呈现了明显的地区差异性。在机场货物吞吐量方面,亚太地区占据领先位置,2016 年完成货物吞吐量 4 340 万吨,约占全球份额的 39.3%。北美地区约占全球份额的 27.9%,欧洲地区约占 18.2%,中东地区约占 8%,拉美地区约占 4.6%,非洲地区约占 1.9%,占比最大的亚太地区几乎是非洲地区的 20.7 倍。各地区航空货运发展存在的大差异,不利于全球航空货运市场的协调稳定发展。

表7-6　2017年1月至10月全球航空货运区域市场增长情况（单位：%）

月份	1	2	3	4	5	6	7	8	9	10	平均增长速度
非洲	24.3	10.6	33.5	26.0	27.6	31.6	33.7	29.4	17.7	10.9	24.53
亚太	6.0	11.8	13.6	8.4	11.3	10.1	11	11.3	9.3	6.1	9.89
欧洲	8.7	10.5	18.2	12.9	15.0	14.3	12.1	11.8	10.3	9	12.28
拉美	−4.1	−4.9	−4.2	−1.9	6.7	9.8	5.8	8.5	7.6	−1.3	2.2
中东	8.4	3.4	16.3	3.1	10.2	3.7	9.3	14.1	8.9	7.8	8.52
北美	6.1	5.8	9.5	7.3	13.9	12.7	11.9	11.7	7.4	5.6	9.19

6. 三大航占有主导地位

2012年，我国三大航空公司总货邮运输量占全行业的77.2%。2016年，三大航空公司占全行业的73.7%。虽然近年来，三大航的货邮运输量比重逐年下降，其他航空公司所占比重逐年上升，但三大航仍占据绝对优势（见图7-3）。目前，三大航旗下一共有38架全货机，且多为大型远程货机。

单位：%

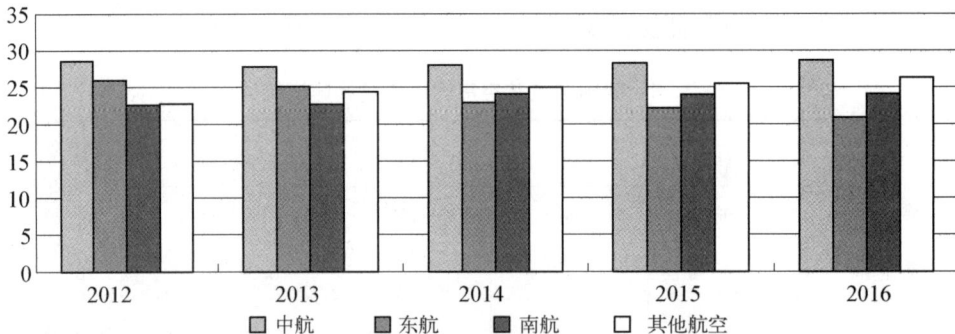

图7-2　2012—2016年各航空公司货物运输比重

值得一提的是，近年来，快递业发展迅猛。2011—2016年，中国快递业连续6年同比增速50%。2017年，快递业增速呈放缓至28%，但行业内依然属于高速度。中国邮政集团、顺丰、圆通纷纷组建全货机机队。目前，顺丰航空公司旗下有42架全货机；中国邮政集团拥有27架货机；圆通集团在现有的7架货机。

7. 国际竞争力不足

由于我国航空货运价格高，运力有限，难以实现大规模运输。且机场远离市区和工业区，物流基础设施设备薄弱，航空公司无法单独提供完整的点到点服务。我国航空公司的人员素质、管理营销能力、服务水平、运输保障尚未实现国际化。航空公司海外办事处的本地化不足,资源基础较弱,进而影响回程销售。众多不足导致我国航空公司在国际市场的品牌影响力较弱。

同时,国际航空物流巨头纷纷利用中国快递经营牌照和在中国建立的大型运转基地,加快向我国航空物流市场渗透。例如 UPS 在上海的转运中心早已使用;FedEx 在上海的国际快件转运中心已经动工;DHL 已扩建其 2012 年在上海建立的浦东国际空运仓库。FedEx、UPS 在广州、深圳也建有转运中心。他们拥有更成熟的经营模式、更高端的人才和技术、覆盖面更广阔的运输网络及更强的品牌效应,因此一些高附加值的产品运输基本已被他们垄断,许多在华外企甚至会指定这些公司进行货物运输。

7.4.3　我国航空货运发展之路

航空货运与航空客运的区别不是承运对象不同的区别,而是管理的广度与深度的区别。客运由于承运的对象是有行动、决策能力的人。原则上讲,航空公司只要完成了场到场运输,就完成了任务。后面的运输基本属于城市交通规划与运营的事情,与航空运输本身关系并不大。货物则像个“婴儿”,它无时无刻不需要你的照顾,你不动它,它就待在原地。为此,需要强大的规划、组织、协作能力以完成全程运输。它对航空公司在规划、运营上的能力要求更高。

我国航空公司若想在国际航空货运上赶上发达国家,首先必须开展大规模的现代物流供应链理念教育,彻底摒弃场到场的航空货运陈旧观念;投入巨资研发基于新一代信息技术的物流信息系统;完成机场、堆场、仓库等基础设施的智能化建设;加强营销,以国内货主为优先发力点,借跨境电子商务和电商企业走向国外,稳步拓展自己的客户群;提高服务质量,提供更为周到的服务,与客户形成长期的合作共赢关系。

7.5　低成本航空公司现状及发展趋势

低成本航空自开创以来在全世界范围内发展很快,目前在欧洲及东南亚地区,低成本航空在航空市场上都占据超过 50% 的市场份额。然而在中国的航空运输市场中,低成本航空尚不足 10%。下面就全球低成本航空的发展现状、营运模式及其发展趋势进行一下分析。

7.5.1　低成本航空公司发展现状

目前国外对于低成本类型的航空公司有三种不同的说法：一是低成本航空公司——即 Lowcost carrier(LCC)或者 Lowcost airline(LCA)；二是廉价航空公司——即 Discount or Budget carrier or airline；三是"不提供非必要服务"航空公司——即 No-frills airline。这三种说法都说明了低成本航空公司的经营模式。即减少或是干脆不提供相关机上服务及一些地面服务等来降低成本，从而提供较传统航空公司更便宜的机票。这种模式 1971 年由美国西南航空公司首先提出，后不断发展。如今，低成本航空公司已经在全球的各大航空市场占据较大份额，是全球航空运输业不可或缺的一部分。

1. 低成本航空始祖与巨头——美国

美国是全球最大的航空市场，同时也是全球最大的低成本航空市场，是全球民航事业的引领者。美国国内的航空产业链相当发达，拥有全球两大飞机制造商之一的波音公司及许多著名的航空公司。在全球机场前 30 名排名中，美国拥有近一半，在全球航空公司前 30 名排名中，美国占近 1/3。从 1971 年至今，在美国的航空市场上低成本航空拥有 30% 以上的市场份额。低成本航空不断刺激着航空客运市场的需求，成为最主要的航空市场增量要素。美国的 LCC，一般实行精细化成本管理。机票价格仅包含最基本的运输服务。有偿服务是其收入的重要来源。以美国精神航空为例，2006 年每名乘客飞行段通过提供有偿服务的平均辅助收入是 5 美元，2008 年为 18.61 美元，到 2013 年增长到 54 美元。其提供的收费服务项目包括：更改和取消票务服务；行李；座位选择；机上商品和服务；第三方旅游服务。

2. 后来居上的赶超者——欧洲

欧洲有许多全球知名的航空公司如汉莎、法航、英航等，都从开拓远程国际航线中获取了高额的利润，所以这些大型航空公司在对比成本与利润时不考虑在二线城市进行布局，这让许多低成本航空公司在欧洲航空市场上得以发展。欧洲的许多低成本航空公司，如瑞安、易捷等正是在这样的时机之下抓住机会进行发展。这些低成本航空公司大多数选择在二线、三线城市或者是一线城市的二线、三线机场进行起降。在航线制定时也充分考虑飞机的日利用率与机组效率，把飞行时间控制在 4 小时以内，凸显了低成本航空的航线定位是中短途的点对点航线。2000 年到 2014 年，欧洲低成本航空在欧洲航空市场上所占的比例从 20% 增加到 50%，成为欧洲航空市场最主要的增长要素。以欧洲瑞安航空为例，其主要经营特点有：

1）运行基地布局在二线、三线城市

瑞安航空公司将自己的运行基地设计在欧洲的二线、三线城市的机场及一些一线城市周围相对不繁忙的二线、三线机场。航线基本为简单快捷的点对点航线。

2）销售渠道以在线销售为主

瑞安航空公司自 2000 年开始退出了全部 GDS 系统。同时,启用自己官网进行网络售票,几乎所有的机票都是通过自己的官方网站出售。除了售票,还可以通过其网站预订酒店住宿、租车、高尔夫、度假套餐、礼品券、机场接送等各类商品和服务。这使得瑞安航空的销售成本在运营成本中只占有 4.87%。

3）收费辅助服务繁多

除了在其官网上提供许多额外商品的销售,瑞安航空也有许多辅助服务用以增加额外收入。通常为随行行李超重、货运物流、客舱销售、保险等要进行收费的服务。

4）飞机利用率高

瑞安航空的航班大多在二线机场起飞降落,为节约成本而使用廉价候机楼,并把过站时间控制在 25 分钟内。

3. 不可忽视的新生力量——亚洲

自 2009 年开始,亚太地区的低成本航空业发展迅猛。到 2014 年已有超过 20 家的低成本航空公司。其中,东南亚的 LCC 公司已经成为亚太地区航空市场的主力军,所占的市场份额达到 60%。这些低成本航空公司大多是由马来西亚的亚航引领发展起来的。亚航集团自创建到现在,已经拥有三家上市公司,其中就有著名的低成本航空公司亚航 X。亚航集团拥有强大的机队规模,2015 年初就已拥有超过 200 架不同机型的飞机。2014 年,其旅客运输量就已超过 5 000 万人次。亚航的快速发展,与以下三点密切相关。

1）以基地为开端制定点对点航线

亚航把吉隆坡设为自己公司的核心基地,将自己的辅助基地设置在泰国的曼谷和印度尼西亚的雅加达,同时在普吉、棉兰、沙巴、古晋、清迈、巴厘岛等 9 个地区设置公司的卫星基地。亚航的航线网络以这些基地为始发机场开设点对点为主的航线。其开通的航线主要是亚洲地区的二线、三线城市和欧洲热门城市的航线。机场大多使用当地的二线机场。

2）官网售票及 0 元机票

亚航 90% 的机票都是官网在线销售。初期,亚航以 0 元机票为噱头,用超低价机票吸引旅客,为亚航打开了亚洲的低成本航空市场,扩大了亚航的知名度。

3）不同的收费项目

除了常见的各种机上收费服务外,亚航还从旅客的座位选择中收取费用。亚航的选座费与其他 LCC 有所不同,它给旅客提供两种座位的选择:需要额外收费的客舱前五排和紧急出口旁的两排座位与不用额外收费的普通座位。

4. 最有希望的后来者——中国

我国低成本航空目前正处于发展初期。从最初的两家低成本航空公司,即春秋航空和吉祥航空,发展到 2014 年的 6 家,即春秋航空公司、西部航空公司、中国联合航空公司、九元航空、幸福航空和成都航空。在没有政府政策扶持并且航空市场增长缓慢的情况下,低成本航空公司在建立初期根本无法与我国大型航空公司进行抗衡,市场份额仅仅只有 7%。直至 2014 年,民航局出台了关于促进低成本航空发展的指导意见以后,低成本航空公司才打开了我国的航空市场。目前我国低成本航空公司大多经营不太理想。春秋航空是比较成功的一家。以春秋航空为例,我们分析一下其经营特点。

首先是低成本。春秋航空致力于从 5 个方面降低自己的营运成本。

1）飞机日利用率高

春秋航空 2014 年的飞机日利用率为 11.26 小时,2013 年为 11.63 小时,比全行业平均水平高出约 2 小时。春秋航空在确保飞行安全的前提下,提高飞机日利用率,可以最大限度地减少飞机折旧费,从而降低单位固定成本。

2）销售费用低

春秋航空利用"旅游＋客票"模式,在自己旅行社的基础上拥有许多稳定的旅游客源。并且春秋航空使用的是自主研发的售票系统,没有中航系统费用。官网售票占 73.63%,代理销售仅占 26.37%。

3）采用统一机型与单一舱位

春秋航空的客机全部为单一机型 A320－200 型。使用统一机型的好处在于可享受购机优惠,同时可以大幅度减少飞机保养维修所产生的费用。所需的航材同样较为单一。飞行员的培训费用和时间也相应地降低。采用统一机型可以让每一个空乘和飞行员熟悉公司的每一架客机和设备,方便调度,简化了许多营运环节。

4）管理费用低

春秋航空有属于自己的绩效考核和预算管理。通过内部合理降低人机比,有效减少人力成本和日常管理费用。在保证好安全、品质和质量的前提下,通过利用各地机场第三方服务商的资源和服务,有效降低日常流动成本。

5) 以租赁飞机为主

至 2014 年底,春秋航空共有 46 架 A320 客机。其中购买的飞机 12 架,融资租赁飞机 4 架,经营租赁飞机 30 架,平均机龄为 3.74 年。

其次是低票价。在通过降低运营成本的情况下,春秋航空加大力度使票价下降,把对价格比较敏感的商务客和旅游观光客当作主要客源,吸引许多不打算乘飞机的旅客选择飞行出行。

最后是丰富的辅助收入。春秋航空借鉴国外成功经验,竭力增加辅助收入。春秋航空的机票超过 80% 由公司直销,节约了大量销售成本。与此同时,春秋航空在增值服务中不断推出新的产品与服务,以获取更多的辅助收入。2014 年春秋航空公司的人均辅助收入达到 36.22 元/人,比上年增加了 34.74%。除此以外,春秋航空还曾与铁路、公路合作,推出"空地联运"票务代理服务等。

7.5.2　低成本航空公司的战略模式和核心竞争力

1. 低成本航空公司的战略模式

低成本航空的战略模式可从市场、产品和运营三方面定位来叙述。

1) 市场定位——低价

因为低成本航空公司在与其他航空公司竞争时通过超低的票价来吸引顾客,所以其市场定位于对价格非常敏感的休闲旅客。低成本航空公司在航线的选择上选择了点对点的中短途航线。一来可以与其他非低成本航空公司避开在长途航线上的竞争,二来可以提高飞机的日利用率,节约成本。

2) 产品定位——简化

低成本航空公司市场定位于对价格非常敏感的休闲型旅客,对于这些旅客来说,只需要将其运送到目的地,对于服务需求不大。例如:2 小时内的短期航线中大多数的旅客可以接受机上无餐食,无随身行李的旅客也不需要航空公司提供的免费托运行李的服务。甚至在机票价格低廉的情况下,这些旅客愿意去二线机场或大机场中简陋的低成本航站楼。低成本航空公司抓住这一群体的这一特点,提供无捆绑服务的超低票价,并对服务进行收费。通过产品简化,即将自己机上服务大大简化,只为顾客提供他们所需的服务,从而节省了大量的成本。对于价格敏感型旅客来说,这些简化了的服务可以使他们不必为其自己不需要的服务进行买单。

3) 运营定位——高效

低成本航空公司通过不断提高自己的效率来节约大部分的运营成本。低成本航空公司将营运中的不必要业务全部删除,只保留必须部分,优化公司的整个业务流程。将人机比控制在1∶80以下,有效提高机上的员工工作效率,而传统航空公司人机比一般为1∶115甚至更多,这造成了高企的人员成本;相较于其他非LCC航空公司,低成本航空公司选择提高飞机日利用率,充分利用短途点对点航线的优势;低成本航空公司都有自己的官方网站并只在自己的网站上销售自己的机票,省去不必要的中间代理商成本等。

表7-7总结了低成本航空公司与传统航空公司的一些基本区别。

表7-7　低成本航空公司与传统航空公司的基本区别

	低成本航空公司	传统航空公司
产品特征	机上无免费餐食,对其他机上用品和服务也进行收费	提供免费餐饮服务,免费提供枕头、毛毯和杂志等
	起降多选二三线机场及使用廉价航站楼	起降多数在经济发达城市一线机场并使用较好的航站楼
	无常旅客计划和VIP休息室	拥有常旅客计划并在机场配备相应的休息室
	不提供免费行李托运	可以携带限重的免费行李 给一定重量的行李免费托运
	客舱统一为经济舱,座位间距相对窄,票价相对其他非LCC公司低	对客舱实行分类,头等舱、商务舱和经济舱,不同舱位进行不同的票价销售
低运营成本	人机比低,人员利用率高,减少在机场的使用费用	人机比高,有不必要的人员浪费现象,在机场的使用费较高
	统一选用一种机型,方便维修与管理调度,节约培训成本	公司机队采用多种类型飞机混合,飞行员的培训费用也较高
	提高飞机的日利用率,控制较低的飞机过站时间	飞机日利用率较低,过站时间较长且需要枢纽服务等
	机票销售多为其官网销售,节约销售成本	销售渠道多,客票由代理商出售较多,也拥有网络售票
市场定位	旅客多为对价格极其敏感的休闲型旅客和商务旅客	头等舱与商务舱旅客是其重点目标旅客
	航线大多数选择短途点对点式航线,并且保持较高的航班频率	多为轴辐式航线网络,部分航班频率高

2. 低成本航空公司的核心竞争力

低成本航空公司的特点就在于超低的票价,其无法从机票的销售中获取过多利润。要想获取利润,低成本航空公司只能从额外的收费服务入手。这些收费服务成本低、毛利高。图7-3是主要LCC的收入占比。表7-8和表7-9是每旅客辅助收入和贡献率全球排名前5的LCC。实际上,低成本航空公司的辅助收入占比与每旅客平均辅助收入都比传统航空公司高得多。低成本航空公司也正是凭此得以生存与发展的。

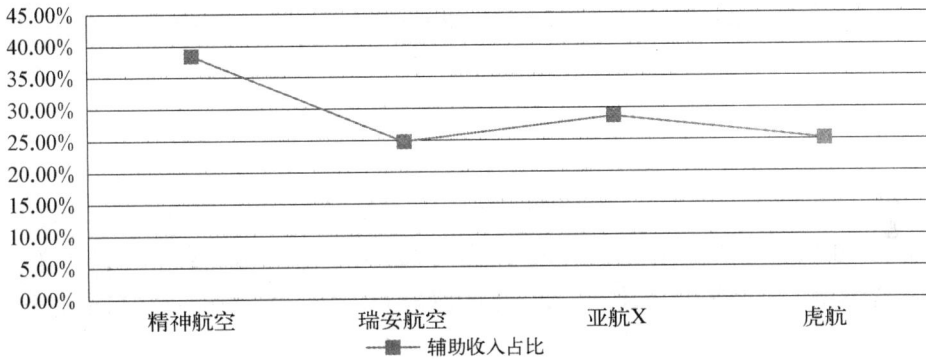

图 7-3　全球航空公司辅助收入占比

表 7-8　全球航空公司每旅客辅助收入前 5 名(2007 vs 2013)

排　名	2013 年		2007 年	
	每旅客辅助 收入/美元	航空公司	每旅客辅助 收入/美元	航空公司
1	55.61	Jet 航空	14.36	忠实航空
2	51.22	精神航空	13.75	伏林航空
3	45.67	澳大利亚航空	12.27	瑞安航空
4	44.87	忠实航空	10.58	爱尔兰航空
5	44.43	亚航 X	10.32	德国 LTU 航空

表 7-9　全球航空公司辅助收入贡献率前 5 名(2007 vs 2013)

排　名	2013 年		2007 年	
	辅助收入 贡献率/%	航空公司	辅助收入 贡献率/%	航空公司
1	38.40	精神航空	16.20	瑞安航空
2	34.90	威兹航空	14.20	伏林航空

排　名	2013 年		2007 年	
	辅助收入 贡献率/%	航空公司	辅助收入 贡献率/%	航空公司
3	32.60	忠实航空	12.80	忠实航空
4	27.70	Jet 航空	9.00	德干航空
5	24.80	瑞安航空	8.80	易捷航空

通过机上种类繁多的收费服务获取辅助收入是低成本航空公司经营的主要抓手,关键是什么样的服务能吸引到旅客,这就需要创新。譬如,对四大增值服务:飞机餐食、行李托运、座位选择及值机登机优先进行推陈出新,创新出许多服务与产品,如不提供枕头、毛毯;耳机要收费使用;在飞机上销售特色品等。可以说增值服务的推陈出新,不断创新产品能力,是 LCC 核心竞争力的重要组成部分。同时,实行精益管理,简化流程,提高效率,不断降低营运成本,是 LCC 又一核心竞争力。开源与节流的结合,才能使得 LCC 在激烈的市场竞争中独树一帜,得以生存和发展。

7.5.3　低成本航空公司发展趋势

经过多年的发展,低成本航空公司日益成熟,市场占比也趋于稳定。随着市场的饱和,LCC 公司迫切希望找寻到新的出路,吸引更多的顾客,为自身谋求更大发展空间。为此,许多低成本航空公司开始摆脱以往的运营模式,与传统航空公司相结合,将两者融为一体。譬如开始选择在一线城市起降,与其他传统航空公司争夺客源,建立起了中枢性航线,对飞机客舱进行改造,不再是单一的经济舱,增加商务舱,甚至免费提供一些娱乐设施如耳机、电影等。有的低成本航空公司也不再只选择官网售票,开始通过代理商开拓更宽的销售渠道,并将自己的机型多样化等。可以说,这也是很多低成本航空公司的发展之路。譬如,我国的吉祥航空,从 LCC 起家,能量积累到一定阶段,就转化成了融合型的传统航空公司。

同时,由于国内市场容量有限,很多 LCC 开始将目光投向海外。譬如,西班牙的 Vueling 航空公司,规模虽然不大,但已开创了自己的第一个海外基地,开始开展国际运输。亚航、捷星航和虎航等低成本航空公司更是如此,为了开拓国外航空市场,他们与国外的许多航空公司合作融资,联合经营。同时,亚航、捷星航和维珍澳大利亚航等低成本航空公司也不再只经营短途航线,开始经营一些热门国外长途旅游航线。我国的春秋航空也是如此,利用我国的出国旅游热,不断开出跨国旅游航线。他们所定位的旅客,也不再局限于对机票极其敏感的休闲型旅客,也拓展到价格较为敏感的商务型旅客。

可以说,从 LCC 起家,发展到一定阶段,走有特色的大同化之路是大多数 LCC 发展的必然之路。

我国的 LCC,市场发展空间相对还较大,还会有比较长的一段低成本特色发展阶段。我国的低成本航空要想发展更快,需要政府在航线、航班时刻、机场建设等政策上的支持,营造更加公平的竞争环境。

第 8 章

航空运输营销的一些研究热点

8.1 航空联盟利益分成

众所周知,航空联盟的利益可以分为合作的整体利益及各方分享的局部利益。这些利益又包含了品牌利益、市场利益和经济利益等。利益是航空联盟很重要的部分,其中又属经济利益最重要。这里我们主要讨论经济利益,并且主要研究经济利益中可转移的部分,即联盟的所得可以按任意方式进行分配的部分。

利益分成是指航空联盟各方应当从合作的总收入中分得各自应得的份额。怎样分配才算合理,这是航空公司战略联盟中最关键的问题之一,也是矛盾最突出之处。这一问题对航空公司战略联盟的持续性和稳定性起决定作用,具有重要的研究价值。

8.1.1 联盟利益分配的原则

1. 个体理性原则

对一个企业而言,联盟后所得利益应不少于未参加联盟时所获得的利益,这就是"个体理性原则"。

2. 集体理性原则

所有联盟成员企业的利益总和应该等于联盟的总利益,这就是"集体理性原则"。

3. 风险与利益相对称原则

在制定利益分配方案时,要充分考虑各成员的风险,应给予会员相应的风险补偿,以增强合作的积极性。

4. 多赢原则

企业加入联盟,其目的是获得更多的利益。若企业加入联盟后所得的利益比企业独自经营得到的利益少的话,企业可能会选择退出联盟。所以要想保持联盟的稳定高效运作,应满足联盟的总收益要大于每个企业未加入联盟前各个企业收益的总和,且同时满足每个成员的收益都要大于未加入联盟前成员所获得的收益。

5. 科学、公开原则

利益分配方案应该遵循科学的理论,而不能主观地进行判断、分配。按照科学的理论和方法制定的利益分配方案更容易被成员所接受。同时,利益分配方案应该对成员公开。因为不公开分配方案容易导致矛盾,不利于联盟的合作与发展。

8.1.2　合作博弈理论概述

根据是否可以达成具有约束力的协议,博弈可分为合作博弈和非合作博弈。联盟和分配是合作博弈理论中最重要的两个概念,而合作博弈理论研究的重点在于博弈解的构造,换句话说就是研究博弈者在达成合作时对合作得到的收益如何进行分配。合作博弈强调的是集体理性原则,直接讨论合作的结果和利益的分配,强调效率、公正、公平,并不讨论个体理性原则,即理性的个体达成合作的过程。

8.1.2.1　合作博弈的特征函数

在 n 人博弈中,令 $N=\{1, 2, \cdots, n\}$ 为 n 个博弈者所构成的集合,则 N 称为总联盟,而将 N 的任意子集 S 称为一个联盟。

合作博弈的特征函数可表示如下: $v: 2^N \to \mathbf{R}$ 且 $v(\varnothing)=0$,其中 2^N 为定义域,表示所有可能的博弈者的联盟所组成的集合,$\mathbf{R}$ 为值域,表示实数空间。联盟 S 的特征函数,即 $v(S)$ 是指 S 和 $N-S=\{i \mid i \in N, i \notin S\}$ 的两人博弈中 S 的最大效用。这一特征函数表示了任意一种博弈者的联盟与该联盟所获整体效用之间的映射关系。

8.1.2.2　合作博弈的解

战略联盟可以说是因利益而起,它是成员间的一种合作博弈。经济学家将合作博弈的解大体分为了多值解和单点解这两大类。为了解决利益分成问题,下面介绍完全合作博弈理论中一些常用的解集。

1. 分配集

定义　一个合作博弈 (N, v) 的分配集 I 是满足如下个人理性分配规则的博弈者的利益分配的集合,即

$$I(v)=\{x \in \mathbf{R}^N \mid \sum x_i=v(N), \forall i \in S: x_i \geqslant v(\{i\})\}$$

式中 x_i 表示博弈者 i 参加某一联盟而在该联盟中所获得的利益；$v(\{i\})$ 表示博弈者 i 不参加任何联盟，单独行动时所获得的利益。

我们可以称 x 为联盟 S 的一个分配方案。分配集的定义中，$x_i \geqslant v(\{i\})$ 是基于个体理性原则的，即任何博弈者 i 在联盟 S 中所获得的利益 x_i 均大于他单独行动时可获得的利益 $v(\{i\})$。

评价 分配集满足了个人理性原则，在一定程度上具有公平性。但是由于分配集只满足个人理性原则，并且对于实质博弈而言，分配集总有无限个，且许多根本得不到执行，所以不足以用于实际应用。

随后，为进一步讨论联盟的利益分配问题，经济学家继而提出了求核心解。

2. 核心解

定义 一个合作博弈 (N, v) 的核心解是满足如下个人以及集体理性分配规则的博弈者的利益分配的集合，即

$$C(v) = \{x \in \mathbf{R}^N \mid \sum x_i = v(N), \ \forall S \subset N: \sum x_i \geqslant v(S)\}$$

式中 x_i 为博弈者 i 参加某一联盟而在该联盟中所获得的利益；$v(N)$ 为总联盟 N 的总收益；$v(S)$ 为联盟 S 的收益。

评价 由定义可知，核心解既满足个人理性原则，又满足集体理性原则，即对于任何联盟 S 而言，该联盟中所有博弈者的所得总和均不会超过总联盟所得利益，因此没有博弈者会退出总联盟，总联盟成为一个稳定的结构。所以在合作博弈中，我们用核心解代替分配解具有比较明显的优点，联盟利益分配即 $C(v)$ 具有稳定性。但同时用核心解作为博弈的解也存在一定的缺陷，其中最大缺陷就是 $C(v)$ 可能为空集。举一具体例子，考虑如下三人合作博弈 (N, v)，即 $N = \{1, 2, 3\}$，其特征函数如下：

$$v(\{i\}) = 0, \ i = 1, 2, 3; \ v(\{S\}) = 1, 2 \leqslant |S| \leqslant 3$$

解线性不等式组：$x_i \geqslant 0, \ i = 1, 2, 3; \ x_1 + x_2 \geqslant 1; \ x_1 + x_3 \geqslant 1; \ x_2 + x_3 \geqslant 1;$ $x_1 + x_2 + x_3 = 1$；该不等式组无解，即 $C(v) = \varnothing$。

随即，经济学家又寻求最大超出最小化的分配，即核仁。核仁这一解的优势体现在核仁总存在且唯一存在，但缺陷是计算太复杂，所以在这里就不多做介绍了。

3. 分数解

定义 一个合作博弈 (N, v) 的分数解为各博弈者从总联盟的收益中获得固定比例的分配，即

$$\Phi_i(v) = \gamma_i v(N), \gamma_i \geqslant 0, \sum \gamma_i = 1$$

式中 Φ_i 为参加联盟的博弈者 i 在总联盟 N 中所获得的利益；$v(N)$ 为总联盟 N 的总收益；γ_i 为博弈者 i 从总联盟的收益中获得的利益的固定比例。

评价　不难看出，分数解是合作博弈各种解中最简单、最易操作的一种。但是其在实质博弈中缺乏公平性与科学性，即不满足科学的利益分配原则。

8.1.2.3　Shapley 值

这里引入一个很直观的解的概念，即 Shapley 值。其遵循的原则是所得与自己的贡献相等。由上述对众多合作博弈的解的简介中，不难发现，Shapley 值的应用最为广泛，既可以为多值解，也可以为单点解，具体应用视情况而定。Shapley L S 于 1953 年建立了 Shapley 这一概念，并提出了明确的计算公式，证明了 Shapley 值是满足如下公理的唯一的联盟成员的利益分配方式。这些公理包括：对称性、无贡献的博弈者所得为零、有效性和可加性。

定义　一个合作博弈 (N,v) 的 Shapley 值可用下式来表示：

$$\Phi_i(v) = \sum [(|N|-|S|)! \ (|S|-1)! \ /N!](v(S) - v(S\backslash\{i\}))$$

式中 $\Phi_i(v)$ 为博弈者 i 的所得利益的 Shapley 值；$|N|$ 为总联盟 N 中博弈者的总人数；$|S|$ 为联盟 S 中博弈者的人数；$S\backslash\{i\}$ 为从联盟 S 中去掉博弈者 i 后剩下的博弈者组成的联盟；$v(S) - v(S\backslash\{i\})$ 是博弈者 i 对联盟 S 的边际贡献。在 n 个博弈者中各种联盟按照一定的排列次序发生的概率都是 $1/n!$，其中联盟 $S\backslash\{i\}$ 的博弈者形成的联盟的次序有 $(|S|-1)!$ 种，而联盟 $N\backslash S$ 的博弈者形成的联盟的次序有 $(|N|-|S|)!$ 种，所以各种次序出现的概率为 $(|N|-|S|)! \ /N!$。

评价　由上式可以看出，Shapley 考虑到了各个博弈者 i 对联盟总收益的贡献，即 Shapley 值是考虑并按照博弈者对联盟的边际贡献的大小来决定各自所获得的利益的，具有一定的科学性，在一定程度上也能够体现分配的合理性和公平公正性。但是 Shapley 值分配方案也具有一定的局限性，最突出的是它容易受到收益状况的影响，并未考虑投入因素、风险因素、客户因素等之间的差异，而且它忽略了博弈者之间的相互作用，现实生活中很难知道所有合作方式的获利情况，这些都使得我们不能忽视 Shapley 值算法的缺陷，使其在实际应用时发生困难。

8.1.3　纳什讨价还价理论

纳什讨价还价解是 John Nash（纳什）在其论文中提出的一个解，主要是指参与者们通过协商方式进行利益分配。讨价还价理论是博弈论的一个重要的分支,并且随着博弈论的发展而不断完善,有传统的与广义的等之分。

8.1.3.1 纳什讨价还价模型

纳什在其经典文献中讨论了关于两人合作博弈的讨价还价问题,并且提出了理想的谈判问题的解必须满足的 4 个公理——测度无关性、Pareto 有效性、无关选择的独立性和对称性。

Pareto 有效性保证了集体理性原则,也就是说,在议价可能集内不再存在一个效用向量,比讨价还价的解决方案更有效。对称性表示博弈双方有完全相同的战略可能性和相同的议价能力,所以双方都不可能接受所得利益少于对方。测度无关性是指规模转换不变性,可通过保序变换来改变博弈参与者的效用函数形式。虽然这时效用的坐标系已经发生了变化,但最终的讨价还价解保持不变。无关选择的独立性是指如果 A 是 B 的一个子集,并且原来的讨价还价解和原来状态点都落在 A 之中的话,那么即便原来的效用向量可行集从 A 缩小为 B,议价解仍然不变。对此,Nash 建立了纳什讨价还价模型,构造了公式,并将该模型归结为求解如下问题:

$$\arg\max(x_1 - d_1)(x_2 - d_2)$$

s.t.

$$(x_1, x_2) \geqslant (d_1, d_2), \quad x_1 + x_2 \leqslant \Pi$$

在上述问题中,Π 为两个博弈者合作所获得的总收益;x_1 和 x_2 为博弈者各自所获得的利益;d_1 和 d_2 为博弈者的保留效用,表示若他们未能达成利益分配协议时,他们各自所能获得的利益。在纳什研究基础上,其他学者也从不同的方面对讨价还价问题进行了分析。例如 1982 年,马克·鲁宾斯坦采用完全信息动态博弈的方法,模拟了基本的、无限期的完全信息讨价还价过程,并由此建立了完全信息轮流出价的讨价还价模型,也称为鲁宾斯坦模型。

评价 在上述 4 个公理中,对称性公理后来遭到了经济学家的批评,他们指出对称性公理隐含着博弈双方有着同等的讨价还价能力的假定。这在一定的情况下是不科学的。因为实质博弈中,博弈双方的议价能力是有差别的。但是纳什建立的讨价还价模型是具有划时代意义的,为之后的议价模型奠定了坚实的基础。

8.1.3.2 广义纳什讨价还价模型

由前面的讨论可以看出,纳什建立的传统的纳什讨价还价模型是有一定缺陷的。它假定了博弈者的谈判能力是对等的,但在实际情况下,博弈者的谈判力量是不同的,并且不同的谈判力量对谈判结果一定会产生影响。为克服这一缺陷,经济学家 Roth 提出了广义的纳什讨价还价模型。广义纳什讨价还价模型可以归结为求解如下问题:

$$\mathrm{argmax}(x_1 - d_1)^\alpha (x_2 - d_2)^\beta$$

s.t.

$$(x_1, x_2) \geqslant (d_1, d_2), x_1 + x_2 \leqslant \Pi, \alpha + \beta = 1$$

在上述规划中,α、β 是反映博弈者谈判力量的参数,其余与纳什讨价还价模型中的含义相同。

评价　广义的纳什讨价还价模型考虑到了博弈双方谈判能力的不对等,相比于传统的模型具有进步意义,但反映博弈者的谈判力量的参数如何确定仍需要进一步的研究探讨。比如,该模型中各成员的谈判力量参数均为外生的,但实际上自身和对手的诸多因素也会影响联盟成员的谈判力量,所以要进一步地研究内生的谈判力量参数。

8.1.3.3　序列议价模型

上述的讨价还价模型都是针对两个博弈者进行谈判的情况,但现实生活中大都存在多个博弈者,所以我们要考虑某个博弈者 A 需要对多个博弈者先后进行谈判的情况,而与其他博弈者进行谈判的顺序将会对谈判结果产生至关重要的影响,因此经济学家们提出了序列议价模型,研究了谈判顺序对谈判结果即利益分配的影响。因其过于复杂,这里就不详细介绍了。

8.1.4　运用纳什理论衍生的理论

现有的讨论航空联盟或一般战略联盟的利润分配的理论研究,大都采用了纳什理论。纳什用公理证明了两人讨价还价问题的唯一解,具有划时代的意义,其后理论很多都是纳什解的引申和发展。

近年来,企业联盟利益分配方面的问题引起了众多专家学者的关注与研究。关于分配原则,王遐见认为为了调动成员的积极性,应该对投入联盟中的要素等按贡献分配。冯蔚东等讨论了伙伴收益分配比例的确定原则,提出了一种收益比例计算方法,在其方法中综合考虑了伙伴的投资和承担风险,并用实例验证。高原在其论文中分析了战略联盟的形成动因,主要研究了寡头垄断的古诺竞争模型,也运用了蜈蚣博弈模型等,并运用纳什议价解和夏普利值两种方法对联盟利益的分配方式进行了探讨。下面是部分学者运用纳什理论衍生的理论研究。

讨价还价也称为议价或谈判,主要是指参与的博弈者双方通过协商的方式解决利益的分配问题。从博弈论角度来看,讨价还价包含三个要素:一是谈判主题,即参与讨价还价的博弈者;二是在达成何种一致方面存在冲突;三是只要有一方不同意,该方面就不能达成一致。从讨价还价最终结果来看,所涉及的问题主要在三个方面:一是不一致同意点,即蛋糕在数目上的分割点;二是公平,即蛋糕分割上的平均;三是效率,即总体收益是否取得最大化。

博弈者集合 $N=\{1,2\}$,两博弈者对分割一块大小为 $\pi(>0)$ 的蛋糕进行讨价还价。可能协议的集合 $X=\{(x_1,x_2);0\leqslant x_1\leqslant\pi$ 且 $x_2=\pi-x_1\}$,其中 x_i 是博弈者 i 的蛋糕份额。对于任一 $x_i\in[0,\pi]$,$U_i(x_i)$ 是博弈者从 x_i 中得到的效用,满足 $U_i:[0,\pi]\to N_0$ 严格递增且凹的。如果未达成协议,则博弈者 i 得到的效用为 d_i,$d_i\geqslant U_i(0)$。则至少存在这样一个协定 $x\in X$,满足 $U_i(x_i)>d_i$,$i=1,2$。这就是纳什讨价还价境况。

专家学者为了讨论这一境况的纳什讨价还价解,定义无协议点即未达成协议时的效用点:$d=(d_1,d_2)$,可能效用对集合:$\Omega=\{(u_1,u_2):\exists\ x\in X,$ 满足 $U_i(x_i)=u_i,i=1,2\}$

固定博弈者 1 的一个任意效用 u_1,$u_1\in(U_1(0),U_1(\pi))$,从 U_i 的严格单调性,存在唯一份额 $x_1\in[0,\pi]$,满足 $U_1(x_1)=u_1$,即有 $x_1=U_1^{-1}(u_1)$,U_1^{-1} 是 U_1 的反函数,且 U_1^{-1} 是严格递增的凸函数,其定义域是 $[U_1(0),U_1(\pi)]$,值域是 $[0,\pi]$。所以 $u_2=U_2(x_2)=U_2(\pi-x_1)=U_2(\pi-U_1^{-1}(u_1))=g(u_1)$。

即是 $g(u_1)=U_2[\pi-U_1^{-1}(u_1)]$ 为博弈者 1 获得效用 u_1 时博弈者 2 获得的效用。所以直接得出可能效用对集合

$$\Omega=\{(u_1,u_2):U_1(0)\leqslant u_1\leqslant U_1(\pi)\ 且\ u_2=g(u_1)\}$$

式中,满足如下最大化问题的唯一的一对效用解 (u_1^N,u_2^N),为上述讨价还价解,即

$$\max(u_1-d_1)(u_2-d_2)$$

其分割协议为 $(x_1^N,x_2^N)=[U_1^{-1}(u_1^N),U_2^{-1}(u_2^N)]$

评价 以上讨论得到了讨价还价解的分割点,并且满足了公平和效率的原则。当然这只是初步的想法,要将其应用于实践还需要更深入的研究。

8.1.5 利益分配监督机制

利益分成机制是企业战略联盟运营机制的重要组成部分。利益分成机制的有效运行对联盟的运营成败有重要的影响,所以对其进行必要的监督是必不可

少的。

近年来,一些企业动态联盟方面的专家就其利益分配问题进行了研究,取得了令人满意的研究成果。然而胡梅、刘安松提出,这些方法在一定程度上是有利的,然而对企业联盟利益的来源组成尚未考虑周到。缺乏一个很好的利益分配监督的方法就会导致帕累托最优水平无法达到。

他们认为联盟中的利益无法均匀分配的可能原因是现在的企业联盟大都按贡献程度进行利益分配,而各个成员的贡献程度取决于其投入的资源和自身能力强弱。同时企业联盟在合作协同方面或多或少存在着一些问题,这造成了各个企业承担的风险或损失基于的自身情况也不同。资源占有比例、能力强弱、信息是否相符、风险大小这几个因素对联盟利益分配有重要影响。其中,资源占有比例指联盟内成员为联盟项目建设的投入,折合成资金后占有的总资产比例;能力强弱指成员在完成联盟项目过程中所付出的努力的多少;风险大小指成员在实施联盟项目过程中所承担的风险;信息不相符指成员在协作之中由于所获得的信息一定程度上存在的不相符导致的无法均衡分配利益。

针对上述问题,胡梅、刘松安提出了具体可行的利益合理分配方法:① 由各成员选出管理委员会(即建立一与联盟内成员没有直接关系的机构)来讨论,建立管理小组来管理上述 4 个影响因素在利益均衡分配中各自所应当占的比例;② 分别确定各个成员就上文提到的 4 个因素的情况,并估算它们在联盟中占的比例;③ 结合评定组给出的评定系数和成员内部 4 个因素占的比例,由对应的评定人员计算出利益值,并参考其他评定人员的数值,以达到监督的目的;④ 根据前几步,分别得出每个成员的 4 个因素所带来的收益,4 项收益之和即为成员应得的利益。

评价　目前,大多数研究人员认为不完善的利益分配和缺乏监督机制是引起联盟失败的重要原因。而上文提出了一个较好的监督机制,很多地方都体现了公平、公正和科学的原则。如管理委员会成员中包括第三方,即与联盟成员没有关系的机构。正由于第三方与成员之间没有利益关系,包括利益冲突,所以能做出比较公正的评价与决策,一定程度上保证了评定小组的公正性。又如,由对应的评定人员得出计算结果后,会参考其他评定人员的计算数值,这一点充分体现了监督机制,从而实现利益分配的公正与科学。

8.1.6　基于影子价格的联盟收益分配

基于影子价格的联盟收益管理的基本思路是:首先建立一个集中机制下的模型,将联盟内所有航空公司看成是一个整体,求解出所有代码共享航线上各航段的影子价格。利用此影子价格作为收益分配比例的计算基础。利用收益分配比例值将集中机制下的模型按各航空公司进行分解,计算各航空公司在分散机制下的收益值和舱位分配解。

8.1.6.1　模型假设

假设一个航空联盟,在这个联盟内有多家航空公司,航空公司之间实行代码共享形式,暂且不考虑其他形式。联盟内进行代码共享的航线称为代码共享航线。代码共享航线可以由两家或两家以上航空公司进行运营和销售。为了方便介绍,将代码共享航线上的承运人分为两类,一类是销售航空公司(TC),负责票价销售;另一类是承运航空公司(OC),负责某航段的飞行任务。每条代码共享航线上可以有多家销售航空公司,也可以有多家承运航空公司,如图 8-1 所示的航线上。

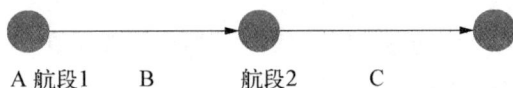

A 航段1　　B　　　航段2　　　C

图 8-1　代码共享航线

假设 A、B、C 分别代表三个地点,AB 和 BC 分别为一个航段,AB、BC、AC 分别为三条航线。航段 1 由航空公司 1 运营,航段 2 由航空公司 2 运营。航线 AC 为代码共享航线,分别由航空公司 1 运营航段 1,航空公司 2 运营航段 2。航空公司 1 和航空公司 2 可以同时销售航线 AC,与此同时,航空公司 1 也可以销售航线 AB,航空公司 2 也可以销售航线 BC。在这种情况下,对于航线 AC 而言,航空公司 1 和航空公司 2 都既是承运航空公司,又是销售航空公司。

联盟内只由一家航空公司销售和运营的航线称为内部航线。在这个假设的联盟内,同时存在各种形式的航线,既有代码共享航线,又有内部航线。此外,同时考虑联盟内的水平竞争和垂直竞争。通过考虑这些竞争,建立一个更能反映航空公司在竞争存在情况下真实收益的模型。在一个联盟内部,既存在水平竞争又存在垂直竞争。水平竞争即指两家航空公司运营并销售相同的航线,垂直竞争即指两家航空公司的航线互补,在这个假设的联盟内即指代码共享航线,两家航空公司可以将各自的航段相互衔接,形成新的航线进行销售。竞争的存在会对舱位控制以及价格的制定产生一定的影响。通过将水平竞争和垂直竞争考虑在内,使得各航空公司能够更真实的进行舱位控制,并得出各航空公司在竞争存在情况下的收益管理表现。

模型的基本假设为:

(1) 每条航线存在两种票价等级,且每种等级上的需求是互相独立且确定的。

(2) 不存在团体旅客。团体旅客的存在会给收益分配值的计算带来较大的不便,因为团体旅客占据的座位较多,且一般情况下,都享有一定的折扣。

(3) 同时考虑航线上的水平竞争和垂直竞争,且受垂直竞争的航线和受水平竞争的航线可能重合。

(4) 不考虑超售、取消和 No-show 旅客,保证销售出去的舱位数都是实际有效的,也就是最后所能获得的收益就等于销售出去的舱位数和票价的乘积。

(5) 不考虑形成整个联盟的成本。这个成本是指为保证整个联盟安全、有效运行时所耗费的成本。由于这个联盟整体的成本相对于联盟在航线上的总收益而言较小,因此不予考虑。

(6) 联盟内各成员所提供的舱位数是已知的,假设需求和票价信息可以互相共享。

(7) 将代码共享航线上的需求进行分割,而不是把代码共享航线上的收益看成是一个整体。不同的销售航空公司对同一条代码共享航线有不同的需求水平。

(8) 同一条代码共享航线上的两家航空公司销售的票价可以不同。

8.1.6.2 集中模型

假设 k 代表航空公司,$k \in K$,K 为整个联盟内的航空公司集合。L 代表联盟内的航空公司所有运营的航段集合,每个航段用 i 表示。L^k 代表 k 航空公司运营的航段集合。j 代表 OD 对,J 代表 OD 对的集合。J^k 代表 k 航空公司销售的航线集合。考虑两种等级票价情况下的收益分配问题,设 f 代表的是不同的票价等级,$f \in F$。由于本模型同时考虑水平竞争和垂直竞争的存在,则假设 CS 代表受垂直竞争影响的航线,即代表代码共享航线,则 CS^k 代表 k 航空公司的代码共享航线。A 代表受水平竞争影响的航线集合,则 A^k 表示 k 航空公司内受水平竞争影响的航线。NA^k 代表 k 航空公司内既不会被水平竞争影响也不会被垂直竞争影响需求的 OD 对集合。因此,$j \in CS \cup A \cup NA$。此外,每条航段可能既存在水平竞争又存在垂直竞争,因此 CS 和 A 之间可能存在交集。由于考虑到即便是代码共享航线上,进行代码共享的航空公司对同一条代码共享航线销售的票价并不一定相等,因此,在代码共享航线上,还存在着另一种形式的水平竞争,在这种水平竞争下,假设一家航空公司的旅客流失会转向进行代码共享合作的另一家航空公司。

a_{ij} 是航线 j 和航段 i 的联系矩阵,代表航线 j 是否使用航段 i。$i \in L$:$a_{ij} = 1$ 代表航线 j 经过航段 i,否则,$a_{ij} = 0$。航线 j 使用的航段集合可以表示为

$\{i \in L: a_{ij} = 1\}$。c_i^k 代表航段 i 上 k 航空公司可提供的舱位数。设 β_j^k，$j \in CS \cup A$，$k \in K$ 为有水平竞争和垂直竞争的航空公司 k 和航线 j 的联系矩阵。当航线为垂直竞争航线或水平竞争航线时，$\beta_j^k = 1$ 表示航空公司 k 使用此航线 j，否则，表示航空公司 k 没有使用此航线 j。f_{jf}^k 代表航空公司 k 运营航线 j 时的 f 等级的票价。D_{jf}^k 表示 f 等级的代码共享航线 j 上 k 航空公司所拥有的需求。α_j^k 表示代码共享航线 j 上分配给航空公司 k 的收益分配比例。p_{jf}^k 代表航线 j 上分配给航空公司 k 的份额，当 α_j^k 确定后，$p_{jf}^k = f_{jf}^k \times \alpha_j^k$。换句话说，如果销售航空公司接受这条航线的请求，则航空公司 k 可以获得 p_{jf}^k。票价的分配满足 $\sum_{k \in K} p_{jf}^k = f_{jf}$，使得分配给 j 航线上所有航空公司的收益总和等于航线 j 的票价。当航空公司 k 没有销售航线 j 或没有使用航空公司 k 所运营的航段时，有 $p_{jf}^k = 0$。$-k$ 表示除 k 以外的航空公司。

另外，考虑水平竞争时，若旅客被一家航空公司拒绝时会转向竞争航空公司，当竞争航空公司也拒绝时，旅客就流失了。取消和 No-show 不被考虑。对水平竞争而言，竞争航空公司拒绝的请求被本航空公司接受的比例设为 $\omega_j^{k, -k} \in [0, 1]$。

$$\hat{Z} = \max \sum_f \sum_{k \in K} \sum_{j \in CS \cup NA \cup A} f_{jf}^k x_{jf}^k \tag{8-1}$$

s.t.

$$\sum_{k \in K} \beta_j^k x_{jf}^k \leqslant \sum_{k \in K} \beta_j^k D_{jf}^k \quad \forall j \in CS, f \in F \tag{8-2}$$

$$x_{jf}^k \leqslant D_{jf}^k + \omega_j^{-k, k} \left(\sum_{-k} \beta_j^{-k} D_{jf}^{-k} - \sum_{-k} \beta_j^{-k} x_{jf}^{-k} \right)^+ \forall j \in A, k \in K, f \in F \tag{8-3}$$

$$x_{jf}^k \leqslant D_{jf}^k \ \forall j \in NA, k \in K, f \in F \tag{8-4}$$

$$\sum_f \sum_{j \in NA \cup A \cup CS} \sum_{k \in K} a_{ij} x_{jf}^k \leqslant \sum_k c_i^k \ \forall i \in L \tag{8-5}$$

$$x_{jf}^k \geqslant 0 \quad \forall j \in CS \cup NA \cup A, f \in F \tag{8-6}$$

目标函数式(8-1)表示的是整个联盟的总收益。变量 x_{jf}^k 设为每个航空公司 k 为每条航线 j 在 f 等级上应该分配的舱位数。不等式(8-2)、式(8-3)、式(8-4)表示的是关于需求的限制函数；式(8-2)表示的是在代码共享航线上(垂直竞争下)的需求限制函数；式(8-3)表示的是在水平竞争情况下的需求限制函数；式(8-4)表示的是在非水平和垂直竞争航线上的需求限制函数；式(8-5)表示的是舱位限制函数;式(8-6)表示的是非负限制。让 $\hat{x} = \{\hat{x}_{jf} : j \in J, f \in F\}$ 表示这个模型的最优解;$\hat{x}$ 是集中控制下的最优舱位分配;$\hat{Z}$ 表示集中控制下的总收益。

求解式(8-1)~式(8-6)得到最优分配解后,计算出限制条件式(8-5)所对应的影子价格。影子价格表示的是各稀缺资源的价值,在这里即指每个航段的价值。设 $\{\phi_i : i \in L\}$ 为限制条件式(8-5)在式(8-1)~式(8-6)的最优解下获得的影子价格。这个影子价格相应的表示的就是航段 i 在稀缺情况时的价值,因此利用计算出来的每个航段的价值作为收益分配比例的计算基础,可以得到每个运营这条代码共享航线的航空公司能在这条航线上获得的相应的价值。在之前的符号定义中,α_j^k 代表的是销售航空公司在代码共享航线上所能获得的收益比例。利用影子价格,可以很方便地计算这个收益分配比例,即 $\alpha_j^k = \dfrac{\sum_i a_{ij}^k \cdot \phi_i}{\sum_i a_{ij}^k \cdot \phi_i}$。这表示每个航空公司所能获得的收益分配比例为本航空公司在代码共享航线上所运营的所有航段的影子价格之和与在这条代码共享航线所使用的所有航段的影子价格之和的比值。

8.1.6.3 分散模型

由于分散机制下每家航空公司都对自身的收益进行独立核算,分散机制下所需要考虑的问题多于集中机制下要考虑的问题。文中的代码共享航线,只考虑两家航空公司分别承运某航段,并同时销售代码共享航线的情况。在以往的计算中,往往将代码共享航线上两家航空公司所拥有的需求放在一块进行考虑。但在实际情况中,每家航空公司在代码共享航线上具有各自的需求。且在实际销售过程中,每家航空公司对于同一条代码共享航线所销售的票价也可能有所不同。这时候每家航空公司在代码共享航线上能获得的收益需要按照是谁承运的来进行区分,才能更好地体现各航空公司在代码共享航线上所能获得的收益。因此,在分散机制的计算过程中,对某家航空公司运营的代码共享航线而言,将每一条代码共享航线分为两类。一类是由此航空公司本身进行销售,用 CS_M^k 表示;另一类是由代码共享航空公司进行销售,而此航空公司仅负责承运,用 CS_O^k 表示。

此时,它在这条航线上所能获得的代码共享航线的收益可以分为两部分,一部分是作为销售者,它能从中获得的收益 $f_{jf}^k \times \alpha_j^k, j \in CS_M^k$,另一部分是作为运营者,它所能获得的收益为 $f_{jf}^k \times \alpha_j^k, j \in CS_O^k$。因此,航空公司 k 所能获得的总收益为

$$\sum_{j \in CS_M^k \cup CS_0^k} \sum_f \alpha_j^k f_{jf}^k x_{jf}^k$$

$$Z^k = \max \sum_{j \in NA \cup A} \sum_f f_{jf}^k x_{jf}^k + \sum_{j \in CS_M^k \cup CS_0^k} \sum_f \alpha_j^k f_{jf}^k x_{jf}^k \qquad (8-7)$$

s.t.

$$x_{jf}^k \leqslant D_{jf}^k \quad \forall j \in NA^k, f \in F \qquad (8-8)$$

$$x_{jf}^k \leqslant D_{jf}^k + \omega_j^{-k, k} \left(\sum_{-k} D_{jf}^{-k} - \sum_{-k} x_{jf}^{-k} \right)^+ \forall j \in A^k, f \in F \qquad (8-9)$$

$$x_{jf}^k \leqslant \min \{ D_{jf}^k ; \beta_j^{-k} x_{jf}^{-k} \} \forall j \in CS_M^k, f \in F \qquad (8-10)$$

$$x_{jf}^k \leqslant \min \{ \beta_j^{-k} D_{jf}^{-k} ; \beta_j^{-k} x_{jf}^{-k} \} \forall j \in CS_0^k, f \in F \qquad (8-11)$$

$$\sum_f \sum_{j \in NA \cup A} a_{ij} x_{jf}^k + \sum_f \sum_{j \in CS_M^k \cup CS_0^k} a_{ij} x_{jf}^k \leqslant c_i^k \forall i \in L^k, f \in F \qquad (8-12)$$

$$x_{jf}^k \geqslant 0 \quad \forall j \in CS^k \bigcup NA^k \bigcup A^k, f \in F \qquad (8-13)$$

目标函数式(8-7)表示的是单个航空公司 k 获得的总收益最大。其中将代码共享航线所获得的收益和其他航线所能获得的收益分开表示,因为代码共享航线所能获得的收益还要受到其他航空公司销售同一代码共享航线所能获得的总收益的影响。式(8-8)~式(8-11)为需求限制条件,表示每条航线上所销售的舱位数不能超过每条航线上所拥有的需求。式(8-8)表示的是不存在水平竞争和垂直竞争的航线上的需求限制。式(8-9)表示的水平竞争下的需求限制,此时的需求为原需求加上从其他水平竞争航空公司转移过来能被一定比例接受的需求。式(8-10)和式(8-11)表示的是代码共享航线(即垂直竞争)上的需求限制,这种情况下还需要考虑对此条代码共享航线进行控制的其他航空公司所能提供舱位数的限制。式(8-12)表示的是舱位限制,即供给限制。某航段上所能提供的舱位总数也分为两部分考虑,一部分是代码共享航线上所使用的舱位数,一部分是非代码共享航线上所使用的舱位数。因为代码共享航线上,其他航空公司占用的航线舱位数会影响到本航空公司所使用的航段上的舱位数。式(8-13)表示的非负限制,即舱位数必须大于等于零。模型中 $\beta_j^{-k} x_{jf}^{-k}$ 代表的是运营同一条代码共享航线的另一家航空公司还能为这条代码共享航线提供的舱位数。在本书的计算中,用各航线上的需求对其进行简化,假设航空公司在代码共享上各自的需求都是已知的。

利用此模型对各航空公司进行独立的舱位控制,仍然需要知道各存在水平竞争和垂直竞争的航线上其他航空公司的需求和容量水平。但随着销售系统的发展及网上售票的普及，各航空公司可以根据其他航空公司的票价信息，对其他航空公司的需求和容量水平做一定的假设。

8.2　航空公司服务质量

航空服务质量影响乘客对航空公司的选择，是判断航空公司优劣的标准之一。现有主要的航空公司服务质量评价标准是建立在服务质量理论、顾客感知和顾客满意度理论基础上，根据航空公司具体情况进行评估分析。广义的航空服务质量评估既包括与乘客直接相关的服务产品，也包括外部保障性产品。狭义的航空服务质量评估，指乘客在机场和机上获得的服务产品。

提升服务质量，最主要的是评估已有的服务质量水平并且制定令乘客满意的服务策略。国内航空公司要结合自身特点，在国际通用服务质量评价标准基础上，比较与国际优质航空公司差距，建立自身服务质量标准，有效评估自身服务质量。认识到目标顾客的需求，提供符合顾客感知期望的产品和服务，促进服务质量的改进，从而提升顾客满意度。

8.2.1　航空公司服务质量相关理论

1. 服务质量

20 世纪 70 年代中后期开始，质量这一概念开始引入服务领域。在过去的40 多年中，学者们对服务质量进行了深入而广泛的研究，大致可以分为三个阶段。第一阶段为 1970—1985 年，属于起步阶段，主要研究服务质量概念的界定。第二阶段为 1985—1992 年，主要开展服务质量维度研究，以 SERVQUAL 模型为代表。第三阶段为 1992 年至今，开展了与顾客满意、顾客价值、服务忠诚等要素结合的研究。

质量通常反映了生产的能力。质量意味着满足顾客的需求。因此产品的生产者在市场中取胜，需要了解目标顾客的需求并生产满足其需求的商品或服务。在服务行业中，由于服务产品的无形性，生产和消费的同时性，因此很难制定明确的服务标准。

目前被学术界普遍认可的服务质量概念由格罗路斯（Gronroos）提出，他将服务质量定义为顾客感知服务质量，是顾客所期望的服务质量和所体验到的服务质量之间的差异。潘拉索拉曼、隋赛莫尔和贝里（Parasuraman, Zeithamal &

Berry)提出 SERVQUAL 模型。该模型用于服务行业中服务质量的测量和评估、服务质量的优劣,很大程度上源于顾客对服务质量的主观认知,即预期服务质量和消费过程实际感受到的质量的差值(因此又称为"期望—感知"模型)。用户的期望是开展优质服务的先决条件。提供优质服务的关键就是要超过用户的期望值。SERVQUAL 理论确立了服务质量的 5 个方面,即:有形性(tangibles)、可靠性(reliability)、响应性(responsiveness)、保障性(assurance)、移情性(empathy)。其含义分别是:

有形性:指提供服务的有形载体,包括:工具、设备、人员的外表。

可靠性:指企业准确履行服务承诺的能力。

响应性:指主动帮助顾客并迅速提供服务的意愿。

保障性:指员工表达出的自信与可信的知识、礼节和能力。

移情性:指设身处地为顾客着想和给予顾客特别的关注。

2. 航空公司服务质量理论

在服务质量观念基础上,结合航空业自身特点,界定的航空服务质量是航空公司通过与民航其他单位协作而提供服务的使用价值满足旅客安全、准时、方便、舒适地从始发地到目的地的旅行需要的程度。服务质量特性是服务产品所具有的内在的特性。根据 ISO 组织在《ISO9000:2000 质量管理 体系基础和术语》中对质量特性的定义,可以将航空服务质量特性分为以下 6 个方面:安全性、时间性、经济性、舒适性、功能性和文明性。

安全性指航空服务对顾客生命、财产、健康、精神、货物的安全保障的程度,是航空公司服务质量的根本要求和根本前提。航空业自身的特点决定了安全是航空业永远的主题和目标,对航空安全的保障也是航空公司最基本的服务质量特征。

时间性指航空服务在时间上满足顾客需要的程度,如航班时刻安排合理、准时起飞和抵达、办理登机手续快捷便利、行李提取方便迅速等方面。准时是航空服务质量的核心所在。航空运输最大的优势就在于快速性。大多数乘客选择乘飞机出行的最重要的原因就在于此,而经常性的航班延误则会削弱这一优势,因此,保证航班按时起飞和抵达,提高航班准时性是保证航空服务质量的核心。

经济性是指顾客为所得到的航空服务多支付的费用是否经济合理。

舒适性是指顾客感受到的航空服务过程的舒服程度,包括机舱设施的舒适性、环境的干净整洁、机内餐的丰富可口等。在满足顾客的空间位移这一基本需求外,航空公司还应提供其让顾客感到舒适、便利的服务,以提高顾客对服务质量的实际感知。

功能性指航空服务的作用和效能,即满足顾客需求的程度。实现顾客的空间位移是航空服务质量中最基本的特征,也是顾客购买航空服务的根本目的。

文明性指航空服务过程中的文明程度,包括服务过程中友好亲切的气氛、和谐的人际关系、热情的服务态度及个性化的附加服务等。

3. 顾客满意度理论

20 世纪 80 年代以来,一种新的营销战略观念在日本、欧美各国兴起,那就是顾客满意度(customer satisfaction)。根据美国学者奥利佛(Oliver)于 1980 年提出的"期望—实绩"模型,顾客满意度取决于顾客对产品或服务的期望与消费中感受产品或服务的实际绩效水平的比较判断。顾客对产品或服务形成期望源于过往经验、他人经验的影响、营销人员或竞争者承诺。而绩效源于整体顾客价值(由产品价值、服务价值、人员价值、形象价值构成)与整体顾客成本(由货币成本、时间成本、体力成本、精神成本构成)之间的差异。如果实际绩效达到或超过顾客的期望,顾客就会感到满意,否则就会感到不满意。

顾客满意度是相对主观的过程,不仅取决于顾客的认知过程,还受到消费过程中发生的消费情感的影响。因此航空公司要提供高于顾客期望水平的服务产品,才能令顾客满意。

4. 顾客感知的航空服务质量的形成

1984 年,学者 Gronroos 对其原有理论进行改进,提出顾客感知服务质量模型,他认为服务质量是顾客的期望服务与感知服务进行比较后的主观感知的结果,并将顾客感知服务质量分解为技术质量(What,服务结果)和功能质量(How,服务过程)。强调服务质量是顾客的主观感知,指出服务质量对顾客总体感知质量水平的重要影响,揭示出服务质量的本质特性——过程性。顾客感知服务质量模型如图 8-2 所示。

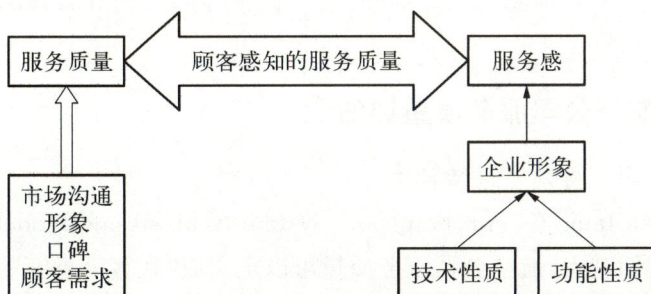

图 8-2　格罗鲁斯的顾客感知服务质量模型

顾客对航空公司服务质量的认知包括两个基本方面:一是技术质量;二是职能质量。前者是指顾客所接受的物质技术服务,即服务的结果;后者是指顾客如何获得服务，即服务的过程，以服务人员提供服务过程中的表现为主。技术质量是客观存在的，一般可以用某种形式度量。而职能质量是主观的，是顾客对服务过程的主观感受和认识。

顾客感知的航空公司服务质量要受到企业形象、预期质量、体验质量三个方面的综合作用。具体过程如下：

（1）顾客在选择航空公司时，购买某家航空公司机票之前，由于受到企业宣传和营销、其他渠道信息传播及自身先前消费经验的影响，对即将开始的航空旅行有初步预期。

（2）在接受航空服务的过程中，顾客实际体验到公司的服务质量。一部分是自己获得的实质的服务；另一部分是获得服务的过程。

（3）接着旅客会不自觉地把自己在消费过程中体验到的服务质量与预期的服务质量作比较，对该航空公司的服务质量做出判断。

（4）旅客对服务质量的评价同样受自身知识、能力、素养的影响，会对同样的服务产生不同的评价。

航空服务的技术质量是航空公司能否按规定时间安全地将旅客运抵目的地，这是旅客对航空公司质量评价的主要依据。而随着社会经济的发展，顾客对航空公司提供服务的功能质量及其在经历航空服务过程中的总体感受越来越看重。乘客感知最为重要的服务质量属性是价格、安全、准时、行李运输、食品质量、座位舒适度、登机过程和机上服务情况。

航空公司的产品就是运输服务，是将旅客或货物从 A 点运输到 B 点的过程，旅客从买这个产品开始到消费完成，在每一个环节都有自己的感受，所以在整个服务的全过程中都能够体现出服务质量。在这个服务过程中，航空公司既要履行完成约定的基本商业义务，同时还要让旅客感觉到舒服和满意是服务质量工作追求的目标。

8.2.2 航空公司服务质量评估

1. 航空公司服务质量评估标准

根据 Milan Janic 在《Air Transport System Analysis and Modelling》中航空公司服务质量的观点，航空公司服务质量可以定义成"乘客满意度"或"顾客需求满意度的持续性"。航空公司服务质量评估有两个维度，分别为外部（external）和内部（internal）。

外部维度由以下决定：

（1）航空公司的静态容量。它反映航空公司的供给能力，由机队中飞机的数量、机型和机龄决定。另外，员工数量和表现、预定网络的大小、旅行代理机构及其他代理商的方便度、飞机和机场设施方便度等同样间接反映一航空公司容量。

（2）航空网络的大小。它由网络中包含的机场数量、航班数量、时长和机型决定。这一属性能反映目的地的多样性、服务差异化的可能性、路线的便利度和出发起飞时间、经停的次数和时长、座位利用率、对整体航空运输体系的贡献情况等。

（3）服务的准时性。它反映航空公司提供持续精准服务的能力。包括航班的准时表现、停机位分配时保证乘客在航站楼内或不同航站楼之间的步行距离、超售程度、行李递送和谨慎的行李处置、行李丢失处置流程、总体效率水平。

（4）商业运作测算能力。它主要指保持持久促进新需求能力，如机票低价、按照承诺提供服务的金融上可行性等。

内部维度包括以下两方面。在乘客进入航空服务体系之后，服务质量的内部维度评判比重增加。

（1）地面服务质量。它取决于地面工作人员的服务态度、对乘客持续的关心度（特别是当长时间延误）、对预订座位问题的处理、超售问题解决方法。

（2）机上服务质量。它取决于飞机座位的尺寸和舒适度、机上服务人员态度、机舱卫生状况、长途或短途的饮品供应、餐饮服务、对儿童和老人的特殊照顾、吸烟政策等。

2. Skytrax 航空服务质量评定

Skytrax 作为一家主要从事航空公司服务意见调查的顾问公司，其调查内容涵盖了最前沿的航空产品及服务质量指标。该机构每年针对全球最佳机场、航空公司、空服人员、餐饮、最佳头等舱、最佳经济舱、最佳经济舱餐饮等多项分类进行调查评比。其调查样本来自网络、商业调查团体实际访谈、电话访问等多种途径。其样本数多达近百个国家的数百万人，因此其评比结果在航空业界一向具有公信力与可参照性。

每年 Skytrax 会对世界范围内航空公司的机场及机舱内各项服务产品进行全方位的审核评定，评定分为一到五星级。

五星级航空意味着在各方面是最为领先的航空公司，意味着已经成为其他航空公司学习的榜样。它拥有最高等级的机场和机上产品及持续优质的机场和机舱工作人员的服务。2015 年评出了 7 家航空公司位列五星级航空，分别是：全日本航空（ANA All Nippon Airways）、韩亚航空（Asiana Airlines）、国泰航空（Cathay Pacific Airways）、印尼鹰航空（Garuda Indonesia）、海南航空（Hainan

Airlines)、卡塔尔航空(Qatar Airways)和新加坡航空(Singapore Airlines)。

四星级航空是对整体产品质量较好的航空公司的质量认定。在不同的客舱提供好的产品标准,在机上和基地机场提供好的员工服务标准。目前有35家航空公司评为四星级航空。

三星级航空公司提供符合行业可接受产品和服务平均水平的服务。三星级航空评定表示核心产品的满意标准,但是同样也反映了一些一线员工服务标准或客舱服务和基地机场服务产品提供的不一致性。

Skytrax世界航空服务质量评定体系是国际领先具有普遍公信力的评定体系。通过对一线产品质量和员工服务标准的评估,对航空公司进行排名划分。世界航空公司的星级评定系统被视为航空公司服务质量的全球通用标准。通过直接专业的对质量标准的分析对航空公司的服务质量进行排名。从Skytrax对星级航空评比标准来看,主要划分为以下几个方面:一是机场服务;二是休息室;三是机上产品;四是机舱乘务人员。下面是具体标准条目。

机场服务包括:登记手续办理服务,优先登机标准,抵达协助,中转服务和协助,抵达休息室设施和员工服务,优先行李交付,迎接和协助服务。

休息室包括:休息室舒适度、氛围和自然光,座椅的可用性、舒适性和私人化,卫生间和淋浴设施,休息室、卫生间和淋浴卫生,冷热食品选择,餐饮服务质量,休息室无线网和一般网络选择,员工服务态度,员工效率和解决问题能力,员工友好和服务热情,员工语言技巧。

机上产品包括:座椅舒适度,提供舒适服务(包括羽绒被、枕头、床等),机舱、座椅和面板清洁度,卫生间清洁度,机上娱乐,机上网络连接,机上餐饮质量,按个人需求提供餐饮服务,报纸和杂志。

机舱乘务人员包括:总体服务效率,对顾客态度,与顾客的互动,对乘客的关注度,友好和服务热情,回复顾客需求,员工语言技巧,员工服务质量统一性。

由这几家五星级航空公司在各个项目上的星级评分来看,并不是在每一项上都是最高,而是在计算上有所侧重的一种综合。Skytrax星级航空评定标准主要是针对内部维度的评定,即顾客直接感知到的航空公司提供的服务产品。

3. 美国航空公司质量评估标准

由美国2015年度的航空公司质量评价(AQR)报告可以看出,2015年航空公司质量评定的分数是基于4个主要方面的15小类,主要集中在2014年度航空旅客看重的航空公司服务表现。在过去25年中,AQR都是比较航空公司绩效的行业标准。

AQR(airline quality rating)模型从1991年开始使用,基于多重组和绩效标准,对航空公司质量进行比较。过去大多数的质量评估依赖于收集顾客意见的主观调查。这种主观的方法做出的质量评估使不同航空公司的调查结论缺乏可比性。在 AQR 评估模型之前,没有在准时、客观和有可比性基础上对航空公司质量持续的测评方法。作为对美国航空业的绩效与质量最为全面的研究,AQR设定了航空业标准,并以客观绩效数据为基础,向顾客和业内观察人士提供了在不同航空公司之间进行质量比较的工具。根据绩效测量对航空公司进行质量研究,AQR 选用的评价指标要满足两个基本要素:① 指标可以从各航空公司公布的数据资料中获取;② 指标还必须涉及顾客关注的航空公司质量问题。用于评估的数据代表对顾客重要的航空公司绩效的各个方面表现。

在判断航空公司质量时,各个指标上有不同加权。顾客对不同要素的重视度从 0 到 10 排序,这是对 65 位航空业专家意见进行调查得到的。每一项权重和要素都标有"＋"或"－"号,来反映该项标准对顾客质量感知的影响。权重反映该项标准在顾客做决定时考虑的重要性。符号反映该标准对航空公司质量评定正负向影响。利用所有的标准、权重和影响对一年中航空公司的绩效进行评估,就能得出不同航空公司在不同时间阶段具有可比性的值。

其他研究顾客观点的方法一直依赖于顾客调查和主观意见。AQR 评估方法使用了考虑多种加权客观标准的数学模型,能对航空业的绩效做出简单、完善且具有可比性的评定。AQR 为顾客和行业观察者们提供了一种方式,来评估在一定时间基础上的、有可比性的航空公司质量,因为它使用了客观绩效水平的数据。表 8-1 引自美国航空业质量评级 2015 年度报告(Airline Quality Rating 2015：The 25th Year Reporting Airline Performance)。

表 8-1　AQR 指标、权重和影响

指　　标	权　　重	影响(＋/－)
准点率	8.63	＋
拒绝登机率	8.03	－
行李差错率	7.92	－
顾客投诉率	7.17	－

其中,顾客投诉包括航班问题投诉、超额销售投诉、预定投诉、购票和登机投诉、票价投诉、退票投诉、行李投诉、顾客服务投诉、残疾人投诉、广告投诉、旅行投诉、动物投诉及其他投诉。

AQR 评估得分通过下述数学模型计算得出

$$AQR = \frac{(+8.63 \times OT) + (-8.03 \times DB) + (-7.92 \times MB) + (-7.17 \times CC)}{(8.63 + 8.03 + 7.92 + 7.17)}$$

Bowen 等在 1991 年提出，该模型是基于反映顾客满意度的可比较、可计量、周期性的航空公司质量的公开数据。该模型也能用于监控航空公司的服务质量，因此在任何时候(月或年)有助于识别经过质量评估的航空公司。从开始判断服务质量的 80 个属性中，综合考虑内外部维度的 AQR 模型考虑 19 个和顾客相关的属性。评估专家、航空旅行专家、FAA、大学、研究所和顾客代表对最终属性列表进行了认定，并计算出了每一项属性对于航空服务的重要性(见表 8-2)。

表 8-2　综合考虑内外部维度的 AQR 指标、权重和影响

指　　　标	权　　重	影响(＋/－)
1. 平均机龄	0.678	－
2. 飞机数量	0.526	＋
3. 准时性	1.000	＋
4. 装载参数	0.805	－
5. 导航误差	0.930	－
6. 事故数量	0.971	－
7. 常旅客奖励	0.852	－
8. 金融稳定性	0.754	＋
9. 平均座英里成本	0.520	－
10. 飞行问题	0.933	－
11. 超售	0.930	－
12. 行李差错	0.918	－
13. 票价	0.881	－
14. 旅客服务	0.834	－
15. 退款	0.848	－
16. 售票/登机	0.820	－
17. 广告	0.790	－
18. 声誉	0.688	－
19. 其他	0.851	－

表 8-1 中,对航空质量评估更加集中到乘客直接感知航空服务质量的项目上,而对相对外围的评价项目做了适当调整,如取消了对机队平均年龄、飞机数量、金融稳定等等项目的评价。由表 8-1、表 8-2 可以看出,准点在航空质量评估中所占权重都是最高的。可以说,准时性是航空服务的核心,因为大多数选择航空出行乘客看重的是航空的快捷。其次是拒绝登机率和行李差错率。顾客投诉一项中包括有顾客反映问题较多的小类,也是顾客判断航空公司服务质量的有效指标。

8.2.3　航空公司服务质量调查

由于旅客感知的差异性,要精确地对航空公司质量进行评定是十分困难的。此时,通过经常性的调查,发现比较共同的影响旅客评判的因子,采取一些针对性的改正措施,有助于航空公司不断完善其服务。

对旅客开展针对性的调查,调查问卷的设计无疑是十分重要的。调查问卷既要简洁明了,又要指向明确。一般可分为总体问题和具体问题。总体问题是主要问题,一般采用标度法,如分 5 级。1 最差(低),5 最好(高),简单易操作,如:

1. 品牌定位

□1　　　□2　　　□3　　　□4　　　□5

2. 总体服务

□1　　　□2　　　□3　　　□4　　　□5

3. 售票服务

□1　　　□2　　　□3　　　□4　　　□5

4. 地面服务

□1　　　□2　　　□3　　　□4　　　□5

5. 客舱服务

□1　　　□2　　　□3　　　□4　　　□5

6. 会员服务

□1　　　□2　　　□3　　　□4　　　□5

7. 航班延误服务

□1　　　□2　　　□3　　　□4　　　□5

8. 再次选乘可能性

□1　　　□2　　　□3　　　□4　　　□5

具体问题,针对性要强,比如:

1. 票价合意度(与获得的服务相比)

☐1　　　☐2　　　☐3　　　☐4　　　☐5

2. 抱怨投诉处理满意度

☐1　　　☐2　　　☐3　　　☐4　　　☐5

3. 售票服务改正环节

☐电话咨询服务　　　　　　☐服务态度

☐送票服务　　　　　　　　☐网上购票

4. 地面服务改正环节

☐柜台办理乘机手续速度　　☐收运行李

☐自助办理乘机手续服务　　☐服务态度

☐候机环境　　　　　　　　☐登机引导

☐航班信息沟通　　　　　　☐座位选择

☐自动值机设备少

5. 空中服务改正环节

☐客舱环境　　　　　　　　☐座位舒适度

☐机上娱乐设施　　　　　　☐飞行信息服务

☐乘务员服务态度　　　　　☐安全演示检查

☐广播服务　　　　　　　　☐书报期刊

☐餐饮服务　　　　　　　　☐卫生间清洁度

☐座位间距

6. 延误服务改正环节

☐信息沟通　　☐签转　　　☐退票

☐食宿安排　　☐信息推送

7. 到站服务改正环节

☐行李提取　　☐行李查询　　☐损坏赔偿　　☐中转服务

8. 选择本公司航班原因

☐品牌　　　☐安全　　　☐航班时刻　　☐会员

☐折扣　　　☐正点率　　☐服务质量　　☐机型

☐团体安排　☐唯一可选

最后,是答卷人基本情况调查,譬如年龄、性别、职业。

调查问卷的设计要与本公司的产品定位一致,譬如 LCC,就不要问太多的客舱服务的内容,而要问性价比问题等。同时,问卷设计要与时俱进,在大家觉得 Wifi 服务都是必需时,可问一下大概的收费价位。

8.3　机票定价与舱位控制

8.3.1　机票定价

机票定价可通过数学计算来确定。一种多等级定价计算模型如下：

需求预测中的旅客可能到来，也可能不来。称未到的旅客为虚旅客，下一个旅客为虚旅客的概率为 $\dfrac{\delta+t}{\delta+T}$；到来的旅客为实旅客，下一个旅客是实旅客的概率为 $\dfrac{\delta-t}{\delta+T}$。

考虑到每类旅客数量的负二项分布参数 $\left(k+i+1,\dfrac{\delta+t}{\delta+T}\right)$ 形式比较复杂，令

$$c=k+i+1, \quad \psi=\frac{\delta+t}{\delta+T} \tag{8-14}$$

则每个等级未来的旅客数量服从参数为 (c,ψ) 的负二项分布。

设 (S_m, X_m, C_m) 表示在某时刻，第 m 个等级的机票存量为 S_m，这个时刻开始起，预计未来这个等级机票的实旅客数量为 X_m，虚旅客数量是 C_m 的状态，其中该类旅客总人数服从参数为 (c_m, ψ_m) 的负二项分布。(S, X, C) 表示在某时刻，某航班机票存量为 S，从这个时刻开始预计未来实旅客数量为 X，虚旅客数量为 C 的状态，航空公司要对每个等级的旅客分别进行研究，所以 S、X 和 C 均为行向量，其中

$$S=(S_1, S_2, S_3, \cdots, S_m, \cdots)$$

$$X=(X_1, X_2, X_3, \cdots, X_m, \cdots)$$

$$C=(C_1, C_2, C_3, \cdots, C_m, \cdots)$$

$J(S_m, X_m, C_m)$ 表示航空公司第 m 个机票等级从状态为 (S_m, X_m, C_m) 的时刻开始，能够给航空公司带来的最大期望收益（第 m 个等级机票的最大期望收益）。相应地，$J(S, X, C)$ 表示从机票状态为 (S, X, C) 的时刻开始，航空公司能够从各等级机票得到的最大期望总收益。

从第 m 个机票等级状态为 (S_m, X_m, C_m) 的时刻开始，下个旅客有可能为虚旅客，也有可能为实旅客。如果旅客为实旅客，则存在购票和不购票两种选

择。下个旅客以概率 ψ_m 为虚旅客,在这种情况下,该等级机票的状态参数中,预测的虚旅客数量减少 1,最终期望收益变为 $J(S_m, X_m, C_m-1)$;下个旅客以概率 $1-\psi_m$ 为实旅客,此旅客根据航空公司制定的机票价格 y_m 来决定是否购买第 m 种机票,该旅客以概率 $q(y_m)$ 购买第 m 种机票,此时该类机票的状态参数中,未售出机票数量减少 1,预测的实旅客数量减少 1,此时航空公司得到了一张机票的收益 y_m,最终期望总收益变为 $y_m+J(S_m-1, X_m-1, C_m)$;该旅客以概率 $1-q(y_m)$ 不购买第 m 种机票,此时状态参数中,未售出机票数量不变,预测的实旅客数量减少 1,最终期望总收益变为 $J(S_m, X_m-1, C_m)$。航空旅客购票的过程如表 8-3 所示。

表 8-3 航空旅客购票过程

	旅客概率		概　率	收　益
$J(S_m, X_m, C_m)$	不达到 ψ_m			$J(S_m, X_m, C_m-1)$
	到达 $1-\psi_m$	不购票	$q(y_m)$	$y_m+J(S_m-1, X_m-1, C_m)$
		购票	$1-q(y_m)$	$J(S_m, X_m-1, C_m)$

由式(8-14)可知,虽然"虚旅客"的现实意义非常抽象,但是它的预测值却可以通过 $k+i+1$ 求出,k 和 i 都来自前期销售数据,同理 ψ 可以通过 δ 和 t 求出,从而 X 可以通过未来旅客数量负二项分布的函数形式得到,所以三个状态参数都是已知量。

如果航空公司经过市场细分,将旅客划分为 n 个等级,相应地将舱位也分为 n 个等级。根据市场细分的结果,如果航空公司的票价限制相当完善,则理想情况是每类旅客购买相应等级舱位的机票,各类旅客对机票的期望值不同并且相互独立,各等级机票的票价也相互独立。航空公司一个航班的总收益就是这 n 个等级机票的收益之和。某个航班的总期望收益可以用下式表示:

$$J(\boldsymbol{S}, \boldsymbol{X}, \boldsymbol{C}) = \sum_{m=1}^{n} J(S_m, X_m, C_m) \tag{8-15}$$

式中 $J(\boldsymbol{S}, \boldsymbol{X}, \boldsymbol{C})$ 为从当前时刻开始,航空公司能够从本航班获得的最大期望总收益;$J(S_m, X_m, C_m)$ 为从当前时刻开始,第 m 个等级机票能给航空公司带来的最大期望收益。$J(S_m, X_m, C_m)$ 可以用表 8-3 中决策树右端的三个事件及取得每个事件的概率表示,最大期望收益就是下个售票状态每个可能事件的收益与相应概率乘积之和的最大值。对于第 m 个等级的机票,由于每增加一个旅客对于变动成本的影响很小,所以在不考虑成本因素的情况下,根据本等级机票

收益最大化,可以建立动态差别定价模型如下:

$$
\begin{aligned}
J(S_m,X_m,C_m)=&\psi_m J(S_m,X_m,C_m-1)+(1-\psi_m)\max\{q(y_m)[y_m+\\
&J(S_m-1,X_m-1,C_m)]+\\
&[1-q(y_m)]J(S_m,X_m-1,C_m)\}\\
=&\psi_m J(S_m,X_m,C_m-1)+(1-\psi_m)J(S_m,X_m-1,C_m)+\\
&(1-\psi_m)\max\{q(y_m)[y_m+J(S_m-1,X_m-1,C_m)]-\\
&J(S_m,X_m-1,C_m)\}
\end{aligned}
\tag{8-16}
$$

式中(S_m,X_m,C_m-1)、(S_m,X_m-1,C_m)和(S_m-1,X_m-1,C_m)都代表下个时刻的可能状态,在三种可能状态下,第 m 个等级机票能给航空公司带来的最大期望收益分别为$J(S_m,X_m,C_m-1)$、$J(S_m,X_m-1,C_m)$和$J(S_m-1,X_m-1,C_m)$。y_m为第 m 个等级机票的价格;ψ_m为第 m 个等级机票下个旅客为虚旅客的概率;$q(y_m)$为当第 m 个等级机票价格为 y_m 时;第 m 个等级的实旅客购买该机票的概率。$q(y_m)$的函数关系式可以取作在经济上被广泛应用于描述旅客选择行为的多项 logit 模型(multinomial logit model),模型形式如下:

$$
q_i(y)=\frac{e^{\alpha_i-\beta y_i}}{\displaystyle\sum_{j-1}^{n}e^{\alpha_j+\beta y_j}+1},\ i=1,2,3,\cdots,n
$$

式中 y_i 为第 i 种产品的价格;α_i 为第 i 种产品的质量和受到消费者喜爱的情况;β 为价格反应系数;$q_i(y)$为消费者购买第 i 种机票的概率。

如果每类旅客只购买相应等级舱位的机票,各等级机票的票价相互独立,则多项 logit 模型就简化为 logit 模型,第 m 个等级旅客购票的概率函数如下:

$$
q(y_m)=\frac{e^{\alpha_m-\beta_m y_m}}{e^{\alpha_m-\beta_m y_m}+1}
\tag{8-17}
$$

在一般情况下,根据需求法则,$q(y_m)$和 y_m 的变化呈反比例关系,因此 α_i、β_i,是大于 0 的参数,他们的值可以根据航空公司的统计数据计算得到。航空公司的任务是通过式(8-16)和式(8-17),求出使得 $J(S_m,X_m,C_m)$取得最大值的第 m 个等级机票的最优价格 y_m^* 和此最大期望收益值 $J(S_m,X_m,C_m)$,进而由式(8-16),求出该航班的总期望收益 $J(\boldsymbol{S},\boldsymbol{X},\boldsymbol{C})$。

该模型有以下几个优点:

(1) 模型保留了现行民航客运"多等级定价"的总体思想。式(8-16)和式(8-17)都带有下标,这说明对于每个等级的机票,航空公司都应该选取不同的参数,进行有针对性的定价,这就是模型中"多等级差别"的内涵。

(2) 模型很好地体现了"动态定价"的思想。由式(8-14) $\left(c = k + i + 1, \right.$ $\left. \psi = \dfrac{\delta + t}{\delta + T} \right)$ 可知,每来一个实旅客,根据旅客的到达时间 t,c 和 ψ 都要调整一次,然后用调整后的参数和式(8-17)为下一个即将到来的旅客制订最优价格,也就是说 C_m 和 ψ_m 的值要根据机票的销售情况实时进行调整。这就是模型中"动态差别"的内涵。

(3) 模型将民航客运的多级定价思想与动态定价思想很好的结合在一起,这样就实现了对每个等级的机票都采用"规范的动态定价",由式(8-15),航空公司的总收益就是各等级机票的收益之和。这种定价方法显然要优于单纯的多等级定价或者动态定价。

8.3.2 机票的时序价格

由于资金的时间价值和旅客持有机票的风险(譬如若退票,要支付退票手续费),所以客观上来讲,机票必须购买越早,越便宜。这样旅客才会提早去购买。如果我们将时间离散化为天,机票的时序价格或者说一定价格,其所处的时间段,可以通过以下模型计算。

变量假定如下:r:退票手续费,以票价%计算;C:旅客拥有该机票的总成本。包括时间和来回交通成本;$P(t)$ 或 P_t:离港 t 天机票价格;P_0:机票全价;P:航空公司提供的最低机票价格;$q(t)$:t 天后的取消概率。

由于取消具有无记忆特性,采用指数分布进行描述,即

$$q(t) = 1 - e^{-\lambda t}$$

式中 λ 为单位时间的发生次数。

如果 r 是常数,价格是连续的,则 t 天后旅客预购一张票得到的期望收益为

$$E = q(t)[-C - rP(t)] + [1 - q(t)][P_0 - P(t)]$$

旅客愿意提早购买,当且仅当 $E \geqslant 0$ 时,即

$$P(t) \leqslant \frac{P_0 - (C + P_0)q(t)}{1 - (1 - r)q(t)} = P^*$$

$P(t)$ 用 P 表示,$q(t) = 1 - e^{-\lambda t}$,可以得到

$$t \leqslant \frac{1}{\lambda} \ln \frac{P_0 - P + C + rP}{C + rP}$$

$$\bar{t} = \frac{1}{\lambda} \ln \frac{P_0 - P + C + rP}{C + rP}$$

$$\frac{\mathrm{d}\bar{t}}{\mathrm{d}P} = \frac{-C - rP_0}{\lambda(P_0 - P + C + rP)(C + rP)}$$

很显然,上述方程是小于 0 的,它意味着价格越低,订票时间须越早。

$$P'(t) = \frac{q'(t)(-C - rP_0)}{[1 - (1 - r)q(t)]^2}$$

由于 $q'(t) = f(t) = \lambda e^{-\lambda t} > 0$,所以,$P'(t) < 0$。

这也说明越早订,价格越便宜。

但是,在我国,2007 年 7 月开始,r 不是常数,而是与价格有关。价格越低,比例越高。

设 $r = r(P)$,则

$$P(t) = \frac{P_0 - (C + P_0)q(t)}{1 - [(1 - r(P))]q(t)}$$

$$\{1 - [1 - r(P)]q(t)\}P(t) = P_0 - (C + P_0)q(t)$$

$$P'(t)\{1 - [1 - r(P)]q(t)\} + P(t)\{-q'(t)[1 - r(P)] + \frac{\mathrm{d}r}{\mathrm{d}P}P'(t)q(t)\}$$
$$= -(C + P_0)q'(t)$$

$$[r(P)(1 - e^{-\lambda t}) + e^{-\lambda t} + P\frac{\mathrm{d}r}{\mathrm{d}P}(1 - e^{-\lambda t})]P'(t) = [P - r(P)P - C - P_0]\lambda e^{-\lambda t}$$

方程的右边是小于 0 的,而 $P'(t)$ 大于 0,所以

$$r(P)(1 - e^{-\lambda t}) + e^{-\lambda t} + P\frac{\mathrm{d}r}{\mathrm{d}P}(1 - e^{-\lambda t}) > 0$$

$$\left(r + P\frac{\mathrm{d}r}{\mathrm{d}P}\right)(1 - e^{-\lambda t}) + e^{-\lambda t} > 0$$

由于 $q(t) > 0$,$e^{-\lambda t} > 0$,所以 $r + P\frac{\mathrm{d}r}{\mathrm{d}P} = 0$ 也能满足要求。

则

$$\frac{\mathrm{d}P}{P} + \frac{\mathrm{d}r}{r} = 0$$

$$r(P) = \frac{a}{P(t)}$$

$$a \geqslant 0$$

所以,只要 $r(P) = \frac{a}{P(t)}$ 满足,就能够满足越早越便宜。

将 $r(P)$ 代入下式:

$$P(t) = \frac{P_0 - (C + P_0)q(t)}{1 - [(1 - r(P))]q(t)}$$

得到

$$P(t) = \frac{P_0 - (C + P_0)q(t)}{1 - q(t) + \dfrac{a}{P(t)}q(t)}$$

假如机票价格离散成为 P_1,P_2,$\cdots$,P_k,P_1,$> P_2 > \cdots > P_k$,在时间段 $(0, t_1)$,(t_1, t_2),$\cdots$,(t_{i-1}, t_i) 时,则

$$r_i = \frac{a}{P_i}$$

这样

$$P_i = \frac{P_0 - (C + P_0)q_i(t)}{1 - (1 - r_i)q_i(t)}$$

或者

$$q_i(t) = \frac{P_0 - P_i}{P_0 + C - (1 - r_i)P_i}$$

由于 $q(t)$ 是单调增加的,$q(t_{i-1}) < q_i(t) < q(t_i)$,则

$$t \leqslant \frac{1}{\lambda} \ln \frac{P_0 - P_i + C + r_i P_i}{C + r_i P_i} = \frac{1}{\lambda} \ln\left(1 + \frac{P_0 - P_i}{C + r_i P_i}\right)$$

$$= -\frac{1}{\lambda} \ln\left[1 - \frac{P_0 - P_i}{P_0 + C - (1 - r_i)P_i}\right] = a_i$$

这样,给定价格、退票手续费和惩罚费,我们也可以精确得到所处的时间段。

8.3.3 舱位控制

现有的舱位控制方法可分为两大类:一类是预定限额控制;另一类是投标

价格控制。预定限额控制方法是为每个航班上不同等级舱位确定分配数。这个数值通常根据座位的销售期望价值来确定。投标价格控制方法是为每个舱位计算一个较为合理的投标底价。当有请求到达时，如果请求能支付的价格超过航班舱位的投标底价，则航空公司接受请求；如果低于投标价格，就拒绝请求。相比而言，基于投标价格的舱位控制方法一般基于历史数据的平均；而基于订座限额的控制方法基于市场需求的分布。基于订座限额的控制方法相对更为灵活，目前，舱位控制大都采用基于订座限额的控制方法。

　　预定限额控制方法又可分为分区控制法和嵌套控制法。分区控制是指给每个航班上不同等级舱位分配固定数量的舱位数。这种方法有个明显的缺点，当市场变化时，鲁棒性差。当某等级的旅客数超过固定的舱位等级数时，这些旅客就会被拒绝。嵌套控制方法与分区控制方法最主要的区别就在于嵌套控制方法的目标是保护高等级票价的旅客。在这种情况下，高等级票价的旅客就不会被拒绝。目前，大多采用嵌套控制方法。

　　舱位控制又可分为基于航段的舱位控制和基于 OD 对的舱位控制。基于OD 对的舱位控制又称为网络舱位控制。这两种方法最重要的思想是计算每个舱位的期望边际座位收益（EMSR），将 EMSR 值高于某等级票价收益的舱位作为这个等级的保留舱位。这种分配方法从高等级舱位开始分配，依次向下。EMSR又分为 EMSRa 和 EMSRb。EMSRa 是 Belobaba(1987)发展了 Littlewoods 的方法提出的基本模型，EMSRb 是 Van Ryzin 和 McGill 等对 EMSRa 方法基础上提出的多舱位嵌套模型，是 EMSRa 的发展。

　　根据 EMSRb 理论，在一个嵌套座位控制结构中，价格舱位等级 j 为价格舱位等级 i 应保留的座位数为

$$\text{EMSR}(S_j^i) = f_i \cdot \overline{P_i}(S_j^i) = f_j$$

式中 S_j^i 为在价格舱位等级 j 中为更高一级价格舱位等级 i 所保留的座位数；f_i 和 f_j 分别为价格舱位等级 i 和价格舱位等级 j 的平均票价水平。

　　据此，最高价格舱位等级 Π_1 应当保留的座位数 S_2^1 应当满足：

$$\text{EMSR}(S_2^1) = f_1 \cdot \overline{P_1}(S_2^1) = f_2$$

　　根据嵌套座位分配原理，两个最高价格舱位等级 Π_2 的座位保护总数应当等于 S_3^1 和 S_3^2 各自的座位保护数之和，并且满足：

$$\text{EMSR}(S_3^1) = f_1 \cdot \overline{P_1}(S_3^1) = f_3$$

$$EMSR(S_3^2) = f_2 \cdot \overline{P_2}(S_3^2) = f_3$$

那么,最高两级票价的座位总保护数可以表示为

$$\Pi_2 = S_3^1 + S_3^2$$

同理,前 $n-1$ 个价格舱位等级应保护的座位数为

$$\Pi_{n-1} = \sum_{i=1}^{n-1} S_n^i$$

定义每个价格舱位等级 i 的订座限额(或可用座位数)为 BL_i,那么,BL_i 等于航班座位总数 C 减去更高一级价格舱位等级 Π_{i-1} 所保护的座位数,即

$$BL_i = C - \Pi_{i-1}$$

特别指出 $BL_1 = C$。由于 BL_i 有可能是个负数(特别是对于低价格舱位等级),在这种情况下,上述订座极限则变为

$$BL_i = Max(0, C - \Pi_{i-1})$$

因此,价格舱位等级 i 的嵌套保护数等于该价格舱位等级订座极限与下一级价格舱位等级订座极限之差,即

$$NP_i = BL_i - BL_{i+1}$$

式中 NP_i 为价格舱位等级 i 的嵌套座位保护数。

航线网络的不断扩大使得基于航段的舱位控制不再能满足需求,必须从整个航线网络来考虑舱位控制。这种方法能够对整个航线网络内的每个 ODF 进行舱位控制,决定每个 OD 上提供的各舱位。这种方法假设每个 ODF 上的需求分布已知,每个 OD 对的等级票价已知。基于对需求的不同考虑,网络舱位控制分为确定型网络舱位控制和随机性网络舱位控制。确定性是将每个 ODF 上的舱位需求看作一个定值,而随机性是将每个 ODF 上的舱位需求看作一个分布。随机性网络舱位控制目前还没有精确的嵌套控制方法,大多采用虚拟桶。

假设存在一家航空公司,具有一定数量的航线,形成一个航线网络。每个航线产品 ODF 设为 $k=1, \cdots, p$;航段设为 $l=1, \cdots, m$;f_k 为 k 航线的票价;u_k 为航空公司在航线 k 上的市场占有率;$E[D_k]$ 为 k 航线上的需求数;Y_k 为决策变量,即航空公司分配给 k 类 ODF 的座位数;a_{lk} 为 OD 的航段相关矩阵;C_l 为航段飞机容量约束。其模型为

Objective：

$$\max \sum_{k=1}^{p} f_k Y_k \qquad (8-18)$$

s.t.

$$\sum_{k=1}^{p} a_{lk} Y_k \leqslant C_l, \ l=1, \cdots, m \qquad (8-19)$$

$$Y_k \leqslant u_k E[D_k], \ k=1, \cdots, p \qquad (8-20)$$

$$Y_k \geqslant 0, \ k=1, \cdots, p \qquad (8-21)$$

其中,式(8-18)是目标函数,表示所有航线网络上的总收益最大化。式(8-19)表示的容量约束,所有经过此航段的航线上所能提供的总舱位数不得大于这个航段的舱位供给数。式(8-20)是需求限制,提供给某航线上的舱位数不大于这个航空公司在此条航线上所能拥有的需求数。式(8-21)是非负限制。通过这个模型,可以一次性求解得出在所有等级航线上应该分配的舱位数。但这种方法下计算出来的航线舱位分配数是一个确定值,且对每个等级的舱位分配是非嵌套的,而是一个固定值,相当于是分区限制。本方法是一个确定性方法,更精确的方法需要考虑随机性。这里的竞争也是通过一个市场占有率直接计算了,没有详细考虑需求转移情况,更精确的方法需要考虑到竞争博弈情况。同时,本方法不考试旅客具有主动选择权,将旅客看作是被动的,更加精确的方法需要考虑旅客的选择行为,即水平转移和垂直转移,而且要考虑双向。

随着机票销售的推进,每个航段的舱位数是不断减少的,每个 ODF 上的需求也是不断变化的。因此更科学的方法是动态方法,即在每个决策点重新求解相应模型,不断获得一个新的舱位分配解,用于舱位控制。有关研究进展在此不再赘述。有兴趣的读者可参考作者拟出版的另一本专著《动态定价与航位控制联合决策问题研究》。

附录 1

中国航空公司简介

　　新中国的民航运输业始于 1949 年。从"两航"起义回归的 12 架飞机,发展到 1965 年,已有飞机 355 架,开设有国内航线 65 条。改革开放后,民航运输业进入了新的发展阶段。不少地方航空公司得以创立,如 1984 年厦航、1985 年上航、1986 年川航。1987 年,国家把中国民航各地区管理局的相关人员、资产、业务剥离,组建了中国国际航空公司、中国东方航空公司、中国南方航空公司、中国西南航空公司、中国西北航空公司和中国北方航空公司六大公司,开始进行企业化运作。以后又有不少新的地方航空公司得以创立,如 1992 年深航,1993 年海航,1999 年山东航等。2002 年,国家对六大公司进行再次重组,合并为中国航空集团公司、东方航空集团公司和南方航空集团公司三大央企。2007 年,国家放松对航空运输业管制,大量民营航空公司得以创立,带来了我国航空运输业的大发展。根据民航局公布的资料,截至 2016 年底,我国营运航空公司已有 59 家(本文的统计是包括港澳台是 74 家,可能是统计的不同),拥有飞机 2 950 架,开辟有定期航班航线 3 794 条。下面分华北、华东、中南、西北、西南、东北、新疆、港澳台八部分分别进行介绍。

华北地区

中国国际航空股份有限公司

　　中国国际航空股份有限公司成立于 1988 年,在 2002 年 10 月,以原先之中国国际航空公司为基础,联合中国航空公司(中航集团)和中国西南航空公司组成中国航空集团公司,并以联合三方的航空运输资源为基础,组建新的中国国际航空公司。2004 年 9 月 30 日,经国务院国有资产监督委员会批准,作为中国航空集团控股的航空运输主业公司,国航股份在北京正式成立。2007 年 6 月,国航入选世界 500 强,2007 年 12 月正式加入星空联盟,2011 年 6 月,首度获得

Skytrax 授予四星级航空公司之评级。中国国际航空股份有限公司是中央直属的航空公司,也是中国唯一一家载国旗飞行的航空公司。国航总部设在北京,营运的基地机场主要为北京首都国际机场、成都双流国际机场和上海浦东国际机场,此外,国航在广州、重庆、杭州等地设有分公司。其机队包含 396 架飞机,其中 A319(33 架)、A320(45 架)、A321(61 架)、A330(58 架)、B737NG(138 架)、B747(12 架)、B757(1 架)、B777(38 架)、B787(10 架)。

中国联合航空有限公司

中联航成立于 1984 年,是中国东方航空股份有限公司旗下一家全资子公司,于 2012 年 11 月 26 日完成机构重组扩张并正式运营,中联航以北京南苑机场为主运营基地,下设中联航河北分公司(石家庄正定国际机场),北京南苑联合机场管理服务有限公司(北京南苑机场),佛山沙堤机场管理有限公司(广东佛山)。2014 年 7 月 2 日东航正式宣布中国联合航空转型低成本航空。中联航共运营 39 架客机,其中 A319(3 架)、B737NG(36 架)。

中国新华航空有限公司

中国新华航空公司于 1992 年 8 月正式成立,通常简称“新华航空”。前身是中国航空联运服务公司。总部设在北京,主要经营国内航空客货运输业务。新华航空自 2002 年加盟海航集团,统一使用海南航空“HU”两字代码,总部搬到海南省海口。运营基地分别设在北京首都国际机场和天津滨海国际机场。目前拥有 7 架 B737 - 800 型飞机。

大新华航空有限公司

大新华航空有限公司前身为新华航空控股有限公司,于 2004 年 7 月成立,2007 年 11 月 27 日,新华航空控股有限公司更名为大新华航空有限公司。注册资本为 30.86 亿元,其中,代表海南省政府的海南省发展控股有限公司占 48.61%,海航集团有限公司占 19.07%,索罗斯旗下的 Starstep Limited 占 18.64%,另外,扬子江投资控股有限公司和海南琪兴实业投资有限公司分别占股 8.10% 和 5.28%。大新华航空总部位于海口,主运营基地设在北京首都国际机场,目前共有 3 架 B737 - 800 型飞机。

奥凯航空有限公司

奥凯航空总部设在北京,其机队包括 24 架波音飞机,其中 B737(1 架)、

B737NG（23 架），它是中国内地第一家开飞的民营航空企业。除了波音机队外，奥凯还拥有国产新舟 60 机队，率先开启国产飞机在国内运营的"破冰之旅"，打造出符合中国国情的全新支线航空发展模式。但是，奥凯的新舟机队将与幸福航空合并，把新支线航空基地设在天津，而奥凯将主营干线运输。

首都航空有限公司

北京首都航空有限公司由海航集团旗下金鹿航空增资更名而来，公司经营范围为：国内（含港澳台）、国际航空客货运输业务；公务机出租飞行、医疗救护飞行（不含诊疗活动）、航空器代管和直升机引航作业业务；保险兼业代理。其总部设在北京首都国际机场，营运的枢纽机场为杭州萧山国际机场和西安咸阳国际机场。目前首航的机队包含 72 架飞机，其中 A319（20 架）、A320（33 架）、A321（11 架）、A330（8 架）。

中国国际货运航空有限公司

中国国际货运航空有限公司前身是中国国际航空公司货运分公司。2003年 3 月 3 日正式成立，由中国国际航空公司（51%）、中信泰富有限公司（25%）、首都机场集团公司（24%）三方共同组建。2008 年，中国国际航空股份有限公司全资子公司中航兴业有限公司收购中信泰富持有的 25% 国货航的股份，2009 年4 月，中国国际航空股份有限公司收购首都机场集团公司持有的 24% 国货航的股份。至此，中国国际货运航空有限公司成为中国国际航空公司全资子公司。总部、主运营基地在北京首都国际机场。截至 2017 年 9 月，执管运营机队共有15 架飞机，其中波音 B747 - 400F（3 架）、波音 B757 - 200F（4 架，由中国邮政航空湿租运营）、波音 B777F（8 架）。

中国国际航空内蒙古有限公司

中国国际航空内蒙古有限公司简称内蒙古航空，2012 年 8 月 23 日揭牌成立，标志着内蒙古自治区首家本土航空公司正式成立。内蒙古航空是由国航控股、内蒙古国有资产运营有限公司参股的现代化航空公司。其中国航占注册资本 80%，内蒙古国有资产运营有限公司占 20%。内蒙古航空的基地机场设在呼和浩特白塔国际机场，内蒙古航空拥有 4 架 B737NG 飞机。

天津航空有限责任公司

天津航空是总部位于中国天津的一家民用支线航空公司，前身是大新华快运航空有限公司,由海南航空集团有限公司、天津保税区投资有限公司及海南航空股份有限公司共同出资组建。天津航空于 2009 年 6 月 8 日成立,基地设在天津滨海国际机场。2010 年 6 月 1 日天津航空获批扩大经营范围,将经营国内干线航空及国际航空市场。2011 年天津航空先后荣膺 SKYTRAX 中国最佳区域航空公司、全球四星航空公司等称号;2014 年再次荣膺 SKYTRAX 中国最佳区域航空公司。天津航空作为天津市政府与海航集团共同组建的航空企业,拥有以空中客车 A320、ERJ－190、ERJ－145 为主的年轻豪华机队,共 97 架飞机。其中 A320(25 架)、A321(1 架)、A330(3 架)、ERJ－145(15 架)、ERJ－190/195(53 架)。

山西航空有限责任公司

山西航空有限责任公司的前身是山西省航空公司。山西省航空公司是一家地方航空公司,1987 年 4 月成立,注册资金 8 356 万元,主要从事通用航空业务。2002 年,山西航空与海南航空、长安航空、中国新华航空统一使用 HU 代码运营。2001 年 7 月经中国民用航空总局和山西省人民政府批准,山西省航空公司、海南航空集团、长安航空有限责任公司重组成立山西航空有限责任公司,成为海南航空集团控股的航空企业。主要经营由山西省始发至相邻省际的支线航空客、货运输业务和由山西省始发至国内部分城市的航空客、货运输业务。目前只有一架 B737－800。

河北航空有限公司

河北航空有限公司(HEBEI AIRLINES,简称"河北航空"),成立于 2010 年 6 月 29 日,是经中国民航局和河北省政府批准成立的现代化航空公司,总部设于中国河北石家庄,主运营基地设在石家庄正定国际机场。2014 年,厦门航空有限公司对河北航空进行了战略重组,厦门航空有限公司以 7.49 亿元收购河北航空 99.23% 股权,另外的 0.77% 股权由沈阳中瑞投资有限公司持有。目前,河北航空公司拥有 22 架飞机,其中 B737NG(16 架)、ERJ－190(6 架)。

华东地区

中国东方航空股份有限公司

中国东方航空股份有限公司是一家总部设在中国上海的国有控股航空公司,于 2002 年在原中国东方航空集团公司的基础上,兼并中国西北航空公司,联合云南航空公司重组而成。中国东方航空股份有限公司是东航集团的核心企业，是中国第一家在香港、纽约和上海上市的航空公司，注册资本为人民币4 866 950 000元，中国东方航空集团拥有其61.64%股权。东航下属的枢纽机场有上海虹桥国际机场、上海浦东国际机场、北京首都国际机场、南京禄口国际机场、昆明长水国际机场、西安咸阳国际机场。东航是天合联盟的成员，主要从事国内和国际航空的客、货、邮、行李运输、通用航空等业务及延伸服务。辖山东、安徽、江西、山西、甘肃、西北、云南、四川、浙江、北京分公司。控股中国货运航空有限公司和中国东方航空江苏有限公司、上海航空股份有限公司、中国联合航空有限公司，参股中国东方航空武汉有限责任公司，全资拥有东方通用航空股份有限公司。截至目前，东航已拥有454架飞机，其中A318（1架）、A319（36架）、A320（172架）、A321（74架）、A330（50架）、B737NG（101架）、B777（20架）。

上海航空股份有限公司

上海航空股份有限公司简称"上海航空"或"上航"，总部位于上海，其前身是上海航空公司，成立于1985年12月，是中国第一家多元化投资的商业性质有限责任航空企业。2010年1月28日，以东航换股吸收合并上航的联合重组顺利完成，上航成为新东航的成员企业。2010年5月28日，作为东航全资子公司的上海航空有限公司正式挂牌运营。上航于2010年11月1日正式退出星空联盟，同时宣布随同母公司中国东方航空股份有限公司一同加入天合联盟。上航以良好的安全记录、高质量的服务水准、先进的企业文化和卓有成效的经营管理，取得了良好经济效益和社会效益。先后荣获中国企业500强、全国用户满意企业、全国民航用户满意度优质奖、上海市质量金奖企业等，还连续7年获得上海市文明单位称号。2013年被评为三星级航空公司以安全飞行200万小时荣获中国民航局颁发的"飞行安全二星奖"。目前上航共有89架飞机，其中A330（5架）、B737NG（78架）、B767（6架）。

山东航空股份有限公司

山东航空股份有限公司成立于1999年12月13日，其前身是1994年成立的山东航空有限责任公司，总部设在济南。山东航空股份有限公司由中国国际航空股份有限公司控股，2000年8月向中国境外投资人发行境内上市外资股（深圳证券交易所证券简称：山航B）。主要从事山东省内和经批准的由山东省始发至国内部分城市的航空客货运输业务，开展与航空有关的其他服务和经营性业务。根据山航"十二五"规划，2015年末该公司机队规模增加到100架飞机,实现从中小型航空公司到大中型航空公司的新跨越。截至目前,山航机队扩增至 112 架,其中,B737NG(110 架)、CRJ(2 架)。山航经营航线 110 余条、每周1 700 多个航班飞往全国 60 多个大中城市,并开通香港、台湾等地区航线和韩国、日本国际航线。总部位于济南,在青岛、烟台、厦门、重庆、台湾设有分公司,在北京、昆明设有飞行基地,形成了"东西串联、南北贯通、覆盖全国及周边"的航线网络。公司已连续保持了 16 年的安全飞行纪录。

厦门航空股份有限公司

厦门航空公司是一个地方性航空公司,是由民航局与福建省合作创办的中国首家按现代企业制度运营的航空公司,同时是世界三大航空联盟"天合联盟"成员,总部设在厦门,拥有子公司河北航空、江西航空,并在福州、杭州、北京、天津、湖南、台湾设有分公司,正逐步形成以厦门、福州为主基地,覆盖全国、辐射亚太、连接欧美澳的航线网络。厦航注册资本 80 亿元、总资产近 400 亿元、净资产160 亿元,年营业收入 250 亿元,是国际少有、国内唯一连续 30 年盈利的航空公司。现股东为中国南方航空股份有限公司(55%)、厦门建发集团有限公司(34%)和福建省投资开发集团有限责任公司(11%)。厦门航空机队全部为美国波音(Boeing)公司生产的大中型干线客机,机队总数:153 架。包括 B737NG(140 架)、B757(4 架)、B787(9 架)。

春秋航空公司

春秋航空股份有限公司,是首个中国民营资本独资经营的低成本航空公司专线,也是首家由旅行社起家的廉价航空公司。春秋航空是中国首批民营航空公司之硕果仅存者,是国内首家低成本航空公司,2011 年净利润逾 4.7 亿元,成为当前国内最成功的低成本航空公司。春秋总部在上海,在上海虹桥机场、上海浦东机场、石家庄正定机场、沈阳桃仙机场、扬州泰州国际机场设有基地。公司平均上座率达到 95.4%,成为国内民航最高客座率的航空公司。截至 2017 年上半年末,春秋航空在飞航线共 162 条,其中国内航线 108 条(含港澳台地区航线 7 条),国际航线 54 条。截至 2017 年 9 月,春秋航空拥有 74 架空客 A320 型客机,均为统一构型,全经济舱配置。春秋航空公司选取了原始型低成本运营模式——通过采用单一机型、单一舱位,无花边服务短途点对点航班的措施,最大限度地实行利润最大化战略。

上海吉祥航空有限公司

上海吉祥航空有限公司是中国的一家总部位于上海的民营航空公司,是国内著名民营企业均瑶集团的全资子公司,由均瑶集团所属的上海均瑶(集团)有限公司和上海均瑶航空投资有限公司共同投资筹建。吉祥航空创立于2005年,于2006年9月开始营运中国大陆航线。公司以上海为主运营基地和维修基地,以上海虹桥国际机场和上海浦东国际机场为飞行基地,经营范围包括国内航空客货邮运输、商务旅游包机业务,内地至香港、澳门特别行政区和周边国家的航空客货运输业务。吉祥航空目前拥有64架飞机,其中A320(42架)、A321(22架)。吉祥航空公司的目标客户就地域而言主要定位在上海及周边城市圈的长江三角洲地区,就群体而言主要定位于中高端商务、旅行及休闲客户。

中国货运航空有限公司

中国货运航空有限公司是中国第一家专营货邮业务的航空公司。公司成立于1998年8月18日,最初由中国东方航空股份有限公司和中国远洋运输总公司共同投资成立,2010年12月20日,中国货运航空有限公司、上海国际货运航空有限公司、长城航空有限公司的股东——中国东方航空集团、中国远洋运输集团、长荣航空和新加坡货运航空正式签署了成立新的中国货运航空的增资协议,其中东方航空占51%、中国远洋运输集团占17%、长荣航空占16%、新加坡货运航空占16%。以此整合现有货运资源,顺应国家振兴物流业规划和上海航运中心建设,做大做强我国航空货运业。新的中国货运航空于2011年5月31日正式挂牌成立。总部、主运营基地设在上海浦东国际机场,目前共有9架飞机,其中B747-400F(1架)、B747-400ERF(2架)、B777F(6架)。

浙江长龙航空有限公司

浙江长龙航空有限公司前身为长龙国际货运航空有限公司,是由汇祥实业投资有限公司(51%)、豪富集团有限公司(外资,24%)、亚洲赢胜投资有限公司(外资,15%)和考菲尔德投资有限公司(外资,10%)共同出资组建的中外合资国际航空货运运输企业。主要从事国际、国内航空货物运输、航空快递及相关服务业务。公司注册资本人民币2亿元,于2009年1月经批准开始筹建,2011年4月成立,初期引进3架波音737货机,于2012年8月9日正式投入运营。2013年2月16日,经中国民用航空局批准,名称变更为"浙江长龙航空有限公司",在原有货运业务的基础上增加客运业务。2013年12月29日,长龙航空顺利完成客运首航,正式投入客运航班运营,实现了从纯货运到"客货并举"的华丽转身,掀开了浙江民航发展崭新的一页。截至2017年9月,长龙航空拥有24架飞机,其中A320(23架)、B737(1架)。

杭州圆通货运航空有限公司

杭州圆通货运航空有限公司于 2014 年 8 月 5 日经民航局批准筹建,由上海圆通蛟龙投资发展(集团)有限公司(90%)、喻会蛟(5%)、张小娟(5%)共同出资组建的航空运输企业,注册资本为人民币 4 亿元,从事国际、国内航空货邮运输业务 。2015 年 9 月 26 日正式投入运营。主运营基地位于杭州萧山国际机场,目前共有 6 架飞机,全为 B737 - 300F。

青岛航空有限公司

青岛航空公司为 2013 年成立的一家中华人民共和国民用航空公司,2013 年 6 月 6 日获得中国民航局批准筹建,6 月 12 日举行青岛航空公司成立揭牌仪式。以青岛流亭国际机场为基地机场,由南山集团有限公司、青岛交通发展集团有限公司、山东航空股份有限公司共同投资组建,从事航空运输相关产业经营。注册资金 10 亿元,其中,南山集团有限公司现金出资人民币 5.5 亿元,占注册资本的 55%;青岛交通发展集团有限公司现金出资人民币 2.5 亿元,占注册资本的 25%;山东航空股份有限公司以飞机作价出资人民币 2 亿元,占注册资本的 20%。截至 2017 年 9 月,青岛航空已拥有 14 架 A320 - 200 型飞机,执飞青岛至北京、成都、哈尔滨、海拉尔、长沙、南京、银川、贵阳、南宁、西安、兰州、敦煌、乌鲁木齐、泉州、昆明、天津等 20 余条航线,开设烟台外站基地,航线网络涉及东北、西南、华南、西北等地区,航线布局进一步清晰。

江西航空有限公司

江西航空有限公司由厦门航空有限公司和江西航空投资有限公司共同出资组建。注册资本为人民币 20 亿元,厦门航空有限公司以现金出资人民币 12 亿元,占注册资本的 60%;江西航空投资有限公司以现金出资人民币 8 亿元,占注册资本的 40%。江西航空有限公司基地机场为南昌昌北国际机场,经营范围为国内航空客货运输业务。目前江西航空仅有 5 架 B737NG。

金鹏航空股份有限公司

金鹏航空股份有限公司(原扬子江航空股份有限公司)成立于 2002 年,是海航集团旗下一家以上海、深圳为主运营基地的航空企业。金鹏航空于 2015 年开通客运业务,截至 2017 年 9 月,金鹏航空共运营飞机 23 架,其中 B737

（14 架）、B737NG（6 架）、B747（3 架）。运营国际、国内航线 36 条,通航城市 36 个。

福州航空股份有限公司

福州航空有限责任公司于 2014 年 2 月 12 日成立,并于 2014 年 10 月 30 日实现首飞,从筹建到飞行仅仅使用短短 8 个月,成为国内从筹建到运营时间最短的航空公司,也是福州市的第一家地方航空。福州航空是由海南航空股份有限公司和福州国有资产投资控股有限公司等四家企业合作成立的混合所有制企业,注册资本人民币 20 亿元,现股东为海南航空实物加现金出资 12 亿元,占注册资本的 60%;福州市国资委现金出资 4 亿元,占总股本的 20%;世纪金源投资集团有限公司、宁波瑞通网络科技有限公司分别现金出资 2 亿元,分别占总股本的 10%。福州航空以福州长乐国际机场为主运营基地,标志着福州自此拥有了本土基地航空公司。经营范围主要为国际、国内（含港澳台）航空客货邮运输业务,开设哈尔滨第二基地。共计开通 45 条航线,通航北京、上海、南京等 38 个国内主要城市,平均客座率 92%,占福州市场份额的 18%。福州航空现拥有 13 架 B737NG 型的飞机。

中国东方航空江苏有限责任公司

中国东方航空江苏有限公司（简称“东航江苏”）是由中国东方航空股份有限公司和江苏省共同投资组建的江苏省第一家大型航空公司。公司成立于 1993 年 4 月 7 日,2004 年完成与南京航空有限公司的联合重组。公司是南京禄口国际机场最大的基地航空公司,占有南京近三分之一的市场份额,年运输旅客已经突破 800 万人次。目前,东航江苏共有 57 架飞机,其中 A319（6 架）、A320（39 架）、A321（12 架）。

中国邮政航空有限公司

中国邮政航空有限公司成立于 1994 年,1997 年开航。于 2002 年 6 月由中国国家邮政局与中国南方航空公司重组并合资经营,由国家邮政局持股 51%,南方航空公司持股 49%。2008 年 9 月由中国国家邮政局回购南方航空股份,改由中国邮政集团公司独资控股。主要从事国内航空货邮运输业务,及经批准的内地至香港、澳门特别行政区和周边国家的国际航空货邮运输业务。主运营基地设在南京禄口国际机场,目前机队共有飞机 26 架,其中 B737 - 300F（14 架）、B737 - 400F（8 架）、B757 - 200F（4 架）。

中南地区

中国南方航空股份有限公司

中国南方航空股份有限公司是国资委直属大型央企,为天合联盟成员,总部位于广东省广州,是由中国南方航空集团公司发起设立,以原中国南方航空公司为基础,联合中国北方航空公司和新疆航空公司重组而成的航空运输主业公司。2016 年度,公司营收 1147.9 亿元,同比增加 2.95%;净利润 50.55 亿元,同比增加 29.88%。2016 年南航客运量 1.146 亿人次,同比增长 4.75%,居亚洲第一、世界第三。中国南方航空是国内安全星级最高的航空公司,安全飞行累计 1 714 万小时。开通了 1 032 条航线、216 个目的地遍布全球五大洲。同时南航是中国民航拥有最多运输飞机的航空公司,截至 2017 年 9 月,拥有各类飞机共计 523 架,其中,A319(27 架)、A320(131 架)、A321(96 架)、A330(40 架)、A380(5 架)、B737NG(163 架)、B747(1 架)、B757(6 架)、B777(24 架)、B787(10 架)、ERJ - 190(20 架)。

海南航空股份有限公司

海南航空股份有限公司总部设在海南省海口市,是海航集团旗下航空公司之一,是中国第一家中外合资的航空公司,1995 年从美国华尔街查特基金募集外资股 2 500 万美元,在中国首开国内航空运输业募集利用外国资金先河,开拓了中国企业在美国资本市场以资产转移的方式进行私募的成功范例。海南航空是继中国国际航空公司、中国南方航空公司及中国东方航空公司后中国第四大的航空公司,是中国发展最快、最有活力的航空公司之一,致力于为旅客提供全方位无缝隙的航空服务。海航是中国四大航空公司之一,拥有 186 架飞机,包含 A330(22 架)、B737NG(139 架)、B767(3 架)、B787(22 架)。海南航空追求“诚信、业绩、创新”的企业管理理念,凭借“内修中华传统文化精粹,外融西方先进科学技术”的中西合璧企业文化创造了一个新锐的航空公司,是中国内地唯一一家 SKYTRAX 五星航空公司。海南航空秉承“东方待客之道”,倡导“以客为尊”的服务理念,从满足客户深层次需求出发,创造全新飞行体验,改变旅客期望,立志成为中华民族的世界级航空企业和世界级航空品牌。以民航强国战略为主导,加速国际化布局,倾力打造规模和运营能力居世界前列的航空公司。

深圳航空有限责任公司

深圳航空有限责任公司成立于 1992 年 11 月,1993 年 9 月 17 日正式开航,股东为中国国际航空股份有限公司、深国际全程物流(深圳)有限公司。深圳航空是星空联盟成员,截至 2017 年 9 月,深航共拥有飞机 174 架,其中,A319(7架)、A320(80 架)、B737NG(87 架)。主要经营航空客、货、邮运输业务,运营航线 200 多条。自开航以来,公司保持盈利,安全飞行,以安全飞行、优质服务、良好的经济效益和高效的管理模式赢得了社会的广泛赞誉。

深圳东海航空有限公司

深圳东海航空有限公司的前身为"深圳捷晖货运航空有限公司"。成立于 2002 年 11 月,是经国家商务部、民航总局批准成立的国内首家民营中外合资货运航空公司,它是由香港东海联合(集团)有限公司、香港永港企业有限公司和深圳东港商贸有限公司合资经营的航空运输企业。深圳东海航空是一家设于深圳的航空公司,是深圳第一家以宝安国际机场为运营基地的民营航空公司,也是深圳唯一一家民营客运公司。截至 2017 年 9 月,公司共有 18 架飞机,其中 B737NG(17 架)、ERJ-135(1 架)。

九元航空股份有限公司

九元航空由吉祥航空、亿利资源集团、新华联控股等共同参与发起组建,总部位于广东省广州市,以广州白云国际机场为主运营基地,是广州第二家基地航空公司,也是中国中南部地区首家低成本模式航空公司。九元航空股份中,吉祥航空占 69%;亿利资源集团占 15%;新华联控股占 10%;其余股东占 6%。截至 2017 年 9 月,九元航空运营着 14 架飞机,全部都是 B737-800,而且已向波音公司订购了大量飞机,预计到 2020 年,九元航空机队规模将超过 60 架。

广东龙浩航空有限公司

广东龙浩航空有限公司由广东龙浩航空集团有限公司独资组建,注册资本为人民币 1 亿元,拟经营国际、国内(含港澳台)航空货邮运输业务,于 2016 年 5 月获准筹建,11 月获得经营许可证。2017 年 3 月 28 日取得 CCAR121 部运行合格证,3 月 29 日正式投入运营。主运营基地在广州白云国际机场,目前共有 3 架飞机,全为 B737-300F。

顺丰航空有限公司

顺丰航空有限公司在 2008 年 12 月经民航总局批准筹建，由顺丰速运（集团）有限公司（75%）和深圳市泰海投资有限公司（25%）共同出资。注册资本为人民币 10 000 万元。经营国内、国际航空货邮运输业务及相关服务业务，于 2010 年 1 月投入运营。主运营基地：深圳宝安国际机场。截至 2017 年 9 月，机队共有 40 架飞机，其中 B737 - 300F（14 架）、B737 - 400F（3 架）、B757 - 200F（18 架）、B767 - 300F（5 架）。

中航货运航空有限公司

中航货运航空有限公司由幸福航空控股有限公司（45%）、广州东凌实业投资集团有限公司（35%）和北京富达资产管理有限公司（20%）共同出资组建，注册资金 5 亿元人民币，拟经营国际、国内（含港澳台）航空货邮运输业务，于 2015 年 12 月获准筹建，2016 年 11 月取得经营许可证。主运营基地：广州白云国际机场，目前机队共有 2 架 B757 - 200F（尚未投入运营）。

中国南方航空珠海分公司

1995 年 6 月 3 日，珠海航空有限公司由南航出资 60% 与珠海国资委出资 40% 组建，目前拥有 6 架波音 737 系列飞机，立足珠海培育本土航空市场。2010 年珠海航空公司实现股权转，换成为南航的全资子公司，并逐步增加珠海本场的运力投放和航班量，进一步增强市场占有率，使公司利润总额实现 10% 以上的大幅增长。目前，珠海航空公司机队共有 10 架 B737 - 800 型飞机。

中国南方航空汕头航空有限公司

南航汕头航空有限公司成立于 1993 年 10 月 30 日，是由南方航空股份有限公司与汕头航空投资股份有限公司合资组建的有限责任公司，是粤东地区的骨干航空运输企业。先后开辟航线 30 多条，形成了以粤东地区为中心、面向全国、辐射东南亚的航线网络。截至目前，公司共有 14 架 B737 - 800 型飞机，开通国际、国内航线逾 60 条。

桂林航空有限公司

桂林航空有限公司于 2015 年 6 月 17 日成立，由桂林旅游发展总公司和桂林航空旅游集团有限公司共同出资组建，注册资本为人民币 6 亿元，桂林旅游发展总公司以现金出资人民币 3.6 亿元,占注册资本的 60%;桂林航空旅游集团有限公司以现金出资人民币 2.4 亿元,占注册资本的 40%。而桂林航空旅游集团有限公司是由海南航空集团与桂林市地方政府联合成立的。桂林航空以桂林两江国际机场为主运营基地,以桂林为核心,辐射华中、华东、华南、东南亚,构建"两小时空中巴士交通圈",围绕"航空＋旅游"打造高效、便捷的旅游模式,有效推动桂林航空、旅游等领域的产业发展,促进桂林旅游文化传播,完善美丽桂林城市功能,全面助推桂林国际旅游胜地建设。截至目前,桂林航空共有 4 架飞机,其中 A319(3 架)、A320(1 架)。

广西北部湾航空公司

北部湾航空成立于 2015 年 2 月,由海航集团旗下天津航空与广西北部湾投资集团共同出资成立,总注册资金 30 亿元。其中天津航空现金出资 21 亿元,占注册资本 70%,广西北部湾投资集团出资 9 亿元,占注册资本 30%。北部湾航空总部设在广西南宁,以南宁吴圩国际机场作为主运营基地,运营初期,运力规模为 5 架 ERJ190。截至 2017 年 9 月,北部湾航空的机队已扩增至 16 架,其中 A320(6 架)、ERJ－190(10 架)。

鲲鹏航空有限公司

鲲鹏航空有限公司是深圳航空和美国最大的支线航空公司——梅莎航空集团(Mesa Air Group)等中美企业合资的支线航空公司。是由深圳航空有限责任公司(51%股权)、平山有限责任公司(25%股权)和山岳信托公司(24%股权)三方共同出资 5 亿元人民币建立的支线航空公司。鲲鹏航空有限公司主要经营支线航空、客货运输及包机业务。鲲鹏航空有限公司以西安和北京双基地运营。2008 年鲲鹏航空在郑州设立总部和主运营基地。2009 年 9 月 25 日,鲲鹏航空有限公司将企业名称变更为河南航空有限公司,股东未发生任何变化,河南未持有该公司股份。河南航空的控股方为深圳航空,基地设在郑州新郑国际机场。2010 年 8 月 24 日晚,河南航空有限公司 B－3130 号 E－190 型客机由哈尔滨飞往伊春,抵达伊春机场时,在距跑道头约 690 米处坠毁,造成 44 人遇难。2010 年 8 月 27 日晚,河南省政府新闻办对外发布通报称,河南航空有限公司作为企业名称,在使用中已对公众造成误解,给本来未在该公司投资的河南造成极大的负面影响。据此,河南省工商行政管理局依法作出决定,撤销鲲鹏航空有限公司将企业名称变更为河南航空有限公司的登记行为,恢复其原有企业名称,即鲲鹏航空有限公司。鲲鹏航空购入巴西生产的 ERJ190 共计 5 架,其中是 B3130 的飞机于 2010 年 8 月 24 日 21 时 38 分在伊春失事,目前机队为 4 架。

中国南方航空河南航空有限公司

中国南方航空河南航空有限公司是以南航河南分公司为基础,由中国南方航空股份有限公司(60%)和河南民航发展投资有限公司(40%)共同出资组建,注册资本 60 亿元人民币,于 2013 年 9 月 28 日正式成立,其前身是中原航空公司,后中原航空公司遭遇亏损。2000 年 8 月 4 日,中原航空公司并入中国南方航空,2013 年 9 月 28 日正式成立中国南方航空河南航空有限公司。2014 年 9 月 19 日,河南航空有限公司开始独立运营,主要经营范围为国内(含港澳台)、国际航空客货运输业务等。截至 2017 年 9 月,南航河南航空公司机队共有飞机 29 架,其中 7 架 B727 - 700,22 架 B737 - 800。

中国东方航空武汉有限责任公司

中国东方航空武汉有限公司前身为成立于 1986 年 4 月 2 日的武汉航空公司,一直处于亏损状态,2002 年 8 月 18 日,由中国东方航空股份有限公司(40%)、武汉市国资委(40%)、上海均瑶集团(18%)、武汉高科(2%)等共同出资重组武汉航空公司,成立中国东方航空武汉有限公司,注册资本为 6 亿元。东航在接下来几年,不断加大持股比例。2005 年 8 月,东航集团先后收购武汉市国资委、上海均瑶股权,持股达到 96%。武汉市国资委持股降至 2%,武汉高科持有 2% 股份。为谋求"双赢"。2012 年 4 月,武汉市政府与中国东方航空集团共同增资 17.5 亿对东航武汉公司进行战略重组,东航及武汉方面持股比例分别调整为 60%、40%。公司以武汉天河国际机场为基地机场,目前拥有 29 架飞机,全为 B737 - 800 型飞机。

友和道通航空有限公司

友和道通航空有限公司在 2007 年 11 月经民航总局批准筹建,由深圳市友和道通实业有限公司(90%)和深圳市道通实业有限公司(10%)共同出资。注册资本为人民币 15 000 万元。主要从事国际、国内航空货邮运输业务,初期引进中国国际货运航空公司的三架 B747 - 200F 全货机,于 2011 年 4 月正式投入运营。2016 年 4 月开始运营 A300 全货机;2016 年底,注册资本增至 65 000 万元,深圳市友和道通实业有限公司(97.69%)和深圳市道通实业有限公司(2.31%)。2017 年 5 月底,机队 B747 - 200F 停场暂停运营。主运营基地:武汉天河机场,目前共有 A300 - 600F 型飞机 5 架。

西南地区

四川航空股份有限公司

四川航空股份有限公司成立于 2002 年 8 月 29 日,是由四川航空公司为主联合中国南方航空股份有限公司、上海航空股份有限公司、山东航空股份有限公司、成都银杏餐饮有限公司共同发起设立的跨地区、跨行业、跨所有制、投资主体多元化的股份制航空公司。其最大股东是四川航空集团(持有 40% 的股份)。作为中国最具特色的航空公司之一,川航以安全为品牌核心价值,持续安全飞行 29 年。川航为国内最大的全空客机队航空公司,截至 2017 年 9 月,川航共拥有各类飞机 127 架,其中 A319(23 架)、A320(56 架)、A321(58 架)、A330(10 架),运营着执飞国内、地区、国际航线超过 240 条,航线网络覆盖亚洲、欧洲、澳洲及北美洲地区。随着机队规模壮大和自身实力增强,川航加快了网络化转型和国际化步伐。成都总部以外,川航已设有重庆分公司、云南分公司,以及哈尔滨、北京、杭州、西安、三亚 5 个运行基地,为旅客提供深具"中国元素、四川味道"的航空服务,服务质量及航班正点率位居中国民航前列,获评"服务最佳航空公司",蝉联"中国质量奖提名奖"。

成都航空有限公司

成都航空有限公司简称"成都航空",成立于 2010 年 1 月 22 日,前身为鹰联航空有限公司,成都航空有限公司三家股东均为国有资产背景,分别为中国商用飞机有限责任公司、四川航空集团公司和成都交通投资集团有限公司,形成了我国全民航系统独一无二的股权结构,开创国内中央企业、省属企业、市属企业共谋发展投资建企的先河。成都航空有限公司总部设在四川成都,主营运地在成都双流国际机场,主要从事国内航空客货运输业务和航空器材进出口业务。截至 2017 年 9 月,成都航空共有 32 架飞机,其中 A319(3 架)、A320(27 架)、Comac ARJ21(2 架)。

贵州航空有限公司

贵州航空有限公司是一家以贵阳为基地的小型航空公司,其前身为贵州省航空公司,成立于 1991 年 9 月。1998 年 6 月 28 日,与中国南方航空股份有限公司联合,组建了中国南方航空(集团)贵州航空有限责任公司。目前,公司共有

18 架 B737 - 800 型飞机。

多彩贵州航空有限公司

多彩贵州航空是贵州唯一的本土航空公司,2014 年 8 月 12 日,贵州省委、省政府决定由省产投集团牵头,筹建多彩贵州航空公司。2015 年 6 月 14 日,多彩贵州航空有限公司与巴西航空工业公司签订购 24 架 ERJ - 190 合同,并于 2015 年 12 月 31 日首航。多彩贵州航空公司总部位于贵州省贵阳市,以贵阳龙洞堡国际机场为运营基地,目前拥有 7 架 ERJ - 190 飞机,还有 17 架未交付。

华夏航空股份有限公司

华夏航空股份有限公司于 2006 年 4 月正式成立,同年 9 月即实现首航。华夏航空有限责任公司是一家中外合资的民营航空公司,总部位于贵阳龙洞堡国际机场,是中国第一家专门从事支线航空客货运输的航空公司。在贵阳龙洞堡国际机场、重庆江北国际机场、大连周水子国际机场、呼和浩特白塔国际机场、西安咸阳国际机场均设有基地。选用加拿大庞巴迪宇航公司生产的 CRJ900 NextGen 支线喷气式飞机为主力运营机型的机队,截至 2017 年 9 月,公司机队规模达 35 架,其中 A320(1 架)、CRJ(34 架)。开通航线 78 条,其中支线航线占比 85%,华夏航空期望通过自己及各战略合作伙伴的共同努力,搭建起一个有效衔接骨干网络的支线航空网络。

西部航空有限责任公司

西部航空有限责任公司简称为西部航空,是一家成立于 2006 年,总部及运营基地位于重庆市的航空公司;是经中国民用航空总局批准成立的位于中国西部地区的民营航空公司。西部航空有限责任公司是海南航空集团旗下的航空公司,由云南祥鹏航空有限责任公司(35%)、建盈投资有限公司(35%)、深圳市国瑞投资公司(10%)、四川三星通用航空公司(10%)、新疆四维达科技公司(10%)等 5 家共同投资组建,2007 年 6 月 14 日正式开始运营。西部航空拥有机队为 4 架空客 319 和 9 架空客 320,它是一家地方性的航空公司,着力打造地方特色航空品牌,致力于专注旅行的航空企业,以全新空客 A320 系列飞机机队、完善的旅游航线网络、便捷的服务流程、快捷的行程体验、激情的服务态度、给广大旅客打造"纯粹飞行"的快捷航空体验。2013 年 5 月 9 日,从海航集团获悉,其航空板块中的重庆基地航空公司——西部航空将转型为低成本航空,这将成为继春秋航空公司之后,国内第二家低成本航空公司(廉价航空公司)。截至 2017 年 9

月,西部航空共有 27 架飞机,其中 A319(4 架)、A320(23 架)。

重庆航空有限责任公司

重庆航空有限责任公司由中国南方航空股份有限公司与重庆市开发投资公司共同出资组建的航空运输企业,是重庆市与中国南方航空合作的地方航空公司,其中中国南方航空股份以 3 架 A320 客机及部分航材(折合价值 7.2 亿元)出资持有 60% 股权,重庆市开发投资公司以 4.8 亿元现金出资持有 40% 股权。其主基地机场为重庆江北国际机场,现有 17 架 A320 系列飞机,其中 12 架 A320 飞机,5 架 A319 飞机。重庆航空有限公司主要从事国内客货运输业务。重庆航空开航时拥有的空中客车 A320 机队及飞行员全部来自中国南方航空。与其他航空公司通常是北上广深航线最赚钱不同,重庆航空的经营优势反而体现在高原航线上。

云南祥鹏航空有限责任公司

云南祥鹏航空有限责任公司(Lucky Air)成立于 2004 年 6 月,是经中国民用航空总局批准成立,经营国内(含港澳台)、国际航空客货运输业务的公共航空运输企业。祥鹏航空是海航集团(HNA)旗下的控股公司。2006 年 2 月 26 日,祥鹏航空开航运营。2008 年 6 月,云南省国资委与海航集团签署战略合作协议,双方共建祥鹏航空。2016 年,祥鹏航空正式发布低成本战略转型,成为云南首家低成本航空公司。目前公司运营基地包括云南省昆明市、丽江市,四川省成都市、绵阳市,河南省郑州市,截至 2017 年 9 月,祥鹏航空机队规模达到 43 架,其中 A319(3 架)、A320(8 架)、A330(1 架)、B737NG(31 架)。

昆明航空有限公司

昆明航空有限公司注册资本 8 000 万元人民币,深圳航空公司出资 6 400 万,以 80% 的股权控股。昆明航空公司将以昆明长水国际机场作为自己的基地机场,主基地设在昆明,主要经营范围是国内支线航空客货运输业务。目前昆明航空机队共有 20 架飞机,其中 B737 - 700(9 架)、B737 - 800(11 架)。

云南红土航空股份有限公司

云南红土航空股份有限公司于 2014 年初发起,2015 年 4 月获得中国民用航空局筹建许可,2016 年 4 月获颁公共航空运输企业经营许可证,2016 年 5 月获颁航空承运人运行合格证,2016 年 5 月 21 日正式载客运营,主要从事国内航空客货运输业务,基地设在昆明长水国际机场,是昆明第六家基地航空公司。目前主要执飞南昌、合肥、太原、郑州、沈阳、长春、珠海、兰州、南京、呼和浩特、无锡等城市。未来,将主打华东、西南、华南优质航线网络,通过枢纽机场及连接枢纽机场的支线航线的建设,构建能够迅速通达各个地市的航线网络。除昆明外,将着力布局华东,建立南京、成都、广州、杭州、深圳五个省外基地。目前公司有 3 架飞机,其中 A320(1 架)、A321(2 架)。

瑞丽航空有限公司

瑞丽航空有限公司简称:瑞丽航空,由云南景成集团有限公司申请,经民航西南地区管理局初审同意,拟筹建公司申请的注册资本为人民币 6 亿元,云南景成集团以现金出资 6 亿元,占注册资本的 100%。瑞丽航空总部位于云南昆明,以昆明长水国际机场为运营基地,目前机队共有飞机 14 架,其中 B737 - 700(7 架)、B737 - 800(7 架)。

中国东方航空云南有限公司

中国东方航空云南有限公司(以下简称"东航云南公司")其前身为成立于 1992 年 7 月的中国云南航空公司。2002 年,按照国家航空企业改革重组战略的要求,原云南航空公司与中国东方航空联合重组,成为其下属的航空运输企业。2005 年 6 月,实施主辅业剥离,主业资产全部注入东航股份公司,同时更名为中国东方航空云南有限公司。2010 年 7 月 28 日,中国东方航空集团公司与云南省政府在云南昆明举行揭牌仪式,正式宣布由东航集团所属东航股份有限公司与云南省国资委共同投资以东航云南分公司为主体组建的合资公司——东方航空云南有限公司进入实质性筹建阶段,自此政企合作掀开新的一页。东航云南公司总部位于昆明,以昆明长水国际机场为基地机场。截至 2017 年 8 月,东航云南公司机队规模达到 73 架,其中 A330(3 架)、B737 - 700(36 架)、B737 - 800(34 架)。

中国西藏航空有限公司

西藏航空公司由西藏自治区投资有限公司(51%)、西藏三利投资有限公司(39%)、西藏睿翼投资有限公司(10%)共同出资组建。2011 年 3 月 24 日中国国际航空股份有限公司正式决定入股西藏航空,占 31% 的股份,并给予西藏航空大力支持,陆续选派了优秀的管理干部、最高标准的飞行教员、优秀的工程技术人员加盟西藏航空。西藏航空是西藏首家基地航空公司,也是世界首家以高原为基地运行的航空公司。西藏航空主要从事国内航空客货运输业务,总部设在拉萨贡嘎机场。截至 2017 年 9 月,西藏航空公司机队共有 24 架飞机,其中 A319(15 架)、A320(6 架)、A330(3 架)。

西北地区

长安航空有限责任公司

长安航空有限责任公司(简称,"长安航空"),是中国一家支线航空运输企业,于 1992 年 4 月 11 日正式对外营运;是经中国民航总局、陕西省工商局核准成立的股份制航空运输企业;是陕西省政府创办的地方航空运输企业。其总部位于陕西省西安市,运营基地设在陕西西安咸阳国际机场。目标以西安为中心,构筑以西安为中枢的支线网络,利用支线航空的优势,积极拓展航空上下游相关产业。2000 年 8 月 30 日,公司进行重组;现为海南航空集团旗下的控股航空企业。2016 年 4 月 5 日正式获国家民航局批准独立运营。截至 2017 年 9 月,长安航空共有 7 架飞机,均为 B737 - 800 型飞机。

幸福航空有限公司

幸福航空有限责任公司在 2008 年 3 月 12 日经民航局批准筹建,由中国航空工业集团公司(95%)和中国东方航空股份有限公司(5%)共同出资组建,注册资本为人民币 10 亿元,主要从事国内航空客货运输业务,计划引进国产 MA60 和 ARJ 支线客机,2009 年 8 月 15 日起投入运营。2016 年,经奥凯航空有限公司与中航工业集团同意,奥凯航空和幸福航空整合支线业务,组建新的幸福航空有限责任公司,沿用幸福航空的企业注册名。从 10 月 30 日起,奥凯航空新舟 60 支线业务合并到新的幸福航空运行。10 月 28 日举行了幸福航空承运人运营合格证颁证仪式,成为新舟在国内目前唯一的公共运输承运人。幸福航空以西安咸阳国际机场为主运营基地,目前拥有 25 架 MA60 型飞机。

新疆地区

乌鲁木齐航空有限责任公司

乌鲁木齐航空有限责任公司由乌鲁木齐市政府与海航集团有限公司合作设

是新疆目前唯一一家本土、低成本航空公司,于 2014 年 8 月起营运。乌航总部位于乌鲁木齐,以乌鲁木齐地窝堡国际机场为主运营基地。目前乌鲁木齐航空拥有 10 架客机,均为 B737 - 800 型飞机,2017 年末,乌鲁木齐航空客机数量预计将增加至 18 架,乌航目前通航城市 21 个,其中疆内 6 个,疆外 15 个。随着公司发展,承运能力不断增长,截至 2017 年 7 月 31 日,旅客运输总量达到 345 万人次。乌航本着"立足新疆,服务全国"的理念,致力于扩展航线网络至内地主要城市及国际旅游目的地。

东北地区

东北航空有限公司

东北航空有限公司是沈阳航空产业集团有限公司(国有控股企业)、北京首都航空有限公司、辽宁航杰教育投资有限公司等共同投资的一家航空运输企业。在各级政府和民航主管部门的关心指导下,于 2015 年 5 月以注册资本人民币10 亿元通过国家工商总局核准企业名称,并于同年 10 月顺利通过中国民航东北地区管理局初审并上报至民航总局审批。东北航空以沈阳桃仙国际机场为主运营基地,行政总部设立在中国东北地区的经济、文化、交通、金融和商业中心城市——沈阳。航线网络将以东北为中心辐射全国,并计划在未来开通国际航线。截至 2017 年 2 月,公司共有 A319、A320 飞机共 3 架,预计五年内发展至 30 架。

大连航空有限责任公司

大连航空有限责任公司是由中国国际航空股份有限公司、大连保税正通有限公司于 2011 年 8 月 1 日共同出资 10 亿元人民币组建的国有控股公司,国航持股 80%,大连保税正通持股 20%,是大连首家以城市命名的本土航空公司。截至 2013 年 11 月,大连航空投入 6 架波音 737 - 800 型飞机进行航班运营,并陆续开通了大连至深圳、北京、杭州、西安、太原、三亚等地及北京至厦门、哈尔滨、大连等地的航线航班。大连航空初步构建起延伸至东北、西北、华东和华南的航线布局。截至 2017 年 9 月,大连航空机队扩增至 10 架 B737 - 800 型飞机。

龙江航空有限公司

2014 年 6 月 18 日,民航局官网发出公示,拟批准龙江航空有限公司筹建。这将是第一家总部设在黑龙江省哈尔滨市的新客货运航企。公示显示,拟筹建的龙江航空由哈尔滨湘玉金制品销售有限公司出资 8 亿元人民币组建,占注册资本的 100%。龙江航空公司将以哈尔滨太平国际机场为基地机场,主要经营从哈尔滨始发至国内相关城市的航空客货运输业务,目前拥有 2 架 A321 型飞机。

港澳台地区

中华航空股份有限公司

中华航空股份有限公司(China Airlines),简称"中华航空""华航",成立于 1959 年 12 月 16 日,由台湾省政府与中国国民党联合出资创办,华航成立初期多半为军事任务,20 世纪 80 年代起,华航开始扩张并转型为客货运并行发展之航空公司,总部位于台湾桃园市,主运营中心为台湾桃园国际机场。华航是首家加入国际航空联盟的台湾航空公司,于 2011 年 9 月 28 日加入天合联盟。华航也是获准经营两岸航线的航空公司之一。华航与新加坡欣丰虎航合资成立廉价航空公司台湾虎航,于 2014 年 9 月开始营运。2003 年更大规模向空中客车集团采购新一代之 A330 - 300 型客机担任中程航线之输运,与 A340 - 300 型长程客机来替换波音 MD - 11 型客机飞行长程航线,显示华航以由"国营航空公司"明显转为"民营航空公司",截至 2017 年 9 月,华航拥机队规模达到 85 架,其中 A330(24 架)、A350(7 架)、B737NG(20 架)、B747(24 架)、B777(10 架)。

台湾虎航

台湾第一家低成本航空——台湾虎航 2014 年 9 月 26 日 10 时 20 分开启从桃园飞往新加坡的首航,台湾虎航是合资经营的公司,其中华航出资 90%,新加坡欣丰虎航出资 10%。其枢纽机场设在台湾桃园国际机场。截至 2017 年 9 月,台湾虎航共有 10 架飞机,均为 A320 型飞机。

远东航空股份有限公司

远东航空股份有限公司是一家总部位于中国台湾台北市松山区的民营航空公司,枢纽机场为台北松山机场,由胡侗清于 1957 年 6 月 5 日创立,远东航空当前法人股东之中包括中华航空。目前远航拥有 10 架飞机,其中 4 架是 MD - 82,4 架 MD - 83,2 架 ATR72 - 600 型飞机,1962 年起开辟台北—高雄定期航线。远东航空所经营的国际航线包含:济州岛、首尔、亚庇、帛琉、峇里岛、佬沃、普吉岛。另有至菲律宾的定期包机航线以及货运航线。所经营的台湾岛内航线包含：台北、高雄、马公、花莲、台东、金门。2012 年 3 月份，开始经营马公到武汉的两岸定期航线。

华信航空公司

华信航空公司成立于 1991 年 6 月 1 日，由中华航空与和信集团共同出资组成，1992 年和信集团撤资，华信航空成为中华航空公司的全资子公司，但人事、财务等完全独立。华信航空总部位于中国台湾，运营基地机场有台北松山机场、台湾桃园国际机场、高雄国际机场、台中清泉岗机场，主要经营台湾岛内航线以及短程国际航线。截至 2017 年 9 月，华信航空拥有 6 架 ERJ－190 型飞机。

德安航空公司

德安航空的原名为达信航空，于 1993 年成立，公司总部位于台北松山区。它经营来自台湾外岛的定期客运服务及直升机合同和包机服务。其主要基地是台北松山机场，枢纽在高雄国际机场，台东机场。目前共有 10 架飞机，其中 2 架 BK117B、4 架 DHC6－400、4 架 Dornier 228。

长荣航空股份有限公司

长荣航空股份有限公司是由台湾航运界巨子张荣发所创办的航空公司，总部位于台湾桃园县芦竹乡南崁，枢纽机场为台湾桃园国际机场，与主要以台湾岛内航线为主的立荣航空同属长荣集团。长荣航空于 2013 年 6 月 18 日正式加入星空联盟，通过星空联盟会员公司绵密的全球服务网，为旅客提供遍及全球 195 国、将近 1 400 个航点，以及每天超过 21 900 个航班的便捷服务。长荣航空不断提升服务质量，飞航 20 多年来，优异完善的服务规划，已与国际级航空领导品牌并驾齐驱。2016 年 6 月获颁 SKYTRAX RESEARCH 顾问公司评选为五星级航空公司，为全球第 8 家，更是台湾第 1 家获此航空界最高荣誉的航空公司。2015 年长荣航空与波音公司正式签约引进 24 架 787 梦幻客机，预计于 2018 年起陆续交机。截至 2017 年 9 月，长荣航空共有 72 架飞机，其中 A319（1 架）、A321（22 架）、A330（11 架）、B747（5 架）、B777（33 架）。

立荣航空股份有限公司

立荣航空公司是总部位于中国台湾的一家航空公司，与长荣航空同为隶属于长荣集团，是外商独资公司，其枢纽机场为台北松山机场。公司主要经营台湾岛内航线和短距离国际航线，提供台湾岛定点及国外包机航线的客货运业务，目前共有 17 架飞机,其中 A321(2 架)、ATR72(15 架)。

国泰航空有限公司

国泰航空有限公司于 1946 年 9 月 24 日由美国籍的 Roy C Farrell 及澳洲籍的 Sydney H de Kantzow 成立。最初,他们均以澳华出入口公司的名义在上海发展,后来才因保护主义问题迁往香港,并注册为国泰航空公司。国泰航空有限公司是香港最主要的航空公司,总部位于赤鱲角的国泰城,枢纽机场为香港国际机场。该公司在香港注册,是在香港交易所上市的综合企业。主要业务是经营定期航空业务、航空饮食、航机处理及飞机工程,其下的子公司包括港龙航空及香港华民航空。国泰航空还是"寰宇一家"航空联盟的重要成员。截至 2017 年 9 月,国泰航空机队规模达到 146 架,其中 A330(38 架)、A350(18 架)、B747(20 架)、B777(70 架)。

国泰港龙航空股份有限公司

国泰港龙航空有限公司原名港龙航空,是香港第二大航空公司,也是国泰航空的全资附属公司,以香港国际机场作为枢纽。港龙航空每星期提供约 400 班航班,客运,航点包括亚洲各地,以中国大陆为主要市场;货运路线则更涵盖欧洲、中东及北美地区。港龙航空于 2007 年 11 月 1 日加入寰宇一家。截至 2017 年 9 月,国泰港龙航空公司共有 46 架飞机,其中 A320(15 架)、A321(8 架)、A330(23 架)。

香港航空有限公司

香港航空有限公司(简称香港航空)是海南航空集团旗下航空公司,Skytrax 四星级航空公司,前身是成立于 2001 年的中富航空(CR Airways)。自 2006 年 9 月 30 日起,中富航空正式改名为香港航空。排除已结束经营的前香港航空,现在的香港航空是香港第三家提供民航服务的航空公司。公司以香港为基地,以活力、灵活及可靠为理念,并与香港快运航空获相同股东海南航空支持,成为姊妹航空公司,以全新的 A330 - 200 空中巴士及波音 737 - 800 客机,服务香港至欧亚各地超过 30 个城市。截至 2017 年 9 月,香港航空机队由 37 架飞机构成,其中 A320(11 架)、A330(24 架)、A350(1 架)、B737 - 800(1 架)。

香港快运航空公司

香港快运航空公司是以香港为基石的香港快运航空有限公司,是海航集团旗下航空公司,其前身为港联航空公司。2005 年 4 月获准开办香港至内地城市的支线航空服务,2005 年 9 月正式投入运营。2013 年 10 月 27 日正式转型低成本航空,是首家及目前唯一一家以香港为基地的低成本航空公司,以香港国际机场作为其枢纽,提供来往亚太地区主要城市之航班服务,并锁定中国内地主要二线城市及亚洲旅游爱好者为目标客源提供香港往来亚洲热门旅游及商务城市之间的航线。目前香港快运航空公司机队共有 21 架飞机,其中 A320(14 架)、A321(7 架)。

香港华民航空有限公司

香港华民航空原由国泰航空公司控股,2002 年 10 月 9 日,敦豪(DHL)全球快递公司与国泰航空达成协议,DHL 收购香港华民航空公司三成股权。根据规划,公司将形成以香港国际机场为基地,为亚洲主要城市提供快递服务的航空网络。总部、运营基地:香港赤腊角国际机场。当前执管运营飞机 13 架,包括A300F(10 架)、B747 - 400BCF(3 架)。

澳门航空股份有限公司

澳门航空是一家以中华人民共和国澳门特别行政区为基地的航空公司,成立于 1994 年 9 月 13 日,于 1995 年 11 月 9 日开始正式作商业飞行。主要枢纽基地是澳门国际机场,提供到中国台湾、中国大陆、欧洲、东南亚与东亚的航线。澳门航空公司的股东分别为中国航空公司(51%)、葡萄牙航空公司(15%)、澳门旅游娱乐有限公司(14%)、长荣航空公司(5%)、澳门特区政府(5%)、中国国际航空公司(5%)及其他投资者(5%)。截至 2017 年 9 月,澳门航空公司的机队规模达 18 架,其中 A319(4 架)、A320(3 架)、A321(11 架)。

附录 2

中国主要航空公司的特殊舱位代码

1. 南航 CZ：R、N、B(带有始发地性质)

R 舱

(1) 从 2008 年 4 月 1 日开始的夏秋航季,作为国内航线提前出票舱位。提前 15 天,PAT：A 有价格即可出票,价格区间 2~5 折,以 PAT：A 为准。具体见南航 2008 年夏秋季提前购票优惠运价及使用条件(PAT：A 是指电子客票查价格指令)。

(2) 作为某段时间特价舱位。珠广深当地一般作为 10 天内的单程特价 2~3.5 折临时定义舱位。以 PAT：A 为准。

(3) 促销产品专用舱位。比如买一送一产品舱位;真情关爱产品舱位;南航 b2c 网站销售舱位(4 月后相当于代理人的提前出票)。

N 舱

(1) 当地南航一般用来作为来回程优惠套票舱位,各营业部具体规则不尽相同,是以 PAT：A 指令出票。

(2) 同 R 舱一样。作为某段时间特价舱位。珠广深当地一般作为 10 天内的特价 2~3.5 折临时定义舱位,以 PAT：A。为准。

B 舱

(1) 很久之前的提前出票舱位,YAP 时期,已停用。

(2) 当地作为中转联程审批价格专用舱位。各营业部具体规则不尽相同,以 PAT：A 指令出票。订座时注意中转的衔接时间要足够,中转时间不可以超过 24 小时。来回程需注意最长停留期限。

(3) 南航纵横中国,y－v,主要是飞东北线、西北线、西南线。淡季时联程各航段开放舱位低,优惠幅度大,会出现价格便宜过 b 舱审批价;P 价格指令：PAT：♯YZZS;改期退票规则相比 B 舱较松。

2. 国航 CA：E、T、W(带有始发地性质,非全国性销售)

E 舱

(1) 主要作为单去程特价专用舱,具体折扣不定,以 PAT：A 为准。

（2）国航 b2c 网站销售产品舱位，E 舱有位时该航线可能会比正常开放舱位低 1 折左右。

T 舱

（1）有时会作为单去程特价专用舱，具体折扣不定，以 PAT：A 为准。

（2）主要作为来回程套票舱位，以 PAT：A 为准。4 折（含）以上退票按客规，改期每次每程 300 元；4 折以下不得签退改；用了一程不退。常用于一程开放舱位低，但另一程开放很高的来回行程。

W 舱

（1）缺口程产品舱位。珠广深一般在华东线、北京线常用。具体折扣用 NFD：查询，以 PAT：A 为准。规则用 NFN 查询。常会用于几个航程开放舱位很高，来回程 T 没位，该舱有位，旅行线路刚好符合规则，可以建议客人出此类票。航段不连续时用"sa 城市对"把中间两个城市连接起来。

（2）中转联程舱位。主要以北京、成都为辐射点。具体折扣需要查询。

（3）在 W 没位时，符合规定的行程用开放最低的舱位进行组合，pat：a 时用低的价格，每段大约可以再低 5%，票价级别为 YWB。

3. 深航 ZH：B、U、R、J、V、Z、I、K、T（全国性）

B、U、J、V、Z、I、K、T 舱

（1）广深始发单程特价舱位：B 舱 4 折、J 舱 3.5 折、U 舱 3 折舱位、临时定义 Z、I 舱其他特价折扣。

（2）部分提前出票舱位：广州始发 V 舱。深圳始发 T 舱。

（3）部分 K、T 航有时作为 8.5 折和 7.5 折，必须 pat：a 出来价格。

（4）I、Z、V 舱作为中转组合舱位，以深圳为转机点的中转联程。

（5）异地始发区别很大、太杂，以 pat：a 的价格为准。

R 舱

深航国内航线来回程套票舱位，常用于一程开放舱位低，但另一程开放很高的来回行程。

4. 海航 HU：Z、J、V（全国性销售）

Z 舱

（1）单程特价专用舱位，pat：a 出票。票价级别：YXXSTJ。

（2）有时作为提前出票舱位，够时间 pat：a 才能出价格。

J、V 舱

（1）J 舱有时定义成单程特价专用舱位，pat：a 出票。票价级别：yxxstj。

（2）J 舱作为来回程套票专用舱位（自由人）。常用于一程开放舱位低，但另一程开放很高的来回行程。回程时间需符合对应运价的适用期间。需以 osi 指令做"osi hu ＋始发地＋zyr"字样备注。票价级别：yxxszyr。

（3）中转联程专用舱，J 舱较 V 舱价格高。pat：a 出票，票价级别为：ypon。必须所有行程 J 舱或 V 开放才可以出对应票价。J、V 舱不可以混舱使用。说明：一般航空公司中转都须在 24 内转机的，对于一些需要在中转地停留的客人，只能买两程正常舱位的客票。海航只要停留时间不超过 5 天（不含第一段到达日及第二段起飞日），J、V 舱有位就可以。改期时无同等舱位，V 舱可以办理升到 J 舱补差，J 舱改期无同等舱位。

（4）对于特定的行程，J、V 舱未开放，还可以使用正常舱位组合，符合条件一般每段会再优惠约 5%，注意 pat：a 的价格，选择低的，票价级别为：yponxx 。

5. 东航 MU：E、S、Q（带有始发地性质）

E、S 舱

（1）来回程套票舱位，用 pat：a 指令出票价。常用于一程开放舱位低，但另一程开放很高的来回行程。票价使用期间以去程的乘机日为准，规则较松。

（2）E、S 有时作为 8.5 折和 5.5 折单程特价舱位使用。须用 pat：a 指令出票价。

Q 舱

（1）作为单程 2～2.5 折特价舱位，一般用于预售性质。以 pat：a 出价格。

（2）中转联程专用舱位，主要以上海、西安、武汉、昆明为中转机场。最短时间以各地机场规定，最长不超过 24 小时。全程 Q 舱开放就可以出，价格以 pat：a 为准，中转时需要出示前一航段的登机牌。

6. 上航 FM：K、P、Z、G（部分带有始发地性质）

P 舱

国内上航 3 折特价舱位。具体使用期限以系统发布为准。

Z 舱

主要作为单去程特价舱，具体折扣不定，以 pat：a 出价格。

K 舱

（1）来回程套票舱位。常用于一程开放舱位低，但另一程开放很高的来回行程，该舱位有位时建议客人出此类票。与其他航空公司不同的是，该类 K 舱票价是以出票当日航空公司的价格为准，pat：a 出票。改期规则较宽松，使用一程不得单退。常出 can＝xmn 行程。

（2）缺口程产品舱位，珠广深一般在华东线常用。具体折扣用 nfd：查询，以 pat：a 为准。规则用 NFN 查询。常会用于几个航程开放舱位很高，该舱位有位，旅行线路刚好符合规则，可以建议客人出此类票，需讲请规则。航段不连续时请用"SA 城市对"把中间两个城市连接起来。其他同（1）。

G 舱

国内中转联程专用舱位，以上海为中转地。转机时请注意两场的衔接时间。全程需 G 舱开放，价格以 pat：a 为准，和客人讲清楚相关事项。来回程客票目的地停留时间最长为 15 天。

7. 厦航 MF：I

I 舱

（1）来回程套票舱位，常用于一程开放舱位低，但另一程开放很高的来回行程，注意停留期限有 7 天和 30 天两种，全程该舱位有位时，可以根据客人的停留时间选择最低的价格出票。但需讲请规则。用 pat：a 指令出票价，系统会自动标注客票的有效期、票价级别等。

（2）中转联程专用舱位，因为始发地及航班时间原因，日常此类客票出的较少，不过价格很有优势。主要以厦门为中转地。转机时请注意连接时间，全程需 I 舱开放，价格以 pat：a 为准。

（3）另有 Z 舱是厦航营业部专用销售舱位，即使 pat：a 有价格也不能出。

8. 山东航 SC：E、T、W

E 舱

（1）作为国内航线提前出票舱位。提前 30 天、20 天、15 天、10 天，符合票价使用期间，pat：a 有价格即可出票，适合山航国内航线。注意票价级别为 yyqxx，该类票价规则较严，不能改期、航班变更时不可以办理非自原签转。

（2）单程主要作为单去程特价专用舱，具体折扣不定，以 pat：a 为准。

T 舱来回程套票舱位，具体折扣用 nfd：查询，以 pat：a 为准。注意改期每次每程 300 元。常用于一程开放舱位低，但另一程开放很高的来回行程，该舱位有位时建议客人出此类票，但需讲请规则。

W 舱

（1）中转联程舱位，具体折扣用 nfd：查询，以 pat：a 为准。注意改期、退票的规则。

（2）产品舱位，如省内免费摆渡产品，省内段的订座舱位。操作需手工处理，注意票价级别、签注栏，出票时和客人说清楚改期、退票规则，日常很少出类似客票。

9. 川航 3U：N、Z、W、B(带有始发地性质)

N、Z 舱

（1）N 舱在广营、深营在大假期间常作为 CHD 的订座舱位。具体使用期间以营业部通知为准。

（2）Z、N 舱平日主要作为单程 2～2.5 折特价舱位，以 pat：a 出价格。

W 舱来回程套票舱位，用 pat：a 指令出票价。常用于一程开放舱位低，但另一程开放很高的来回行程，该舱位有位时建议客人出此类票，但需讲请规则。注意票价级别为 RBXX，不可以先用回程，不然不可以退票。

B 舱中转联程舱位

主要以成都、重庆为辐射点。具体折扣用 NFD：查询，以 pat：a 为准。注意改期、退票的规则。注意票价级别为 LBXX，不可以跳程使用，不然不可以退票。

川航仓位与折扣的对应关系如下：比如 35J，表示 J 舱是 3.5 折的。

由于选择乘坐飞机出行的顾客群体的不断壮大和服务需求不同，为了适应民航业的发展并且获取最大利益，各个航空公司的舱位代码及其含义，规定也在不断改变。例如 2014 年，南航对部分物理舱位名称做出调整，并在中国民航 2014 年度冬春班期时刻表上具体实施。南航此次更名涉及两点，其一是将国内航线窄体机型原有的头等舱更名为公务舱，英文名称也由"First Class"改为"Business Class"，舱位销售代码由 F 改为 J；其二是将全航线网络的高端经济舱也将更名为明珠经济舱，但英文名称 Premium Economy Class 仍会维持不变，舱位代码也将继续使用 W。南航在其窄体机往往配置头等舱＋经济舱的两舱布局，并且头等舱采取 2—2 布局。窄体机的头等舱座位宽度都偏窄，舒适性普遍比较差，这样的头等舱基本相当于宽体机的公务舱座位，甚至有的还不及宽体机的公务舱座位。因此，窄体机头等舱"降格"也是产品最高定价向其价值的合理回归。

附录 3

不同舱位的一般限定

　　飞机舱位不同,服务、餐饮、座位空间、退票改签扣款、座位预留不同,最主要的是免费行李运载的限制规定不同。经济舱的各折扣舱限制规定也不同。一般在官网上选择好合适的航班和舱位后,就能在航班时刻中看到所选舱位代码,从而知道自己能享受的服务。

1. 行李托运方面

乘坐国内航班

　　托运行李额:免费运载质量是经济舱 20 kg、商务舱 30 kg、头等舱 40 kg。持婴儿票的婴儿,免费额为 10 kg,允许免费携带一辆折叠式婴儿推车或一个摇篮。按成人票价 10％付费的婴儿可免费托运一件行李,但体积(三边之和)不超过 115 cm。另外还可免费托运全折叠的轻便婴儿车或婴儿手推车一辆。购买混合等级客票的旅客,其免费行李额可按各该航段票价级别规定的免费行李额分别计算。

　　托运行李尺寸:经济舱可免费托运一件行李,行李尺寸不超过 40 cm×60 cm×100 cm。头等舱及公务舱旅客:每人可免费托运两件行李,每件体积(三边之和)不超过 158 cm。

　　免费手提行李额:搭乘头等舱和商务舱可携带两件手提行李,搭乘经济舱只可携带一件,重量不超过 5 kg。尺寸以能放入客舱内行李架及座位下为准。

　　搭乘同一航班前往同一目的地或中途分程地的两个(含两个)以上的同行旅客,如在同一时间、同一地点办理行李托运手续,其免费行李额可以按照各自所购舱位等级标准合并计算。

乘坐国际航班

　　民航部门允许乘客随身携带 7 kg 的行李,超重则要办理托运,每件行李体积不超过 20 cm×40 cm×55 cm(三边之和不超过 115 cm)。乘坐美加航线的旅客只能随身携带一件手提行李。经济舱旅客的免费托运行李限额为 20 kg,经济舱持学生护照的旅客,可以免费托运的行李限额为 30 kg;公务舱免费托运行李限额为 30 kg;头等舱免费托运行李限额为 40 kg。但当目的地为美洲时(美国、加拿大等国家),其托运行李可以为两件,每件不超过 23 kg,单件行李三边长度和不超过 158 cm,另一件长加宽加高不得超过 114 cm;手提行李美洲线原则上不超过 18 kg,大小同样是以能放入客舱内行李架及座位下为限。也有一些航空公司为了促销,在一定的条件下提高免费行李额的限额。如英国航空公司、澳大利亚航空公司针对前往英国和澳大利亚的留学生提供 30 kg 到 40 kg 不等的经济舱免费行李额。

组成国际运输的国内航段,旅客适用的免费行李额,应当按相应国际航段的规定办理。旅客自愿改变舱位等级,按改变舱位等级后的票价等级享受免费行李额。旅客非自愿改变舱位等级,按原票价等级享受免费行李额。每位旅客所携带进入客舱的非托运行李质量不能超过 5 kg,三边总和不能超过 115 cm,可放在客舱行李箱内或座椅下。搭乘同一航班前往同一目的地的两个(含)以上的同行旅客,如在同一时间、同一地点办理行李托运手续,其免费行李额可以按照各自的客票价等级标准合并计算。旅客非自愿改变舱位等级,应按照原票价等级享受免费行李额。构成国际运输的国内航段,每位旅客的免费行李额按适用的国际航线免费行李额计算。

然而大多数的廉价航空公司则不按照这个基准。例如春秋航空,对于特价机票旅客托运行李收取一定费用。如亚航规定,免费随身行李不得超过 7 kg,托运行李起步标准 15 kg,订票时支付为 7 美元,机场支付为 10 美元。不仅仅是特价机票托运行李收取费用,廉价航空公司的航班延误是不赔偿的。飞机上的餐食则需要付费才提供,如春秋航空的网上套餐售价在每份 33 元至 40 元。

因为廉价航空的乘坐空间相对狭小,如果想坐得宽松舒服,就得再缴纳选座费,价格从 70 元到 10 元不等。选座的好处还在于多人出行时可坐在一起,如果不支付这笔费用,乘客就只能接受航空公司的安排,同行的两个人也可能被分开。低成本航空公司大多需要通过对旅客提供差异化服务来节省成本、降低票价。相关人员认为航空公司的核心责任只是将旅客从甲地安全运输至乙地。旅客如果想得到全服务航空公司一样的乘机体验,付款购买这些非必要服务也是必然。

以下是亚洲一些廉价航空公司的免费行李额度:

亚洲航空:随身行李≤7 kg,托运行李额度需付费购买。

春秋航空:"轻松特价行"机票随身行李≤7 kg,非"轻松特价行"机票随身行李+托运行李≤15kg。

桃子航空:随身行李≤10 kg,托运行李需付费,但订购 Happy Peach Plus

的旅客,可享免费托运 1 件行李的优惠。

捷星航空:随身行李(经济舱≤10 kg,商务舱≤20 kg)托运行李需自行购买托运行李限额。

老虎航空:随身行李≤7 kg,托运行李额度需付费购买。

瑞安航空:随身行李≤10 kg,托运行李额度需付费购买。

易捷航空:随身行李限制尺寸不限重,托运行李额度需付费购买。

西南航空:随身行李≤5 kg,托运行李≤23 kg。

精神航空:不提供免费行李服务,行李服务需购买。

2. 机票退改签方面

不同舱位,对机票退改签的规定也不同。附表 3 - 1 是我国主要航空公司对不同折扣机票有关退改签规定。

附表 3 - 1　我国主要航空公司对不同折扣机票有关退改签规定

承运人		头等舱	公务舱	经济折	九五折	九折	八五折	八折	七五折	七折	六五折	六折	五五折	五折	四五折	四折	中转联程	儿童
	CZ	F	C	Y		T	K	H	M	G	S	L	Q	E	V	X		Y
南航	变更	允　许			起飞前免费变更两次,起飞后及第三次每次更改收取票面5%费用								起飞前免费变更一次,起飞后及第三次每次更改收取票面10%费用					
	返票规定	按规定,以票面计算收费											扣票面50%					
		F	C	Y		T	K	H	M	G	S	L	Q	E	V	X	B	Y
川航	变更	允　许			起飞前免费变更两次,起飞后及第三次每次更改收取票面5%费用								起飞前免费变更一次,起飞后及再次更改每次收取票面10%费用					
	退票规定	按规定,以票面计算收费											1. 起飞前退票,扣20% 2. 起飞后退票,扣50% 3. 变更后的机票退票,按变更后票价扣50%					

255

续　表

承运人		头等舱	公务舱	经济折	九五折	九折	八五折	八折	七五折	七折	六五折	六折	五五折	五折	四五折	四折	中转联程	儿童
	CA	F	C	Y	S	B	H	K	L	M	N	Q	T	X	U	E	W	Y
国航	变更	允　许			免费更改一次,再次更改每次收票面价格5%改期费				免费更改一次,再次更改每次收票面价格10%改期费				每次更改每次收票面价格20%改期费					
	退票规定				扣票面10%				扣票面20%				扣票面50%					
	HU	F	C	Y		B	H	K	L	M	N	Q	T	X	U	E	Y	Y
海航	变更	允　许			起飞前免费变更不限次数,起飞后每次变更扣5%				每次免费变更一次,再次变更,起飞前按票面扣5%,起飞后按票面扣10%									
	退票规定	扣票面5%(含儿童)			扣票面10%			扣票面20%					扣票面50%					
东航	MU	F	C	Y	K	B	E	H	L	M	N	R	S	V	T	W		Y
	变更	允　许			起飞前允许同等舱位免费变更													
	退票规定	按规定,以票面计算收费																
上航	FM	F		Y	I	H	K	L	M	T	E	V	U	Q	G		X	Y
	变更	允　许			允许更改							不得更改						
	退票规定	按规定,以票面计算收费																
厦航	MF		C	Y	Q	H	L	T	M	N	K	B	S	R	P			V
	变更	允　许			1. 同等舱位免费变更一次,再次变更扣5% 2. 高舱位向低舱位变更,按退票处理 3. 低舱位向高舱位变更,原费用全退,不收退票费							1. 同等舱位每次变更扣10% 2. 升降舱位与上述相同						
	退票规定	按规定,以票面计算收费										1. 起飞前扣20% 2. 起飞后扣50%						

续　表

承运人		头等舱	公务舱	经济折	九五折	九折	八五折	八折	七五折	七折	六五折	六折	五五折	五折	四五折	四折	中转联程	儿童
深航	ZH	F	C	Y	R	G	K	H	T	Q	L	S	N	M	E	B		Y
	变更	允　许			允许变更													
	退票规定	按规定,以票面计算收费																

退票规定:
(1) 起飞前 24 小时以前退票,按票面价 5％计收。
(2) 起飞前 24 小时至 2 小时以前退票,按票面价 10％计收。
(3) 起飞前 2 小时以内退票,按票面价 20％计收。起飞后退票,按票面价 50％计收。

　　当然,这些规定也是变化的。因为消费者的喜好和需求千差万别而且不断变化,所以企业的营销策略会不断变化,相应的飞机舱位代码的编制和对应服务也会变化。

附录 4

市场营销的发展过程

市场营销先后经历了生产、推销、营销、关系 4 个时期。

1. 生产时期

1925 年以前,大多数公司,甚至发达的西欧和北美公司都只关心生产。制造商重视生产高品质的产品,之后再寻求人们去购买。这一时期占统治地位的观念是好产品(实体质量好的产品)不会卖不出去。这种生产导向观念支配商业哲学长达数十年,当事企业的成功往往唯一地取决于生产上的成功。

20 世纪初,这种生产导向观念达到顶峰,大规模生产线便是佐证。该观念认为消费者总是喜欢价格低廉的产品,企业的目标是取得生产效率的提高和销售的广泛覆盖。那时企业战略的特点是大量生产和大量销售。因为当时的情况是产品短缺、需求旺盛,因此不难想出生产行为为何处于首要地位。随着生产的发展,消费者对产品的可选择度增加,开始偏爱高质量、多功能、具有某种特色的产品,为此,企业开始从生产时代转入产品时代,企业更加关注生产优质、特色的产品。那时,企业战略的特点是把重点放在生产优质产品,不断改善产品、创新产品。然而,生产出好产品并不能保证成功,营销史上创新产品遭遇失败的例子比比皆是。仅仅发明一种出色的新产品是不够的,它还必须满足一种可认知的市场需要;否则,即使制作再精良、质量再好也无济于事。譬如亨利-福特发明的汽车,因当时人们畏惧使用发动机的运输工具,速度快,会造成各种事故和混乱,不被人们所接受。早期的销售人员运用各种方法才转变人们对这一产品的看法,逐步成为一种广泛的可认知的需要。

2. 推销时期

20 世纪 20 年代到 50 年代初,美国和欧洲的生产技术更加先进,产品产量增加,买方市场逐渐形成。因此,制造商开始注重销售。那时一个普遍的观念认为,如果将顾客和产品单独放在一起,顾客并不会购买足量的产品,因为消费者存在着购买惰性或抗衡心理。因此公司应该对顾客保持持续的促销力度。在这个时期，公司尝试生产出与客户潜在需要数量相等的产品和服务。推销导向（sales orientation）的公司认为客户不会购买被认为是非必需的产品和服务，而人们推销和广告的任务就是说服他们进行购买。那时，企业销售战略的特征是把重点放在主动销售和积极促销上。在推销时期，虽然营销部门逐渐被建立，但相对于生产、财务和工程部门而言，仍然处于较低的地位。许多首席营销官当时被冠以销售经理的头衔，但销售其实只是营销的一部分。

3. 营销时期

20 世纪 30 年代的经济大萧条中，个人收入水平大幅下降，消费者对产品和服务的需求也随之大幅下降，这为提升营销地位提供了机遇。组织生存的压力迫使管理者密切关注其产品和服务所面临的市场。这一趋势随着第二次世界大战的爆发而中断，当时定量供应和消费品短缺成了普遍现象。然而，战争只是暂时中断了企业经营的新趋势而已，这一新趋势就是：从关注生产、推销转移到关注客户需要的满足。那时企业营销的战略特征是从消费者需求出发，通过市场细分的手段，来确定目标市场，进行市场定位，再通过利用 4P［即产品（product）、价格（price）、渠道（place）和促销（promotion）］营销手段，来满足顾客的需求。依照该观念，营销人员要做的不是为产品找顾客，而是为顾客找产品。

哈佛大学的西奥多·莱维特对销售观念和营销观念做了一个对比。他认为销售观念关注卖方的需求，营销观念关注买方的需求；销售观念的指导思想是将产品转化成销售额，营销观念的指导思想是通过创新、传递价值以及最终消费产品来满足顾客的需求。一些学者发现，采用营销观念的企业最终都获得了较好的市场绩效，于是营销观念开始普及。毫无疑问，相比于推销观念，营销观念更适合一个企业的生存和发展。

4. 关系时期

市场营销史上的第四个时期出现于 20 世纪的最后 10 年，一直持续到现在，并且越来越重要。当今的组织在营销时期的客户导向基础上，更注重建立并维护与客户及供应商的关系。关系营销（relationship marketing）重点是建立、管理企业与客户及供应商的关系。在这一时期，企业的营销已从单一部门上升到企业整个组织，并认为营销中的每一个环节都是相互关联的，因此营销需要一个更加宏观、整合的视角，即整体营销。航空公司中营销委员会的成立即是这种整体营销观念的反映。

　　这个时期,新的营销概念也不断出现。譬如,新 4P[即人(people)、过程(processes)、方案(programs)、绩效(performance)]概念。认为营销需综合考虑方案、流程和营销活动。他们之间是相互影响的。营销中的每一个细节都是相互关联的,都会影响到绩效。

　　1990 年,美国营销专家劳特朋教授提出了 4C[即消费者(consumer)、成本(cost)、便利(convenience)和沟通(communication)]理论。它把消费者需求和欲望作为导向,之后将市场营销组合中的 4 个基本要素进行重新设置。2001 年,美国的唐·E·舒尔茨(Don E Schultz)又提出了 4R 理论,即关系(relationship)、节省(retrenchment)、关联(relevancy)和报酬(rewards),偏重于通过用更加有效的手段在企业和客户之间建立起有别于传统的新型关系。随着互联网应用的普及,还出现了营销的 4I[即趣味(interesting)、利益(interests)、互动(interaction)和个性(individual)]原则,提出了精准营销等概念。可以想见,随着营销环境的不断变化,营销理论还将不断地发展。

附录 5

英航、新航、汉莎、泰航的
主要营销策略

在众多航空运输企业中,英国航空公司、德国汉莎航空公司、新加坡航空公司和泰国国际航空公司在营销方面有一定代表性。

英国航空公司作为历史最悠久的航空公司之一,以优质的航空服务,绿色环保的文化理念,以及以商务旅客为主且稳定与发展并行的营销策略,不断开拓市场并持续发展;德国汉莎航空公司作为欧洲最大的航空公司之一,以高品质、极具技术竞争力和灵活创新的服务,安全、可信、守时的文化理念,以及多品牌经营并加以整合的营销策略,成为欧洲航空运输业的领跑者;新加坡航空公司以其明确的市场定位,坚持服务领先的策略,将顾客的长久满意度作为自身的经营理念,成为亚洲服务最好的航空公司之一;泰国国际航空公司以其特有的热情、谦逊和微笑服务,"高信任度、国际水准、泰国特色"的文化理念,努力以泰国的民族特色来吸引更多旅客的营销策略,并以此在航空运输业中赢得了良好声誉。

1. 英国航空公司

基本情况

英国航空公司(British Airways,代码为 BA,以下简称为英航)以伦敦希斯罗机场作为枢纽基地,是全球最大的国际航空运输公司之一。英航至今已有 90 多年的历史。1987 年,英航开始实行私营化并获得了巨大的收益。1999 年,英航与美国航空公司 AA、国泰航空公司 CX、原加拿大航空公司 AC 及澳洲航空公司 QF 成立"寰宇一家"航空联盟。2010 年 4 月 8 日,英航与西班牙伊比利亚航空 IB 正式签署了合并协议,并于 2011 年 9 月 21 日完成最终合并,正式成立国际航空集团(IAG)。

英航客运航线遍布 130 多个国家,200 多个目的港。

现共有飞机 264 架。其中:Airbus A318 - 100 2 架;Airbus A319 - 100 44

架；Airbus A320 - 200 65 架；Airbus A321 - 200 18 架；Airbus A380 - 800 10
架；Boeing 747 - 400 42 架；Boeing 767 - 300ER 13 架；Boeing 777 - 200 46 架；
Boeing 777 - 300ER 12 架；Boeing 787 - 8 Dreamliner 8 架；Boeing 787 - 9
Dreamliner 4 架。

平均机龄为 12.7 年。

客舱分为超级头等舱、超级公务舱、超级经济舱和普通经济舱。

企业文化

英航的企业文化理念渗透了公司内部的各个方面，以鲜明的企业形象致力
于为旅客提供优质的贵族化航空服务，同时提倡形成开放而有活力的文化氛围。
具体实施过程中，英航提倡"21 世纪航空旅行"，就是以旅客为首要关注点这一
观念去进行服务，把每一位乘客的需求作为公司的首要考虑，为每一位乘客提供
更多选择的机会，使每一位乘客的飞行体验舒适且安全。其次，英航还时刻注重
给乘客提供最简练、安全、舒适的产品和服务，这体现了英国人的尊贵与个性，浓
缩了英国人所推崇的服务精神。"必须超越顾客的期待"是英航一直以来的品牌
理念，英航通过这一品牌理念以领导品牌的形象在国际航空市场上不断进步，一
直走在航空运输业的前面。

值得一提的是，在这个愈发注重环境保护的工业化时代，英航的自身发展理
念创新性地与绿色环保理念相结合。英航率先实施了提高燃油利用率减少排放
措施，推出了碳抵消计划，并采用回收和循环利用机制，回收利用任何剩余废弃
物，以减少对最终填埋处理的依赖。除此以外，英航也非常关注互联网技术的重
要性，并在 2011 年起开启了一系列 E - Working 计划。

市场定位

英航定位于中高端全服务型航空公司，并且不断努力完善其服务，致力于为
乘客提供最为优质的服务。此外，英航还注重商务舱和头等舱发展，其主要客户
群定位于中高端旅客。英航力图成为这一客户群中首选的航空公司。

营销策略

20 世纪末，欧洲开始实行放松管制，低成本航空公司在航空市场上初露锋
芒，以后不断发展。加之，高速铁路的普及，使得英航在航空市场中的竞争力大
大降低。为了提高竞争力、扩大市场，英航从 21 世纪开始就对营销策略进行了
全方位的调整，第一步是对当时的航空市场进行了深入的细分，如附图 5 - 1
所示。

其中，高收益旅客主要由公务旅客和商务人士组成，而休闲旅游旅客以及学
生乘客则是经济型旅客的主要代表。

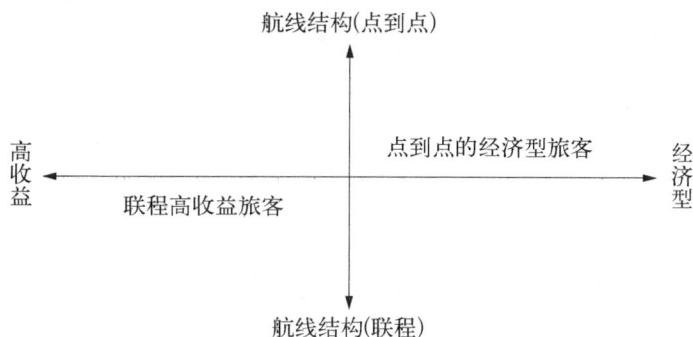

航线结构(点到点)

高收益 ← 联程高收益旅客 | 点到点的经济型旅客 → 经济型

航线结构(联程)

附图 5-1 根据旅客特点和航线结构的市场划分

附图 5-2 为英航业务的波士顿矩阵。据统计,英航的头等舱和公务舱乘客占总乘客数的 13%,但创造的收入占英航总收入的 45%,其中点对点的高收益旅客是英航的主要利润来源。

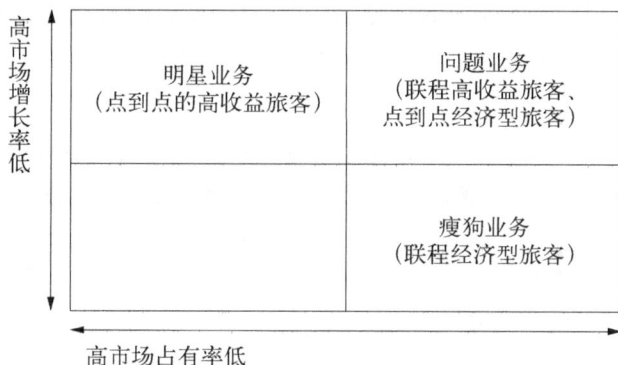

| 高市场增长率低 | 明星业务
(点到点的高收益旅客) | 问题业务
(联程高收益旅客、
点到点经济型旅客) |
| | | 瘦狗业务
(联程经济型旅客) |

高市场占有率低

附图 5-2 英航业务的波士顿矩阵分析

据分析,英航的收益来源主要是点到点的高收益旅客,然后是点到点的经济型旅客,这些点到点旅客相对而言其市场规模也较大。而从联程高收益旅客那里获得的收益略差一点,市场规模也略小一些。但由于市场竞争激烈,因此继续加强了对这两个市场的重视,投入更多的资金,不断扩大这两个市场业务。然而,对于造成经济亏损的联程经济型旅客,英航采取了一定措施以避免其带来更多亏损。

英航主要服务欧洲和北美国际市场的商务乘客,尤其重视高收益乘客的服务满意度,并努力将服务的重点放在优良的设计和服务的创新方面。

航空业竞争者越来越多,航空公司生产的产品和服务大多愈来愈相似,由此,客户流失也愈发严重,客户的忠诚度不断降低,对此,英航进行了进一步的客户细分,对于那些忠诚度低的商务型旅客,英航采取拒不打折的策略;而对于有价值的利润型客户,英航通过进一步加强对这部分旅客的服务来吸引关注。

随着中国经济的快速发展及中国地位的不断提升,英航日益加强对中国市场的关注与突破。首先,英航在致力于进一步开拓一线城市市场同时,还开始着手开发中国二线城市的航空市场。其次,英航慢慢将着眼点放在中国的中小型企业客户上。对此,英航实施了"中小企业旅游项目",对于中小企业客户,英航提供更多的优惠,并于 2015 年专门推出了 On Business 企业忠诚度计划,希望能够吸引更多的中小企业客户。并且英航正在策划 2020 计划。具体包括:第一,扩大商业活动的力度和覆盖面。第二,加强和中国政府的沟通和关系的建立。第三,提升英国航空公司的产品服务,更好地适应中国消费群体。第四,加强合作伙伴的协作。

2. 德国汉莎航空公司

基本情况

德国汉莎航空公司(Deutsche Lufthansa,代码为 LH,以下简称为汉莎)以法兰克福国际机场为枢纽机场,是德国最大的航空公司,欧洲最大的航空公司之一,同时也是星空联盟的创始成员之一。汉莎航空集团业务覆盖面极为广泛,包括物流、修理和检修、餐饮、休闲旅游和 IT 服务,其核心业务是定期的国内及国际客运和货运航班。如今,汉莎已经成为世界上航空运输业的领导者之一,一直处于世界领先地位。

汉莎航线遍布世界 450 多个目的地。

现共有飞机 275 架。其中:Airbus A319 - 112/114 30 架;Airbus A320 - 211/214 52 架;Airbus A321 - 131 20 架;Airbus A321 - 231 44 架;Airbus A330 - 3343X 19 架;Airbus A340 - 311/313X 17 架;Airbus A340 - 642 23 架;Airbus A380 - 841 14 架;Boeing 737 - 300 9 架;Boeing 737 - 530 11 架;Boeing 747 - 430 17 架;Boeing 747 - 830 19 架。

企业文化

汉莎秉承一贯为乘客提供安全、可信、守时、高品质的服务理念。

市场定位

汉莎航空市场定位于全方位服务型航空公司。

营销策略

汉莎航空采取差异化战略,将高端服务和低成本服务相结合,利用多品牌和多业务的统合效应提供优质的差异化产品和服务。同时,汉莎航空凭借一如既往的高品质,稳定已有的欧洲市场份额,又在新兴市场采用股权投资和扩大联盟的方式来稳定其在航空业的领导地位。

汉莎集团是成功的多品牌战略的实施者，它在客运业务单元中既有高端品牌——汉莎航空公司，也有低端品牌——布鲁塞尔航空公司（主要是低成本运营，针对欧洲的休闲旅行市场）；也有终端品牌——奥地利航空公司（既针对公务市场又针对休闲旅行市场）。同时，汉莎拥有 5 个不同的业务单元：客运、机务维修、物流、餐食和 IT 服务，并对此采取了伞状品牌战略，其中客运业务是公司的核心业务。汉莎作为高端品牌，是汉莎集团的 DNA，其服务对象主要是公务旅客，在安全、质量和服务等方面都追求完美，公司致力于建立起完美的航空旅行。汉莎坚持多航空枢纽，并且强调每一个品牌的独立性。在汉莎的多品牌战略中，汉莎依据产品服务的差异和价格的差异对产品进行进一步划分，从而使得汉莎能够满足更多乘客的需求，从而拥有更多的市场份额。此外，多品牌也可以分散一定的市场风险，如果某种产品和服务出现了问题，多品牌战略可以使其他品牌免于受到影响。所以，这种各个品牌之间看似竞争的关系，实际上在一定程度上提升了整体的竞争实力，并拥有了更多的航空市场份额。

为避免汉莎旗下不同品牌中可能产生的竞争，汉莎集团要求各个品牌拥有明确而又独立的定位，要求产品和服务保持互补，要求对品牌重要性的真正理解，但更为重要的是要对集团内部加以整合。因此，汉莎航空集团进行了全球整合计划，对内部的资源进行了整合。一是基于交通枢纽的传统网络型航空公司业务，其中包括汉莎航空、瑞士航空和奥地利航空；二是廉价航空和航空服务，欧洲之翼将负责集团的点到点航空服务。此外，汉莎建立了一个全新的内部组织结构，削减公司内部管理层级，在全新的组织结构内，集团执委会下现有的 4 个管理层级将缩减为 3 个，以便更快地进行决策。与此同时，还要扩大个别管理人员的决策范围。这样将会提升汉莎航空集团内部的一致性，实现融合同步发展。

汉莎在稳定发展的前提下，不断创造革新。汉莎最新实施革新机票分销渠道，加强航空公司直销，希望与消费者建立直接联系。

同时，为顺应互联网时代的快速发展，汉莎开发了"MySkyStatus"这一网络工具，"MySkyStatus"联合 facebook 和 twitter，并向其账户提供最新的航班信息，以增加同客户的亲密度并开展双向对话。

此外，面对高铁出现而引发的冲击，汉莎采取了空铁联运的解决方法。空铁联运是指航空与高铁合作，建立多式联运的运输体系，将空中运输和铁路运输实现无缝连接。汉莎航空联合德国铁路公司(DB)构建了立体的空铁联运体系，并且还联合法兰克福机场合资组成德国 AIRail Service，实现了空铁联运最大限度利用资源。汉莎还与其基地机场法兰克福机场拥有密切的联系，汉莎航空在法兰克福机场的垄断地位甚是明显,其表现为汉莎航空垄断航线比其他航空公司经营航线的总数还多,而且对一些黄金航线和黄金时刻实现了垄断。与此同时,汉莎航空主导下的法兰克福机场离港航班波与法兰克福机场离港整体航班波的趋势吻合度很高。

此外,在中国市场上,汉莎进一步开拓了航线网络,除了积极开拓北上广一线城市的航空市场以外,二线城市也成为汉莎未来发展的一个重要方向。

3. 新加坡航空公司

基本情况

新加坡航空公司(Singapore Airlines,代码为 SQ,以下简称为新航)以樟宜机场为总基地,是 SkyTrax 五星级航空公司,也是星空联盟的成员。新航在东南亚拥有巨大的航线网络,并且占据了袋鼠航线的一部分市场。自成立以来,以其优质的服务和高质量的产品领跑亚洲,新航品牌更是在航空界声名远播。

新航航线遍布全球 35 个国家、65 个目的港。

现共有飞机 102 架。其中:Airbus A330 - 300 27 架;Airbus A380 - 800 15 架;Boeing 777 - 200 16 架;Boeing 777 - 200ER 13 架;Boeing 777 - 300 7 架;Boeing 777 - 300ER 24 架。

新航拥有年轻的机队,飞机的平均机龄为 6.6 年。

客舱分为经济舱、商务舱、头等舱和豪华套房。

企业文化

第一,新航具有一种强烈的集体使命感。第二,新航和新加坡都具有高度严密的组织结构和不断完善的动力,持续地追求着效益和价值。第三,新航信奉实用主义。第四,新航拥有持续改进、不断提高的文化价值观。

市场定位

新航是一家拥有高水平创新能力和高水准服务能力的优质航空运输公司。其致力于成为提供高质量顾客服务的世界一流航空公司。同时致力于以其鲜明的民族特色成为新加坡的形象代表。

营销策略

新航没有国内航线,仅有国际航线,在全世界独一无二。

新航在服务方面做得尤为优秀,新航的每一步发展都在努力实现低成本高效益的卓越服务。其中包括严谨的服务和设计、全面的创新、员工普遍铭记在心的利润和成本意识、整体的员工发展及相关多元和世界一流的基础设施结合在一起的产生的协同效益。这五大支柱是通过一个良性循环的自我完善的行为体系,通过每天的决策和行为得以体现。为了使得登机手续更加便利与快速,新航不断推出新的服务,搭乘新航的旅客不仅可以利用互联网及传真等办理登机手续,还可以通过手机发送短信办理登机手续,从而更加快捷。同时,新航也是亚洲首家安装"空地电话服务"设施的航空公司。新航负责的处事态度、高品质的免费机上服务、独特的顾客体验、身穿具有新加坡民族特色的纱笼装乘务员等吸引了来自不同国家的乘客。

新航采取相关多元化战略,实行多样化的航空服务,以及通过收购和加入国际性的策略联盟组织来进行多元化的发展。新航集团旗下有 27 个附属公司,业务范围覆盖整个航空相关行业,包括新加坡航空机场航站服务公司,新航工程有限公司和新加坡航空货运有限公司。新航也有区域性运输公司胜安航空(100％所有权),也是廉价运输公司虎航(49％)和维珍大西洋航空公司(49％)的控股者,在行业内拥有多种客户资源。据总裁周俊成说,新航想为各阶层客户提供服务,即新航适合高收入客户,胜安航空适合中等收入客户,虎航迎合了低收入客户的需求。

在国际市场中的强劲的竞争对手和保持低成本的运营的双重压力下,新航不得不采取与众不同的发展模式,即既要控制成本,又要保证客户满意度。

新航还实现了差异化优势与成本领先的双重战略,并实现了两者的有效组合。具体如附表 5－1 所示。

附表 5－1　新航的差异化与成本领先战略

差　　异　　化	成　本　领　先
卓越服务与高品质的定位,品牌信誉(营销战略) 发展新加坡女孩(人力资源部发展政策) 飞行中的体验(操作战略) 文化价值观与不断创新和学习的实践 高额的收费以及更高的运输量	年轻的机队(更加节省燃油,更低的维修费用,降低燃油风险,购买新飞机)相对主要竞争对手更低的员工成本,持续地高生产力,降低项目成本 通过能控制最低价的高效分支实现相关多元化 文化价值观:成本意识,减少浪费 创新:不仅增强差异化,也提高了收益

为了增强自身提供服务的能力,新航建立了灵活、小型和精选的网络扩张战略。其中和德国汉莎航空的战略联盟覆盖了商业协作的大部分领域,包括航班号共享,网络和时刻表发展,经常性的飞行员安排,产品发展,地面处理,顾客服务,信息技术和货物管理。这两个航空公司在市场开拓方面具有很强的互补性。该联盟使得世界上顶尖的两家航空公司为了一个共同的目标结合在一起,从而能为顾客提供更好的空中服务。

4. 泰国国际航空公司

基本情况

泰国国际航空公司(Thai Airways International,代码为 TG,以下简称为泰航)是泰国国营航空公司,是星空联盟成员。泰航是泰国连接世界的重要空中桥梁,也是传递泰国文化和友谊的特别使者。泰航凭借优质的产品和高标准的对客服务,在世界范围内赢得了声誉,在全球十佳航空公司中,曾排名第五。

泰航航线遍布全球 70 多个航空港。

现共有飞机 148 架。其中:Airbus A320 - 200 5 架;Airbus A330 - 300 27 架;Airbus A340 - 600 6 架;Airbus A380 - 800 6 架;Boeing 737 - 400 5 架;Boeing 747 - 400 13 架;Boeing 777 - 200 8 架;Boeing 777 - 200ER 6 架;Boeing 777 - 300 6 架;Boeing 777 - 300ER 8 架;Boeing 787 - 8 4 架。

机舱分为皇家头等舱、皇家商务舱、豪华经济舱和经济舱。

企业文化

"高信任度、国际水准、泰国特色"是泰航的服务理念。泰航的服务口号是"Smooth as silk"。

市场定位

泰航致力于打造富有泰式传统特色的一流航空公司。

营销策略

泰航的航线网络以曼谷为中心,包含泰国国内线、区域航线及洲际航线,提供包括到欧洲、中东、南亚次大陆、大洋洲、美洲和非洲等的泰国国际航空皇家风兰服务(Royal Orchid Service)。泰航在某些长程航班上推出豪华经济舱,如曼谷直飞纽约航线,提供更宽更长的机舱座椅,让乘客在舱位上有更多的选择。泰航机舱内的娱乐设施还提供了私人电话,并且安装了互动娱乐设施。

泰航极具泰国当地的民族特色。泰航的标志糅合了与泰国息息相关的色调。泰航还以高品质的服务水平晋身亚洲顶级航空公司之列,它细致考虑乘客的个别需要、特式款待及各式精美美食等。泰航拥有独立的餐点部、维修部及货运部。泰航供应泰式、西式、日式和中式的餐食,还可以根据乘客的需求单独提供。

泰航还以特殊手法吸引、招徕旅客,其对东盟各国旅客实行特定票价制度,是东盟国家地区内实行特别低廉标价的一家航空公司。为顺应当今国际工商企业界人士频繁交往的需要,泰航还在某些客机上专设"工商企业人士舱",为工商业家在旅途中交流提供了方便。

随着泰国旅游业的迅速发展,泰航推出了一系列旅游配套措施,其中包括接送服务、泰航皇家风兰假期、为常旅客设计的皇家风兰里程计划及其他不同的优惠计划等。

由于亚航占领泰国航空市场的中低档市场,泰航还要在大众市场中竞争且保护中低档市场,降低机票价格会影响到品牌形象,所以,泰航采用了多品牌战略。在保证高档市场份额的同时,积极拓展低成本市场,因此,针对国内外的低成本市场,泰航成立了 Thai Smile 航空公司作为泰航的低成本航空公司,从而得以保证航空市场的份额。

同时,泰航还致力于为国内和国际空运市场提供与泰航品牌形象相符的标准、安全、便捷的全方位服务,为客户提供可靠的高价值产品,以便进一步巩固本公司的知名度。根据国际标准对公司业务进行高效管理,确保公司的可持续发展。泰航还在公司内部营造浓厚的学习氛围,强调顾客的重要价值,不断提升个人能力、技术和责任感,与员工建立融洽的关系,尽力挖掘每一名员工的潜在能力。

由于地理条件与各国发展情况的不同,各航空公司拥有的航空市场有所差异,市场人群也各不相同,因此,航空公司应当采取独特而又符合本企业条件的发展战略,以确定营销发展方向。以上 4 个航空公司在营销策略上都有其他航空公司可以借鉴的方面。

首先,航空公司决策者应准确确定符合企业形象,得以彰显自身特色的企业文化,在世界航空运输业中打造属于自己的品牌。品牌形象往往会在消费者心中根深蒂固,在消费者中形成一种独特的记忆。与众不同的品牌有助于在消费者心目中塑造一种偏好性的品牌形象,在预订机票时就会得到青睐。良好的品牌和形象会给顾客提供心理上的满足,以此得以提升客户"忠诚度";良好的品牌与形象更是航空公司产品文化的体现。例如新加坡航空公司中作为民族文化象征元素的"新加坡女孩";泰国航空公司中作为品质服务的文化主题设计"提供丝一般的服务",这两个航空公司均以独特民族特色的企业文化吸引着各国旅客。

随着世界经济的发展,越来越多的人对于生活质量的要求越来越高,从订机票到提取行李到目的地的服务成为旅客选择航空公司的重要依据,周到的服务往往会成就一个企业的品牌形象。

当然,航空公司在提供优质服务的同时,也需要控制营销成本。降低营销成本才能获得更多的利润。航空公司可以通过发展电子客票,让购票过程、支付手段更加便捷、高效,也可以强化计算机订座系统、重构销售体系,实现航空公司对销售渠道的控制。常旅客计划常被航空公司用来提升乘客的忠诚度。除了单一的"常旅客"促销策略外，航空公司还可以尝试新的"常旅客"优惠措施组合，将"常旅客"服务发展到酒店、旅游等其他行业。

在21世纪的今天，民航运输业竞争日趋紧张，创新营销成为各大航空公司抓手。真正的创新营销应当是充分使用自身有效的资源，形成其他竞争对手无法模仿的优势。

参考文献

［1］高淑洁.促进西部地区商品住宅市场稳定健康发展研究［D］.南宁：广西大学,2012.

［2］周秀群.商品房购买力分析［J］.郑州铁路职业技术学院学报,2012(1)：55－56.

［3］杰克,菲利普.科特勒的慧眼——读《市场营销管理》［J］.中国科技投资,2002(1)：66.

［4］陈丁武.宁波 KY 国际物流有限公司营销策略研究［D］.绵阳：西南科技大学,2014.

［5］黄建国.试谈市场营销的重要作用［J］.数位时尚(下半月),2014(2)：125.

［6］蔡俊伦,王勇.浅议"球"营销管理观念与企业整体营销［J］.商场现代化,2012(33)：100－101.

［7］滕悦.我国日化企业产品策略文献研究［J］.消费导刊,2013(6)：26－27.

［8］黎群.论航空公司的战略联盟［M］.北京：经济科学出版社,2003.

［9］庞建京.危机：中国民航如何面对新世纪［M］.北京：中国民航出版社,2000.

［10］勃格特·克莱曼,汉努·塞利斯通.航空公司战略联盟管理［M］.北京：中国民航出版社,2008.

［11］游婷婷.航空公司组建战略联盟相关问题研究［D］.南京：南京航空航天大学,2008.

［12］张蕊.论全球航空联盟商务协同的构建［J］.营销天地 Air Transport & Business,2014(355)：32－36.

［13］俞冬云.诞生在马背上的联盟——星空联盟的建立［J］.中国民用航空,2008(1)：36－37.

［14］冉范生.民航战略网络治理研究［D］.天津：南开大学,2010.

［15］邱大朋.天合联盟高管首次来访——厦航入盟迈出重要一步［J］.空运商务,2011(15)：44.

[16] 解根怀.航空联盟利益分配的博弈分析[J].中国民航飞行学院学报,2005,16(1):30-34.

[17] 郑仕源.航运联盟利益分配机制设计及稳定性研究[M].上海:上海交通大学出版社,2013.

[18] J Nash. The bargaining problem[J]. Econometrica, 1950, 18(20): 155-162.

[19] Roth. The Handbook of Experimental Economics[M]. Princeton: Princeton University Press, 1995.

[20] 张树义.战略联盟的博弈分析[D].成都:西南交通大学,2002.

[21] 高原.战略联盟的博弈分析[D].武汉:武汉理工大学,2006.

[22] 张大林,郭晓春.纳什讨价还价解及其应用[J].佳木斯大学学报(自然科学版),2012,30(6):955-957.

[23] 胡梅,刘安松.战略联盟利益分配及分配监督机制[J].广东农业科学,2009(1):121-123.

[24] 唐小卫,李杰,张敏.航空运输地理[M].北京:科学出版社,2012.

[25] 王新安,杨秀云.航空公司之间的代码共享及其对民航业的影响[J].兰州大学学报(社会科学版),2005,33(1):99-103.

[26] 韩亮.战略联盟航空公司发展的新方式[D].北京:对外经济贸易大学,2002.

[27] 戴芳芳."天空开放"与航空联盟发展趋势研究[D].上海:上海交通大学,2001.

[28] 李芳芳."盟军"时代——解析我国航空公司加入航空联盟现象[N].中国民航报,2011-11-30(6).

[29] 勃格特.克莱曼,汉努.塞里斯通.航空公司战略联盟管理[M].北京:中国民航出版社,2009.

[30] 郑兴无.国际航空运输服务贸易的理论、政策与实证研究[M].北京:中国经济出版社,2010.

[31] 戴芳芳.WTO、天空开放与对策建议[J].中国民用航空,2001(11):28-31.

[32] 朱沛,刘俊伟.航空联盟的发展历程回顾及展望[J].中国民用航空,2010(3):27-30.

[33] 简平.经济全球化与航空公司联盟[D].厦门:厦门大学,2001.

[34] 姚昌金.航空公司实质所有权和有效控制权研究——以美国和欧盟航空运输自由化为视角[D].北京:中国政法大学,2014.

[35] 徐惠喜.航空公司联合结盟比翼飞[N].经济日报,2009 - 5 - 21(015).

[36] 李艳伟,郑兴无."天空开放"背景下我国民航运输产业成长路径研究[J].南京航空航天大学学报(社会科学版),2014,16(2):49 - 54.

[37] 丁春宇.全球航空联盟[J].中国民用航空,2003(3):42 - 44.

[38] 刘伟民.开放航权是历史的必然[J].中国民用航空,2003(9):26.

[39] 李晨丹.公共航空运输企业市场准入研究[J].河北经贸大学学报,2014,35(2):126 - 128.

[40] 张焱.芝加哥公约体系和国际航空运输自由化[D].上海:华东政法学院,2005.

[41] 彭越林.民用航空运输服务市场开放法律问题研究[D].北京:中国政法大学,2009.

[42] 向吉英.航权开放:动因、演进及其效果[J].改革与战略,2010,26(7):46.

[43] 黄居正.国际航空法的理论与实践[M].台湾:新学林出版,2006.

[44] 吴建端.航空法学[M].北京:中国民航出版社,2005.

[45] 张德志,张恒阁.美欧天空开放协议对世界航空业的影响[J].中国民用航空,2007(11):32 - 34.

[46] 杨春虹.航权开放:造就最自由的天空特区[N].海南日报,2013 - 4 - 26(26).

[47] 张安民.中国航空货运[M].北京:航空工业出版社,2005.

[48] 杨省贵,杨治远,魏中许.航权开放与我国航空公司核心竞争力构建[J].商业时代,2008(34):97 - 98.

[49] 杨治远.航权开放的政策走向与我国国际航空运输的发展[J].中国民航飞行学院学报,2006,17(3):3 - 5.

[50] 杨省贵,杨治远.航权开放对区域经济安全的影响及对策研究[J].改革与战略,2010,26(11):118 - 121.

[51] 杨治远.航权开放与国家经济发展及经济安全的思考[J].中国民航飞行学院学报,2009,20(5):3 - 7.

[52] 喻策.聚焦市场准入——WTO规则下我国航空运输法制的完善[J].学习月刊,2006(6):13 - 14.

[53] 王颖.论航权交换模式的法律架构[D].北京:中国政法大学,2009.

[54] 刘嘉旭.民用航空领域反垄断法适用问题研究[D].北京:对外经济贸易大学,2007.

[55] 广林乔子.我国进一步开放航权的法律问题及对策[J].湖北警官学院学报,2015(9):100 - 104.

[56] 梁馨.谈第五航权的开放[J].中国民用航空,2003,29(5):60-62.

[57] 王献平,庄爱萍,郑田颖.第五航权与中国民航[J].中国民用航空,2005,55(7):25-30.

[58] 谢泗薪,安琪.新时期机场营销模式创新与策略设计[J].空运商务,2009(12):12-17.

[59] 吴槿旻.厦门机场营销战略模式及效果评价研究[D].天津:中国民航大学,2008.

[60] 陈碧程.机场营销策略研究[D].南京:南京航空航天大学,2010.

[61] 陈国东.走本土特色的机场商业营销之路[N].中国民航报,2013-7-18.

[62] 徐向东.我国民用机场营销问题初探[J].民航经济与技术,2000(2):22-25.

[63] 曹千里.机场营销和服务关系:既要请进来又要留得住[N].中国民航报,2012-2-6.

[64] 钮钦.为大数据时代樟宜机场的智慧营销点赞[N].中国民航报,2014-3-3.

[65] 王瀚,孙玉超.航空运输承运人责任制度的发展与创新[J].法学论坛,2006,21(1):84-91.

[66] 朱子勤.国际空难赔偿案件管辖权问题探究[J].北京航空航天大学学报(社科版),2008,21(3):45-50.

[67] 石文琳.国际航空货物运输承运人责任制度研究[D].北京:中国政法大学,2013.

[68] 徐磊.浅析日本新时期的海洋战略[J].政法论坛,2013(3X):237-238.

[69] 陈密亮.国际航空运输的民事责任制度研究[D].青岛:中国海洋大学,2006.

[70] 赵云.民用航空延误涉及的法律问题探究[J].北京航空航天大学学报(社科版),2009,22(1):43-51.

[71] 齐正欣.论1999年蒙特利尔公约及其在我国的适用[D].北京:中国政法大学,2006.

[72] 王裕堂.论民航承运人对旅客人身损害的归责原则和赔偿范围[D].北京:对外经济贸易大学,2005.

[73] 梁咏.论国际航空事故引发的责任赔偿问题及中国问题研究[D].上海:复旦大学,2004.

[74] 林燕平.论民用航空侵权的法律适用及《蒙特利尔公约》对中国的影响[J].华东政法学院学报,2006,9(6):82-90.

［75］陈坚.论国际航空运输中有关承运人责任的若干法律问题［D］.上海：复旦大学,2003.

［76］董念清.马航 MH370 事件损害赔偿论［J］.北京航空航天大学学报（社会科学版）,2014,27(5)：29-34.

［77］刘丽.航空运输事故索赔之法律分析［J］.经济视野,2014(7)：431.

［78］何玉,蒋圣力.民用航空运输中航班延误的法律概念及其界定标准研究［J］.行政事业资产与财务,2014(21)：190-191.

［79］耿鹏显.航班延误及法律责任探析［D］.重庆：西南政法大学,2008.

［80］郭丽韫.对航空运输延误的法律思考［J］.内蒙古社会科学（汉文版）,2004,25(6)：39-43.

［81］梁琼.浅议航班延误的法律问题［J］.市场论坛,2008(1)：90-91.

［82］胡超容.试析航班延误的法学概念［J］.甘肃政法学院学报,2006(6)：84-86.

［83］刘霞.关于我国航班延误问题的法律分析［D］.上海：华东政法学院,2007.

［84］阎护锋.机票代理企业的研究——以中铁航空运输服务公司为例［D］.北京：中国人民大学,2009.

［85］杨涛,崔艳萍.民航机票销售模式的研究与启示［J］.铁道运输与经济期刊,2013,35(9)：33-37.

［86］宋永军.从航空业渠道变革看运营商渠道发展趋势［J/OL］.民航资源网,2015-7-27.

［87］竺志奇.民航国内客运销售实务［M］.北京：中国民航出版社,2009.

［88］朱泽坤.中国东方航空公司营销渠道建设研究［D］.上海：上海交通大学,2013.

［89］莫玉炎.浅谈民航客运销售代理业管理［J］.空运商务,2008(10)：8-9.

［90］赵剑凌.电子商务环境下航空公司客票销售渠道战略联盟研究［J］.空运商务,2010(3)：9-12.

［91］刘佳.航空业的直销冲动［J］.互联网周刊,2010(14)：52-54.

［92］篡琪.对携程模式遭遇新兴模式阻击的思考［J］.空运商务,2011,30(3)：14-16.

［93］许欣逸.航企的附加服务销售与渠道选择策略［J］.空运商务,2012,30(7)：25-27.

［94］王金骅.在电子客票时代航空公司应该如何开展直销［J］.空运商务期刊,2007(22)：17-18.

［95］杨兴夏.我国航空公司直销渠道合作研究［J］.现代商贸工业,2009,21 (12)：123－124.

［96］崔征.英国航空公司：绿色航空的领飞者［J］.WTO 经济导刊,2008(9)：48－49.

［97］姜南.空中的"劳斯莱斯"——英航 STP 分析［J］.空运商务,2011(19)：34－37.

［98］倪海云.汉莎——多品牌战略的成功之道［N］.中国民航报,2010－6－15.

［99］韩军.航空公司的新"钱"途［N］.中国民航报,2010－7－19.

［100］杨新湼,吴昊.基地航空公司在枢纽机场建设中的地位和作用研究——以法兰克福机场为例［J］.科技创新与应用,2014(30)：52.

［101］许庆瑞,刘景江,苏军,等.新加坡航空公司(SIA)的战略制胜及其启示——以顾客为导向,以核心能力为基础的战略管理［J］.科研管理,2001,22(5)：84－90.

［102］天鼎.泰航成功之路［J］.旅游研究与实践,1994(2)：60－62.

［103］郑菲菲.民航高端市场的产品营销现状及对策研究［J］.产业与科技论坛,2013,12(3)：24－25.

［104］斯蒂芬.霍洛维.实用航空经济学［M］.北京：中国民航出版社,2009.

［105］李大立.中国支线航空市场调查与分析［M］.北京：中国民航出版社,2001.

［106］马克.彭德格拉斯特.可口可乐帝国［M］.北京：华夏出版社,2009.

［107］孙宏,文军.航空公司生产组织与计划［M］.成都：西南交通大学出版社,2008.

［108］陈林.航空运输经济理论与实践［M］.北京：经济科学出版社,2012.

［109］赵凤彩.航线网络经济性的探讨［J］.中国民航学院学报,2002,20(2)：11－15.

［110］张亮亮,韩梅.航空公司市场细分及服务差异化分析［J］.航空运输报,2010,12(120)：51－53.

［111］兰勇,周萍.可口可乐中国品牌营销策略研究［J］.华东经济管理,2009,21 (6)：99－101.

［112］Graf L. Incompatibilities of the low-cost and network carrier business models within the same airline grouping ［J］. Air Transport Management, 2002(11)：23－24.

［113］彭峥.我国航线的发展与展望［J］.中国民用航空.2009(9)：51－53.

［114］张景银.中枢轮辐航线模式：没落与新生［N］.中国民航报,2007－1－16.

[115] 李璟宏,宗苏宁.我国航线网络结构特点与发展方向[J].空运商务,2008 (6):4-7.

[116] 王伟.中国南方航空公司核心竞争力研究[D].长春:吉林大学,2009.

[117] 张志瑜.春秋航空的低成本战略研究[D].上海:上海外国语大学,2012.

[118] 赵玉安,文明.航空公司品牌建设的思考[J].空运商务,2013(10):20-22.

[119] 姚津津,杨涛.中国——低成本航空公司发展的沃土[J].航空运输,2007,2 (74):39-40.

[120] 方美琪.电子商务概论[M].2 版.北京:清华大学出版社,2002.

[121] 刘舒.电子商务商业模式价值创造和价值获取模块的变革和匹配——以 阿里巴巴 B2B 电子商务为例[J].现代商业,2014(3):55-57.

[122] 王琳娜,张永杰.电子商务的功能与运作模式[J].合作经济与科技,2011 (11):76-77.

[123] 黄继梅,胡斌.浅谈我国 C2C 电子商务模式发展的潜力[J].现代经济信息, 2010(24):105.

[124] 田杰,乔东亮,秦必瑜.电子商务模式系统及其运营[M].北京:中国传媒 大学出版社,2009.

[125] 李蕾,郑秋菊,宋达.基于电子商务背景下苏宁云商案例分析[J].东方企业 文化,2013(12):200.

[126] 方贝贝.电子商务 C2B 预售模式发展探讨[J].产业与科技论坛,2013,12 (16):129-130.

[127] 沈伟玲,陈金阳.企业市场营销策略分析——基于产品生命周期理论 [J].当代经济,2008(22):46-47.

[128] 薛豪娜.互联网影响下的消费者行为特征及企业行销策略[J].西安工程科 技学院学报,2006,20(2):235-238.

[129] 罗洪波.全面推进企业文化建设不断提升国航核心竞争力[J].中国民用航 空,2006(3):20-22.

[130] 赵巍.全球十大航空公司排名[J].国际航空,2015(8):34-36.

[131] 易小松.中国国际航空公司发展战略研究[D].长沙:湖南大学,2015.

[132] 司文.中国国际航空企业文化研究[D].天津:河北工业大学,2010.

[133] 王琳琳.我国国航与海航发展战略比较研究[D].上海:华东师范大 学,2012.

[134] 徐斌.东航运行控制发展战略研究[D].上海:复旦大学,2013.

[135] 孙磊.南航企业文化对比分析[D].乌鲁木齐:新疆大学,2013.

[136] 门洪华,孙英春.海航软实力[M].北京:清华大学出版社,2007.

[137] 王文超.案例研究:深圳航空营销管理问题研究[D].广州:华南理工大学,2011.

[138] 杨高榕.厦航发展航空物流的战略目标[J].中国民用航空,2004(07):62-64.

[139] 唐伟毅.厦门航空低成本竞争战略研究[D].厦门:厦门大学,2009.

[140] 耿淑香,李桂进,黄为.航空公司运营管理方略[M].北京:中国民航出版社,2000.

[141] 刘亮.海航并购"成瘾"的背后[J].中国新时代,2011(10):74-76.

[142] 福罗瑞斯,奥斯瓦尔多.航空运输管理中战略的制定与执行[M].于剑,陈俣秀译.北京:中国民航出版社,2007.

[143] 赵玉安,文明.航空公司品牌建设的思考[J].空运商务,2013(10):20-22.

[144] 柴舸.东航企业文化分析与研究[D].天津:河北工业大学,2008.

[145] 邹建新.民航企业服务管理与竞争[M].北京:中国民航出版社,2015.

[146] 赵风彩,吴婧.国内外航空公司服务质量的对比分析[J].中国民用航空,2009(9):57-59.

[147] 鱼文英,李京勋.航空服务质量和消费情感对顾客满意度的影响研究[J].旅游学刊,2010,25(10):49-56.

[148] 赵鸣,张旭.民航订座系统基础教程[M].北京:国防工业出版社,2012.

[149] 张旭.民航信息管理系统[M].北京:国防工业出版社,2013.

[150] 王泓冰.航空公司直销领跑分销之路[J].空运商务,2008(16):11-14.

[151] 冯其予.中国民航信息集团公司:组就民航商务信息大网络[N].经济日报,2011-12-21.

[152] 何芳.美航与SABRE分手将如何影响旅游分销价值链[J].空运商务,2010(1):30-31.

[153] 夏东晓,何忠诚.中美旅游网站比较研究[J].桂林旅游高等专科学校学报,2005,16(6):107-110.

[154] 于建红.旅游电子商务的发展及其信任研究[D].武汉:华中科技大学,2006.

[155] 邓仲春,鲁耀斌,于建红.中美旅游电子商务的比较研究[J].工业技术经济,2005,24(9):133-136.

[156] 郭晋杰.信息化技术在旅游业的应用研究[J].旅游科学,2002(4):42-46.

[157] 陈霏.新媒体背景下的中国旅游营销研究[D].北京:中央民族大学,2011.

［158］刘浩.基于Web2.0的中外旅游网站盈利模式的比较研究［D］.桂林：桂林理工大学,2010.

［159］安妮.科兰,等.营销渠道［M］.蒋青云,等译.7版.北京：中国人民大学出版社,2008.

［160］邹建军.常旅客计划的精细化管理［J］.空运商务,2006(24)：25－26.

［161］Leslie P. Price discrimination in broadway theater［J］. RAND Journal of Economics，2004，35(3)：520－541.

［162］John L. The welfare effects of inter-temporal price discrimination：an empirical analysis of airline pricing in U. S. monopoly markets［EB/OL］. https：// files. nyu. edu/j15214/public/Lazarev_JMP. pdf/ 2013－1－7.

［163］Andrew S. Dynamic pricing behavior in perishable goods markets：evidence from secondary markets for major league baseball tickets［J］. Journal of Political Economy，2012，120(6)：1133－1172.

［164］Lazear E P. Retail pricing and clearance sales［J］. The American Discrimination Economic Review，1986，76(1)：14－32.

［165］Dana J D. Advance-purchase discounts and price discrimination in competitive markets［J］. Journal of Political Economy，1998，106(2)：395－442.

［166］Moller M M. Watanabe. Advance purchase discounts versus clearance sales［J］. Economic Journal,2010,120(547)：1125－1148.

［167］袁正,韦锋.机票最优跨时定价策略研究［J］.中国工业经济,2014(7)：148－160.

［168］杨思梁.最盈利的管理方法：收益管理［M］.北京：航空工业出版社,2000.

［169］丁欣.东方航空公司机票营销渠道优化策略研究［D］.上海：复旦大学,2013.

［170］袁超伟,张金波,姚建波.三网融合的现状与发展［J］.北京邮电大学学报,2010,33(6)：1－8.

［171］杨福良,邓志成,张克勇,等.电子商务在航空公司营销中的创新［J］.空运商务 2012(1)：10－17.

［172］杨省贵,朱志愚.电子商务在航空公司运营管理中的应用［J］.改革与战略,2012,28(4)：50－53.

［173］Lawtont T C. Cleared for lake-off —— structure and strategy in the low fare airline business[J].Journal of Air Transport Management，2003，9(1)：69 - 70.

[174] 丁娅琳.春秋航空：电子商务赋能廉价航空[J].商业价值,2011(1)：40 - 41.

[175] 北京首都航空有限公司.首都航空电商新举措官方网站开始互售外航机票[N].中国电子商务研究中心讯,2012 - 7 - 31.

[176] 耿晓兰,曹姝,孙朝晖.航空业电子商务模式评价体系构建初探——以南方航空公司为例[J].财会通讯,2011(32)：118 - 120.

[177] 赵剑凌.电子商务环境下航空公司客票销售渠道战略联盟研究——以南方航空公司为例[J].空运商务,2010(3)：9 - 12.

[178] 顾胜勤.互联网＋移动通信在客舱使用将给航空公司带来无限商机[J].空运商务,2015(7)：44 - 45.

[179] 高阳.我国电子商务 C2B 模式发展策略研究[D].南昌：华东交通大学,2014.

[180] 张婧.竞争环境下基于收益管理的集装箱多客户群定价决策研究[D].天津：天津大学,2010.

[181] 金亨根.航空客运收益管理中超订的风险及应用研究[D].北京：对外经济贸易大学,2003.

[182] 康锦江,张玉庆,陈静. 航空收益管理及对中国企业的启示[J].东北大学学报(社会科学版),2003,5(6)：420 - 422.

[183] 黄涛.美国航空客运收益管理系统初探[D]. 长春：吉林大学,2005.

[184] 崔媛迪.航空公司增加利润的主要手段——收益管理[J].中国民用航空,1994(10)：17 - 18.

[185] 刘玮.航空客运收益管理中超售问题的研究[D].南京：南京航空航天大学,2005.

[186] 邵龙.航空公司收益管理的理论与应用[J].中国民用航空,1999(6)：19 - 23.

[187] 孙庚.国内航空公司实施收益管理的若干问题[J].中国民用航空,2000(1)：22 - 24.

[188] 鄢国荣.期待收益管理早日进入我国航空公司[J].国际航空,1999(7)：16 - 19.

[189] 王春兰.航空公司收益管理中旅客舱位选择行为研究[D].南京：南京航空航天大学,2006.

［190］马苏德,巴扎尔甘.航空公司运营规划与管理［M］.北京：中国民航出版社,2006.

［191］刘军.收益管理的理论研究概况［J］.中国民用航空,1999(2)：59－60.

［192］赵巍.低成本航空如何才能低票价又高收益［N］.中国民航报,2013－12－4.

［193］韩梅.新媒体：网络营销新渠道——以"微信"为例［J］.今传媒,2013(5)：95－96.

［194］陈波.企业开展新媒体营销对策浅析［J］.中国商论,2010(16)：28－29.

［195］栾轶玫.新媒体营销的特点［J］.视听界,2011(4)：117.

［196］朱冬雷.新媒体环境下企业营销策略研究［J］.企业研究,2013(24)：30－31.

［197］孟秀燕.论新媒体时代下企业营销方式的转变［J］.市场周刊(理论研究),2014(1)：61－63.

［198］王灵利,汪蕾.小米营销的吸"心"大法——小米手机的新媒体营销套餐［J］.中小企业管理与科技,2014(11)：37－38.

［199］罗虹.新媒体时代下现代企业营销策略创新研究［J］管理观察,2015(10)：64－65.

［200］许欣逸.新媒体时代航企的营销策略［J］.空运商务,2012(10)：11－13.

［201］蔡霞.新媒体为航空营销插上新翅膀［N］.中国民航报,2014－12－4.

［202］胡光峻.造航空公司新媒体运营的"三叉戟"［J/OL］.民航资源网,2014－6－19.

［203］杨威.航空业创意新媒体营销［J/OL］.民航资源网,2011－2－22.

［204］李光斗,曾美芬.新媒体时代的品牌战略与营销创新［J］.南方企业家,2013(9)：58－59.

［205］肖涧松.新媒体时代的微信营销策略研究［J］.商业时代,2014(23)：102－104.

［206］卢珍宏.利用新媒体进行市场营销的策略分析［J］.现代商业,2013(27)：69.

［207］王怀浩.海信集团企业文化建构案例研究［D］.天津：河北工业大学,2008.

［208］谌波.航空公司常旅客计划研究［D］.成都：电子科技大学,2007.

［209］踪家峰.航空公司常旅客计划研究［J］.中国民航学院学报,2002,20(5)：5－9.

［210］邵梅.基于客户关系管理的航空公司常旅客计划研究［D］.成都：四川大

学,2004.

[211] 李婷婷.航空公司公共关系危机管理研究[D].天津：中国民用航空学院,2006.

[212] 田静.机场旅客运输服务[M].北京：中国民航出版社,2009.

[213] 刘成.民航运输系统运行解码[M].上海：上海交通大学出版社,2008.

[214] 中国民用航空总局.中华人民共和国国家发展和改革委员会[S].民航发159号,2007.

[215] 王倜傥.机场竞争与机场营销[M].北京：中国民航出版社,2009.

[216] 顾民.非航业务经济性辨析[J].滇云-论坛,2013(7)：82-83.

[217] 赵巍著.机场特许经营的理论与实践[M].北京：中国民航出版社,2007.

[218] 任新惠,唐少勇,苏欣.基于管理型机场的机场非航业务发展路径[J].综合运输,2013(11)：54-58.

[219] 文静.论机场非航空性业务[J].统计与管理,2014(2)：138-139.

[220] 王燕.机场非航空性资源价值提升因素分析[J].活力,2010(6)：44-44.

[221] 刘洋.首都机场高品质商业服务愉悦旅客出行[N].中国民航报,2009-12-28(5).

[222] 柏蓓.机遇与挑战上海机场的转型发展之路[J].航空港,2013,26(11)：20-25.

[223] 施云飞.浅谈机场非航业务发展与多元化经营[N].中国民航报,2013-12-26(7).

[224] 倪海云.机场的"味道"：要"洋",更要"土"[N].民航资源网,2015-05-25.

[225] 高安妮,泉开.机场借助智能技术机场非航收入可上台阶[N].中国民航报,2015-7-6.

[226] 王博,京津冀.机场一体化加速非航业务专业化[N].河北日报,2015-9-30.

[227] 杜心灵,张玉涛.消费者行为学[M].北京：中国传媒大学出版社,2014.

[228] 杨东念.品牌传播战略[M].北京：科学出版社,2013.

[229] 张志瑜.春秋航空低成本战略研究[D].上海：上海外国语大学,2012.

[230] 张嘉宁.春夏航空低成本运行可行性案例研究[D].北京：首都经济贸易大学,2014.

[231] 王毅.从瑞安航空的成功看低成本航空的发展前景[J].运输市场,2009(12)：68-69.

[232] 彭君,文军.国外低成本航空公司给我们的思考[J].改革与战略,2010(7)：

64 - 65.

[233] 吴斌.浅谈中国民营航空业低成本策略[J].上海交通大学学报.2007(s1)：33 - 36.

[234] 周劲峰,等.未来低成本航空在中国发展的经营思路与建议[J].空运商务，2014(4)：26 - 29.

[235] 竺志奇.我国低成本航空公司发展策略[J].综合运输,2009,24(7)：64 - 66.

[236] 李中朝.我国廉价航空公司的市场和成本战略研究[D].贵阳：贵州大学,2007.

[237] 潘峰,等.关于低成本航空发展所面临的问题及有关政策的细化分析[J].行业观察,2015(01)：13.

[238] 赵巍.低成本航空发展格局与战略内核[J].中国民用航空,2015(6)：24 - 26.

[239] 李莉.国际低成本航空公司成功模式对我国的启示[J].空运商务,2010(15)：46 - 47.

[240] 吴建华.低成本航空的竞争策略与启示[J].营销策略,2013(23)：25 - 26.

[241] 陈军.世界低成本航空公司现状[J].中国民用航空,2011(10)：36 - 38.

[242] 赵巍.中国低成本航空的现状与发展[J].交通企业管理,2014,29(12)：64 - 66.

[243] 中国民用航空局.2014年民航行业发展统计公报[R].2015.

[244] 王荣辉.基于SERVQUAL方法的航空服务质量评价研究[D].大连：大连理工大学,2013.

[245] 鱼文英,李京勋.航空服务质量和消费情感对顾客满意度的影响研究[J].旅游学刊,2010,25(10)：49 - 56.

[246] 吴晖.航空公司服务质量旅客满意度研究[J].江苏商论,2007(30)：175 - 176.

[247] 白杨,李卫红.航空运输市场营销学[M].北京：科学出版社,2010.

[248] Janic M. Air transport system analysis and modelling[M]. Boca Raton：CRC Press, 2000.

[249] 赵凤彩,吴婧.国内外航空公司服务质量的对比分析[J].中国民用航空,2009(9)：57 - 59.

[250] 沙永全.航空公司服务质量问题的成因分析[J].标准科学,2005(7)：34 - 36.

[251] 韩明亮,张娟,李琪.航空公司旅客服务质量实证研究[J].中国民航学院学报,2005,23(1):29-32.

[252] 施飞,陈森发.随时间变化的机票折扣定价研究[J].交通运输系统工程与信息,2010,10(1):112-116.

[253] 高金敏,乐美龙,曲林迟.基于超模博弈的定价与舱位控制联合决策研究[J].交通运输信息系统与工程,2015,15(6):6-12.

[254] 高金敏,乐美龙,曲林迟.离散时间下定价与舱位控制的联合决策研究[J].交通运输工程学报,2016,16(6):125-131.

[255] 高金敏,乐美龙,曲林迟,等.基于时变需求的机票动态定价研究[J].南京:南京航空航天大学学报,网络优先发表,2017-10.

[256] 高金敏,乐美龙,曲林迟,等.考虑旅客选择行为的平行航班舱位控制模型[J].计算机应用研究,2018(4):1107-1110.

[257] 高金敏,乐美龙,曲林迟.基于轮辐式航线网络的航班舱位控制动态优化研究[J].工业工程,2015,18(5):122-126.

[258] 乐美龙,高金敏.基于粒子群算法和时空网络的航班舱位控制研究[J].科技通报,2014,30(11):185-189.

[259] 乐美龙,高金敏.轮辐式航线网络下机型分配与舱位控制的协同优化研究[J],广西师范大学学报,2014,32(3):33-40.

[260] Le M L, Lu M H. Network revenue management with dependent demand under overlapping segments[C]. ICNC 2018, July 28-30, 2018, Huangshan, China.

[261] Gao L M, Le M L. Mathematical programming of airline revenue management with passenger choice behaviour[C]. ICNC 2018, July 28-30 2018.

[262] Shen D Y, Rankin W, Le M L. Self-education of agents in the multi-airport logistics system: A multiple cases study[J]. Journal of Intelligent and Fuzzy Systems, 2016,31(5):2745-2755.

[263] 冯乾,乐美龙,韩晓龙.机场容量限制下的多重分派枢纽航线网络设计[J].工业工程,2015,18(4):146-151.

[264] Zhang X H, Miao D Q, Liu C H, et al., Constructive methods of rough approximation operators and multigranulation rough sets [J]. Knowledge-Based Systems, 2016, 91(1):114-125.

[265] Kohmura T, Le M L, Optimized schedule allocation of regular and

irregular employees to deal with demand quantity fluctuation[J]. The Josai Journal of Business Administration, 2016, 12(1): 29 - 37.

[266] Le M L, Wu C C. Solving airlines disruption by considering aircraft and crew recovery simultaneously [J]. Journal of Shanghai Jiao Tong University, 2013, 18(2): 243 - 252.

[267] Kohmura T, Le M L, Redundancy in the optimization of labor disposal and working efficiency [J]. The Josai Journal of Business Administration, 2014, 11(1): 39 - 51.

[268] 乐美龙,马彬.航班运控中飞机和机组快速整合优化研究[J].南京航空航天大学学报,2015,47(4): 487 - 496.

[269] Le M L, Wu C C, Zhan C X, et al. Airline recovery optimization research: 30 years' march of mathematical programming — a classification and literature review [C]. International Conference on Transportation and Mechanical &Electrical Engineering, 2012: 113 - 117.

[270] 乐美龙,张健泽.基于风险规避的航班舱位分配控制研究[J].广西师范大学学报(自然科学版),2013,31(2): 27 - 33.

[271] 乐美龙.现代航空运输系统[M].北京:人民交通出版社,2018.

致　谢

本书的编写,参考了数以千计的著作、论文、文件、规章、报道等,参考文献所列仅是参考内容的一部分。在此,对列入和不列入在参考文献中的所有作者,表示衷心的感谢!

感谢深圳航空有限责任公司营销委员会、工贸公司。感谢深航博士后创新工作基地马云峰主任和朱博博士后的帮助!

感谢南京航空航天大学民航运输管理专业和商务英语(航空商务方向)专业2013级全体同学!